JN297647

ユダヤ教史

聖書の民の歴史

石田友雄
Ishida Tomoo

山川出版社

まえがき

ユダヤ人の言語ヘブライ語で、「歴史」を「トーレドート」という。「生む」という動詞の使役形「生ませる」から派生した抽象名詞で、直訳すれば「生ませた経緯と結果」という意味である。邦訳聖書では、もっぱら「系図」と訳すが、巻頭の「天地創造物語」の結びの言葉としては、(天地創造の)「由来」あるいは「経緯」と訳す。

このように、一語に訳したのではどうしても伝えられない原意が、「生ませた」という行為である。当然、この行為には、男性が自分と別個の人格である女性と合体し、その結果、新しい人格である子供が生まれたという、「生ませる」前のできごととその結果が含まれている。しかも、「生ませる」という言葉には、男性の意志が感じられる。要するに、「トーレドート」とは、民族的・文化的アイデンティティーを自覚した集団が、他の民族・文化集団と接触することによって、自分のアイデンティティーを継承しつつ、新しい自己に変容していく連鎖として把握する歴史理解である。

今、ここで他の諸言語と詳しく比較検証するいとまはないが、例えば、日本語の「歴史」は漢語で、その原意は「順序よく歩いた記録」、英語の「ヒストリー」はギリシア語に由来し、その原意は「調べたこと」、ドイツ語の「ゲシヒテ」の原意は「起こったこと」である。これらの言語と比較しただけでも、ヘブライ語の「トーレドート」がダイナミックな独自の歴史理解であることがわかるであろう。

ユダヤ人が最初にまとめた聖典、『聖書』（キリスト教徒の『旧約聖書』）は、自分たちの民族・文化史は「トーレドート」であったという認識のもとに編集された書物である。そこには、現代まで四千年におよぶイスラエル・ユダヤ民族史の前半が報告されているが、それを「トーレドート」史観で概観すると、この二千年間に次のような四回の変容が起こっている。

イスラエル・ユダヤ民族史は、まずヘブライ人アブラハムが神に選ばれ、世界の諸民族の祝福（の基《もとい》）になる使命を与えられたときに始まった。ここに「選民」の自意識をもつ遊牧民集団が誕生し、この集団が古代エジプトという、当時最強の異文化と接触したできごとを通して、民族神ヤハウェと契約を結んだときに、選民イスラエルになった。第一の変容である。

エジプトを脱出したイスラエルはなお遊牧民であったが、神がアブラハムの子孫に与えると約束した土地カナン（後のパレスチナ）に移住して定着すると、まず先住民のカナン人、つぎにエーゲ海地方から移住してきたペリシテ人と深く関わった。その結果、イスラエルは農耕民になり、周辺諸民族の政治制度であった王政を導入し、王国を樹立した。最初は統一王国であったが、すぐ南ユダ王国と北イスラエル王国に分裂した。いずれにしても、定着民の制度である王の支配を承認する民族になった。第二の変容である。

しかし、王国は短いエピソードで終わった。まず北イスラエル王国がアッシリアに滅ぼされて消滅した。

次に南ユダ王国がバビロニアに滅ぼされ、支配層はバビロンに捕囚された。当時、オリエント世界の政治的・文化的中心であったバビロンに捕囚された五〇数年間に、高度の異文化と密接に接触したが同化されず、かえって自己確立した捕囚民は、解放されてエルサレムに帰還したとき、ユダヤ人になっていた。第三の変容である。

エルサレムに帰還したユダヤ人は、その後、五百年間に、エルサレム神殿を中心とする独自の民族・宗教共同体を形成した。これがユダヤ教の始まりであり、その思想と文化をヘブライズムと総称する。第四の変容である。

以上、四回の変容を経て、ヘブライズムの確立で前半を終わったイスラエル・ユダヤ民族史の後半は、ヘブライズムとヘレニズムの激突で始まった。ヘレニズムは、古典ギリシアという偉大な文化を源流とする強力なグローバリズムであり、ローマ帝国を支える文化であった。この強烈な個性をもつ異文化と出会ったヘブライズムは、単に変容して終わることはできなかった。一方で、ヘブライズムのヘレニズム化を推進した過激なユダヤ人の一派が興った。彼らがヘレニズムの本質であるグローバリズムの流れに沿って広く世界各地で宣教活動をおこなった結果、いつしか異邦人(非ユダヤ人)の新宗教、キリスト教という世界宗教が創り出された。

他方、ヘブライズムの伝統に忠実なユダヤ人は、ラビのユダヤ教を発展させ、民族宗教である本来のユダヤ教を守った。この間に、ユダヤ地方のユダヤ人は、ローマ帝国の支配に反抗して二回の大反乱を起こしたが鎮圧され、その結果、祖国ユダヤから追放されて世界各地に離散するという事件が起こった。この激動の時代に、ユダヤ人は、ラビのユダヤ教によってヘブライズムの伝統を守る離散民《ディアスポラ》になった。第五の変容である。

キリスト教はユダヤ教を母胎として生まれた宗教だが、キリスト教会は、自分たちが選民イスラエルの真の後継者であると主張し、ナザレのイエスをキリスト（メシア）と認めないユダヤ人の存在それ自体を否定した。そのため、キリスト教徒がローマ帝国住民の多数者になったときから、各地の離散ユダヤ人は差別され迫害されるようになった。イスラエル・ユダヤ民族史後半の二千年間、キリスト教徒のユダヤ人迫害は続き、二十世紀前半には、ついにナチスのユダヤ人絶滅作戦が遂行された。

他方、キリスト教徒の迫害に立ち向かい、十九世紀ヨーロッパのナショナリズムに触発されて発生したユダヤ・ナショナリズムは、シオニズムという政治行動となり、二十世紀半ばに、彼らが「イスラエルの地」と呼ぶパレスチナにユダヤ人の近代国家イスラエルを建国した。第六の変容である。

しかし、シオニストたちは、パレスチナに植民し始めてから一三〇年以上、イスラエル建国以来六五年たった現在まで、大多数がイスラム教徒である先住のアラブ人と周辺のアラブ諸国と敵対関係を続けてきた。このような状況下に、一昨年（二〇一一年）、アラブ諸国で起こった民主化革命の波は、イスラエル・ユダヤ民族史に第七の変容を迫っているように見える。

＊　＊　＊

三三年前（一九八〇年）に、世界宗教史叢書4として出版された拙著『ユダヤ教史』を、改訂再版するお勧めをいただいたとき、大変光栄に思うとともに、果たしてどこまで新しい研究を取り入れて書き改めることができるか自信がなかった。研究活動は続けてきたが、この三〇年間にわたしの興味が聖書にとどまらず、聖書が生み出した優れた文化遺産、特にJ・S・バッハを頂点とするバロック教会音楽にまで広がったため、聖書学、ユダヤ学、古代オリエント学などの最近の個別の研究に精通しているとはいえないからである。しかし、拙著を読み返してみて、その後のわたしの研究の原点がこの書物にあることを確認した。それは、わたしなりに理解した、聖書に基づくイスラエル・ユダヤ民族史の流れである。そこで、まずそれを「トーレドート」史観によって概観してみた。初版の「はしがき」でも述べているとおり、本書は最初から、諸学説の紹介ではなく、大きな歴史の流れを提示することを課題としているのである。

このようなわけで、多少の訂正と追加のほか、改訂版に内容的な変更はほとんどない。ただし、固有名詞の表記を変更した。一三年に及んだ留学が終わるころ、まだエルサレム在住中に『ユダヤ教史』の執筆依頼を受け、帰国後間もなく執筆を始めたが、当時のわたしには(旧約)聖書の原語であるヘブライ語で日常会話をするエルサレムの生活が染みついており、そのうえ、日本の状況をすっかり忘れていた。そのため、ほとんどすべての固有名詞を原音表記にしてしまった。例えば、「シオン」を「ツィオン」、「イサク」を「イツハク」のたぐいである。その後、この種の表記は、一般日本人読者に不親切であることがわかった。そこで、新共同訳『聖書』(日本聖書協会、一九八七年)によって固有名詞の表記を訂正した。ただし、聖書、その他の史料の引用は、わたしの私訳である。

それにもかかわらず、四千年、世界各地に居住していたユダヤ人の人名の表記は、決して容易な仕事ではない。例えば、邦訳名「イサク」は原語で「イッハク」、イギリス、アメリカで活動したユダヤ人なら「アイザック」と表記しなければならないからである。このような差異は、本文中で一々説明できないので、英語表記をつけた索引から学んでいただきたい。

なお、本書は、ヘブライズムの土台が形成される過程とその結果としてラビのユダヤ教が成立した時代までを詳しく取り扱い、その後の歴史は、その展開として短くまとめた。ラビのユダヤ教が展開した中世、近世、現代の歴史に関しては、市川裕著『ユダヤ教の歴史』(宗教の世界史 7、山川出版社、二〇〇九年)に詳しい。

＊　＊　＊

三三年前の出版に先立ち、『ユダヤ教史』の執筆には約三年かかった。その間、当時の山川出版社編集部の皆さんが忍耐強く協力してくださった。今回も表記の統一など細部に至るまで心を配り、完成度の高い書物を製作してくださった。これらすべての編集者の皆さんに深く感謝する。

二〇一三年一月　ユダヤ紀元五七七三年シュヴァト月

バッハの森にて　石田友雄

目次

まえがき

序章　ユダヤ教とユダヤ民族　003

少数者の信仰　歴史的・民族的宗教　時代区分

ユダヤ教史の研究と本書の構成

第1章　古代イスラエルの信仰　014

1　イスラエル民族の成立　014

ヘブライ人の登場　アブラハム契約　族長の神

エジプト脱出　シナイ契約

2　カナン定着から王国の興隆まで　033

カナン定着　士師の支配　カナン文化との対決

王政樹立をめぐる諸問題　サウルとダビデ

3 ダビデ・ソロモン時代 051
ダビデ王朝の確立　歴史文学の始まり　ダビデ家の歴史記述
ダビデ契約　エルサレム神殿
4 南北王国時代 070
分裂と革命　オムリ王朝の興隆　預言者運動
南北両王国の興亡　聖所と祭儀　記述預言者の出現

第2章 信仰の継承 098
1 残された南ユダ王国 098
アッシリア帝国の影　シオン不滅の信仰　申命記改革
王国の滅亡　新しい契約
2 バビロン捕囚 119
亡国の苦悩　民族再生の希望　律法《トーラー》の収集
申命記派歴史家　超越神の思想　ヤハウェのしもべ

3　シオン帰還　144
シオン憧憬　神殿再建　エルサレム神政共同体
「聖なる種」の勝利　応報主義と知恵文学　終末論

第3章　ラビのユダヤ教時代　170

1　ヘレニズムとの対決　170
パレスチナのヘレニズム化　マカバイ反乱　ハスモン王国
ヘロデとその子供たち　ローマ帝国の直接支配

2　諸党派と宗教思想の分裂　190
サドカイ派　ファリサイ派　黙示思想
黙示的セクト　離散ユダヤ人

3　ローマ帝国との対決　213
熱心党と大反乱　ヤブネの賢者たち　第二反乱　ガリラヤにおける復興
ビザンツ・キリスト教帝国の支配　バビロニアの教学院《イェシヴァ》

4　ラビのユダヤ教　233
正典聖書　口伝律法　典礼とユダヤ暦
戒律による生活　神と選民

第4章 ユダヤ教の展開 257
1 中世ユダヤ人の信仰と希望 257
イスラム帝国のユダヤ人　中世の学者たち　キリスト教徒による迫害
ユダヤ神秘主義　遅延した夜明け
2 解放と生存のための闘争 284
ハスカラー（ユダヤ啓蒙主義）　東方のユダヤ人　ユダヤ人の解放と改革派ユダヤ教
アンティ・セミティズム　シオニズム
終章 現代ユダヤ教の諸問題 309
ディアスポラ民族主義　正統派とシオニズムの結合　ユダヤ教徒とは誰か
付録
索引 *001*
年表 *025*
参考文献 *036*

ユダヤ教史

聖書の民の歴史

序章　ユダヤ教とユダヤ民族

少数者の信仰

わが国の一般読者から理解と共感をえるようなユダヤ教史を書くことは難しい仕事である。その本当の理由は、発生以来今日まで、四〇〇〇年という他の宗教に類例のないユダヤ教の長い歴史にあるのではない。このような長い歴史を解説することも決して容易な作業ではないが、それは結局量的問題である。本質的困難は、ユダヤ教が少数者の信仰であるという事実から生じる。

一定の宗教を知るためには、その宗教の信仰者になる必要はないが理解者にはならなければならない。そこで、少数者の宗教を理解したい者は、まず多数者《マジョリティ》というものが少数者《マイノリティ》に対して必ず抱く横暴な偏見と対決しなければならないのである。具体的にいって、少数者の宗教を守るユダヤ教徒に偏見を抱く多数者とは、キリスト教徒とイスラム教徒、とくにキリスト教徒のことである。

現在、世界最大の信徒数をもつ宗教はキリスト教で、その信徒数の二〇億は、世界総人口の約三分の一にあたる。次いで信徒数の多いイスラム教徒が一三億であるのに対して、ユダヤ教の信徒数は一五〇〇万にすぎない。キリスト教徒だけを相手にしてもほぼ一三〇対一となるユダヤ教徒が、いかに少数者であるかがわかるであろう。そのうえキリスト教文化が、西洋文明という形で現代世界の隅々に浸透していることを忘れてはならない。このため、世界総人口に対する信徒数の比率以上に、キリスト教文化は強い影響力を世界に及ぼしている。

そのよい例がわが国である。キリスト教徒が全人口の約一パーセントしかいないわが国は、いわゆるキリスト教国ではない。それにもかかわらず、日本人は日曜日を休日とし、西暦という名のキリスト教暦を用い、クリスマスまで祝う。もちろん、大部分の日本人は、これらの習慣が元来キリスト教徒のものであったことを知らないし、そのことを意に介してもいない。日本人のこのような態度は、キリスト教徒の意見についても同様である。例えば、「ファリサイ人」という項目を国語辞典でひいてみると、どの辞典にも「形式主義者、偽善者」という種類の説明がついている。しかし、このような説明が、ユダヤ教徒に対して偏見を抱くキリスト教徒の一方的意見であることを、誰も意識していないのである。

このように、キリスト教文化を西洋文明として受け入れた日本人は、キリスト教徒の習慣と意見を、信仰の問題から「常識」の問題にすり替えてしまった。ここに、わが国においてユダヤ教史を書くことの難しさがある。キリスト教徒なら、その信仰に従ってユダヤ教徒の意見を「間違い」と判断するが、キリスト教徒の意見を無意識のうちに取り入れて「常識」にしてしまった人々は、彼らの常識に外れた意見を単なる「間違い」と考えるからである。

ともかく、本書は、一三〇対一という比率で、圧倒的多数者と対決してきた少数者の側に理解を示す立場から叙述される。これは、決してユダヤ教を弁護する立場でも、キリスト教を論難する立場でもない。

ただ既成の偏見を排除して、ユダヤ教史を理解しようとする一つの試みにすぎない。ユダヤ教徒とは、日曜日の代りに土曜日を休日とし、西暦とは無関係なユダヤ暦を用い、クリスマスは絶対に祝わない信徒集団である。そこで、このような「常識」から外れた少数者の信仰を理解したいと願う読者には、多数者の習慣と意見を無意識に受け入れた結果成立している「常識」を、ひとまず白紙に戻すことが求められるのである。

歴史的・民族的宗教

歴史的にみて、バビロン捕囚(前六世紀)以前のヤハウェ信仰をユダヤ教と呼ぶことは時代錯誤的用語法である。ヤハウェ信仰を民族存続の基本原理とするユダヤ人という名の宗教的・民族的共同体は、バビロン捕囚を通して初めて成立したからである。そこで、ヤハウェ信仰をバビロン捕囚で区切り、捕囚以前を「古代イスラエルの宗教」、捕囚以後を「ユダヤ教」と呼ぶことになっている。古代イスラエルとは、ヤハウェ信仰によって成立した民族集団である(三二頁参照)。しかし、ユダヤ教徒にとって、このような分割は、連綿と続くユダヤ教史のなかの一つの時代区分にすぎない。ユダヤ教徒は、自分たちのみが古代イスラエルの宗教の正統な相続者である、と考えているからである。しかし、このようなユダヤ教徒の考えに対して、次々と挑戦者が登場した。

最初の挑戦者サマリア教徒は、前五世紀に、古代イスラエルの宗教の正統な相続者はユダヤ人ではなく自分たちであると主張して、「モーセ五書」「聖書巻頭の五書」のみを正典と認める教団を創立した。サマリア教団は今日まで存続してきたが、思想的にも信徒数からも、ユダヤ教徒を脅かす勢力には成長しなかった。かえって二〇〇七年までにその信徒数は約七〇〇人に減少し、サマリア教団の消滅は時間の問題となった。

時代が下って七世紀になると、アラビアの預言者ムハンマドが「コーラン」〔第二章一二九節以下〕において、ユダヤ教徒（とキリスト教徒）が自分たちだけが一神教徒であるという主張を批判して、真の一神教信仰はアブラハムに始まると説いた。しかし彼の批判は、アブラハム以後展開した古代イスラエルの宗教をユダヤ教徒が相続したことに異議を唱えたわけではなかった。

ユダヤ教徒にとって最も手ごわい挑戦者はキリスト教徒であった。彼らは、自分たちこそイスラエルの真の子孫であると主張しただけではなく、古代イスラエルの宗教はイエス・キリストの福音の準備であったと説明した。この説明は、ユダヤ教徒から古代イスラエルの宗教の相続権を奪っただけではなく、キリスト時代以後のユダヤ教の存在理由まで否定したのである。この神学に従い、キリスト教徒は、自分たちが著作した書物を「新約」、ユダヤ教徒の聖典を「旧約」と名付け、両者を合わせた「聖書」をキリスト教会の正典と定めた。「新約」とは、イエス・キリストによって神と教会（真のイスラエル）が結んだ「新しい契約」を意味し、「旧約」は、その準備として、モーセを仲保者（神と民衆の間を仲介する者）として神が古代イスラエルと結んだが、今は「旧《ふる》く」なった契約のことである。

このようなキリスト教神学が不当であると反論するユダヤ教徒は、自分たちが継承した古代イスラエルの宗教の重要な教義を、キリスト教徒が放棄したことを指摘する。第一に、キリスト教徒はキリストを神と等置することにより、「一神教」を捨てた。第二に、キリストの福音を優先させることにより、「律法《トーラー》」

を捨てた。第三に、異邦人を異邦人のまま教会に入れることにより、「選民」の民族性を捨てた、というのである。

この反論が示す通り、ユダヤ教は本来的に歴史的・民族的宗教である。ユダヤ教徒は、唯一の神ヤハウェがイスラエル＝ユダヤ民族を選び、この選民の歴史を通して彼の意志である律法《トーラー》を啓示した、と信じる。換言すれば、ユダヤ教とは、選民ユダヤ民族の歴史と生き様そのものである。従って、ユダヤ教史をユダヤ民族史から分離することは、本質的に不可能なことである。

時代区分

歴史の時代区分というものは、史観に従って決定される。ユダヤ民族・宗教史において、その時代区分は、政治・社会史を主体とする時代史と交錯した独特の信仰・思想史によって定められる。この際に基礎的枠組となる時代史は、次の七時代に区分される。

(1) 古代イスラエル時代　前十九世紀頃以降
(2) バビロニア時代　前五八六年以降
(3) ペルシア時代　前五三八年以降
(4) ヘレニズム・ローマ時代　前三三二年以降
(5) 中世　六三八年以降
(6) 近世　十八世紀以降

⑺　現代　二十世紀以降

このうち、⑵〜⑷の時代は、オリエント、あるいは地中海世界を制覇した古代帝国によって決定され、⑸〜⑺の時代は、世界史一般の時代区分に従っている（「近世」が一般ヨーロッパ史より遅く始まったことに関しては、二八〇頁以下参照）。このことは、古代イスラエル時代の終焉とともに、イスラエル＝ユダヤ民族が政治的独立を失い、政治的には歴史の決定権をもっていなかったことと符合する。

このような時代史の枠組のなかで、ユダヤ民族・宗教史は、信仰・思想史に基づく別個の時代区分をする。信仰・思想史の時代区分を決定した最も重要な出来事は、聖典の形成であった。すなわち、第一の聖典「聖書」と第二の聖典「ミシュナ・タルムード」の形成作業は、それぞれ独自の時代を作り出したのである。

第一の聖典「聖書」とは、キリスト教徒が「旧約聖書」と呼ぶ書物のことである。ユダヤ教徒はこれを「ミクラ」（「朗読するもの」）、あるいは、より正式には「トーラー（律法）」「ネヴィイーム（預言者）」「ケトゥヴィーム（諸書）」と呼ぶ。この正式名が長すぎるため、一般に「タナハ」と略称するが、本書においては「聖書」というわが国で最も親しまれている用語を用いる。ただし、キリスト教徒が「聖書」のなかに含める「新約聖書」が、本書で用いる「聖書」から除外されていることを忘れてはならない。

「律法」「預言者」「諸書」という正式名からわかる通り、ユダヤ教徒は「聖書」を一冊の書物というより、合本された三分冊の書物とみなす。歴史的にも、これら三分冊は三つの段階で順次結集された。従ってこの三区分は重要性の順序も示している。ともかく、「聖書」全体が最終的にユダヤ教の正典として決定されたのは、一世紀末のことであった。しかし、「聖書」の各部分が実際に著作されたのは、前二〇〇〇年紀末から前二世紀にわたる約一〇〇〇年間であり、そのなかにはイスラエル史の黎明期にあたる前二〇〇〇年紀前半の記憶も含まれている。従って、「聖書」の生成期間は、時代史の時代区分に従えば、古代イスラエル時代に始まり、ヘレニズム・ローマ時代初期に終る。しかし、ヘレニズム・ローマ時代に著作された部分はごくわずかであることと、これが第二の聖典「ミシュナ・タルムード」の形成期間と重複することもあって、便宜上、時代史の時代区分による(1)〜(3)の時代を、「聖書時代」と総称することが一般に認められている。

第二の聖典「ミシュナ・タルムード」は、口伝律法(二三七頁以下参照)の集積である。「ミシュナ」は二〇〇年頃、「タルムード」は五世紀末頃に編纂された。古い口伝律法の起源はエズラ時代(前五世紀)まで遡ると思われるが、これが本格的に発達し始めたのはペルシア時代末期以降である。従って、口伝律法の時代は、ほぼ時代史の時代区分による(4)の時代にあたるといえる。しかし、「ミシュナ・タルムード時代」という用語は、第二神殿破壊(七〇年)後、イスラム教徒のアラブ人によるパレスチナ征服(六三八年)までの時代を指す。そこで、口伝律法の発展に主要な役割を果たした人々が律法学者(ラビ)であったことから、この時代全体を「ラビのユダヤ教時代」とも呼ぶ。

「聖書時代」と「ラビのユダヤ教時代」をもってユダヤ教の創造的時代は終り、中世以後は解釈と応用の時代になった。そこで、時代史の時代区分による(5)〜(7)の時代には、ユダヤ民族・宗教史の側からとくに命名することはない。

「聖書時代」と「ラビのユダヤ教時代」は、聖典形成とは別の主題によっても区分される。それはソロモンが前九五八年頃に建立し、バビロニア人が前五八六年に破壊した「第一神殿」と、前五一五年に再建され、後七〇年に破壊された「第二神殿」である。この主題による信仰・思想史の時代区分は次のようになる。

(1) 第一神殿時代
(2) バビロン捕囚時代　前五八六〜前五三九年
(3) 第二神殿時代　前五三八年以降
(4) ミシュナ・タルムード時代　後七〇年〜六三八年

ただし、この時代区分による第一神殿時代には、ソロモン神殿建設以前の古代イスラエル時代が含まれており、また、バビロン捕囚時代を含めて「第一神殿時代」と呼ぶ場合もある。

いずれにしても、これらユダヤ民族・宗教史の時代区分は、約四〇〇〇年の切れ目のない歴史の流れを示す。これに対して、キリスト教徒の史観による時代区分は、聖書時代を「旧約時代」、ヘレニズム時代を「中間時代」、ローマ時代前半(一〜二世紀)を「新約時代」、後半を「教父時代」とする。この時代区分によると、旧約時代と中間時代はユダヤ民族の歴史であるのに対して、新約時代以降はキリスト教徒の歴史となる。このような歴史の担い手の交替は、この時代区分の非歴史的・神学的性格を表わしている。これが、歴史の断絶を否定して、一貫した民族・宗教史の存在を主張するユダヤ教徒の史観と、キリスト教徒の史観が決定的に相違している点である。

ユダヤ教史の研究と本書の構成

ユダヤ教史は、多様な学問分野にわたる学際的学問である。この学際性は、世界の隅々に民族が離散した二五〇〇年を含む四〇〇〇年の民族史の時間と空間の広がりだけではなく、民族史を宗教史から分離することができないユダヤ教の本質に由来している。たしかに、民族史研究は時代史をより重視し、宗教史研究においては、信仰・思想史により比重が置かれるという違いはあるが、この場合、民族史と宗教史という分割自体が相対的であることを忘れてはならない。

ユダヤ教史四〇〇〇年の各時代は、それぞれ固有の問題をもつ独立した研究対象であるため、これを各論として扱う場合、どの時代を重視すべきかという判断は研究者の立場と見解によって異なる。しかし、本書のように、全ユダヤ教史を総論的に考察する場合には、当然、第一の研究課題は、ユダヤ教の基本的信仰が決定された聖書時代の解明である。次いで、第二の研究課題として、口伝律法によるダイナミックな信仰の展開を方向づけたラビのユダヤ教時代が扱われなければならない。しかし、これらの創造的時代に続く解釈と応用の時代については、全体的構成の均衡上、あまり詳細な研究に立ち入ることは不適当と思われる。

このような総論的構成によるユダヤ教史研究のために最も重要な役割を果たしてきた学問は、近世になってキリスト教徒が確立した旧約学であった。ユダヤ人も、中世と近世を通じて独特のユダヤ教学の伝統を守ってきたが、その中心は聖書研究というよりはタルムード研究であった。しかも、他のすべての人文学同様、現代のユダヤ教史研究も、近世ヨーロッパにおいて確立された人文学の方法論に従う学問である。そこで、近世に始まった旧約時代と中間時代に関するキリスト教徒の研究が、史観の相違を越えて、ユダヤ教史研究の基礎となったのである。

この旧約学、ないしは聖書学と呼ばれる学問は、現在では多岐に細分化された諸学問の総称である。その主要な学問分野は、旧約聖書と旧約外典・偽典の各書の文学的構造と歴史的背景を解明する旧約緒論学、新約神学との関連において旧約聖書の信仰と思想を組織的に理解する旧約神学、古代イスラエルの信仰の歴史的展開を追求するイスラエル宗教史、第一・第二神殿時代の時代史を扱う古代イスラエル史などである。その他に、聖書考古学、セム語学、古代オリエント学などの独立した諸学問を、旧約学は重要な補助学として利用する。

ラビのユダヤ教時代の研究のためには、旧約学の他に、ラビ文献研究を含むタルムード学、それにギリシア・ローマの歴史と文化を学ぶ必要がある。同様に、中世、近世、現代のユダヤ教史研究のためには、ユダヤ思想史の他に、それぞれの時代に、離散ユダヤ人(ディアスポラ)が居住していた地域の歴史と文化を研究しなければならない。従って、中世のためにはイスラム文化とヨーロッパ文化、近世のためにはヨーロッパを中心とした世界史、現代のためには、アメリカ、ロシア、中東などの地域研究が不可欠である。このように広範な諸学問分野との関連において信仰・思想史を扱うところに、学際的学問としてのユダヤ教史研究の特徴がある。

本書は、第1章と第2章を聖書時代、第3章をラビのユダヤ教時代、第4章を解釈と応用の時代にあて、大筋としては通時的に叙述されるが、現在実践されている宗教の生きた信仰を理解するために、しばしば共時的説明もなされる。とくに、現在守られているユダヤ教の信仰と実践の基本的形態が確立したラビのユダヤ教時代の叙述において、ユダヤ教の教義と慣習を組織的に概観しようと思う。

第1章　古代イスラエルの信仰

1　イスラエル民族の成立

ヘブライ人の登場

ペルシア湾から北西に広がるティグリス・ユーフラテス両河の流域——メソポタミアと、東地中海沿岸の細長い沃地帯——シリア・パレスチナが形作る三日月形の地域を、オリエント学者は「肥沃な三日月地帯」と呼ぶ。この三日月地帯とその南西に位置するナイル峡谷——エジプトが、古代オリエント世界の主要な舞台であった。

前三〇〇〇年頃、メソポタミア南部でシュメール人が文字を発明したことによって、オリエントにおいては、地球上の他のいかなる地域にも先駆けて歴史時代が始まった。その後約三〇〇〇年間にわたり、古代オリエントには高度に発達した独特な文明圏が形成された。この人類史上最古の文明の担い手は、荒野と高原の周辺地域から次々と肥沃な三日月地帯に侵入してきた種々雑多な諸民族であったが、そのなかで

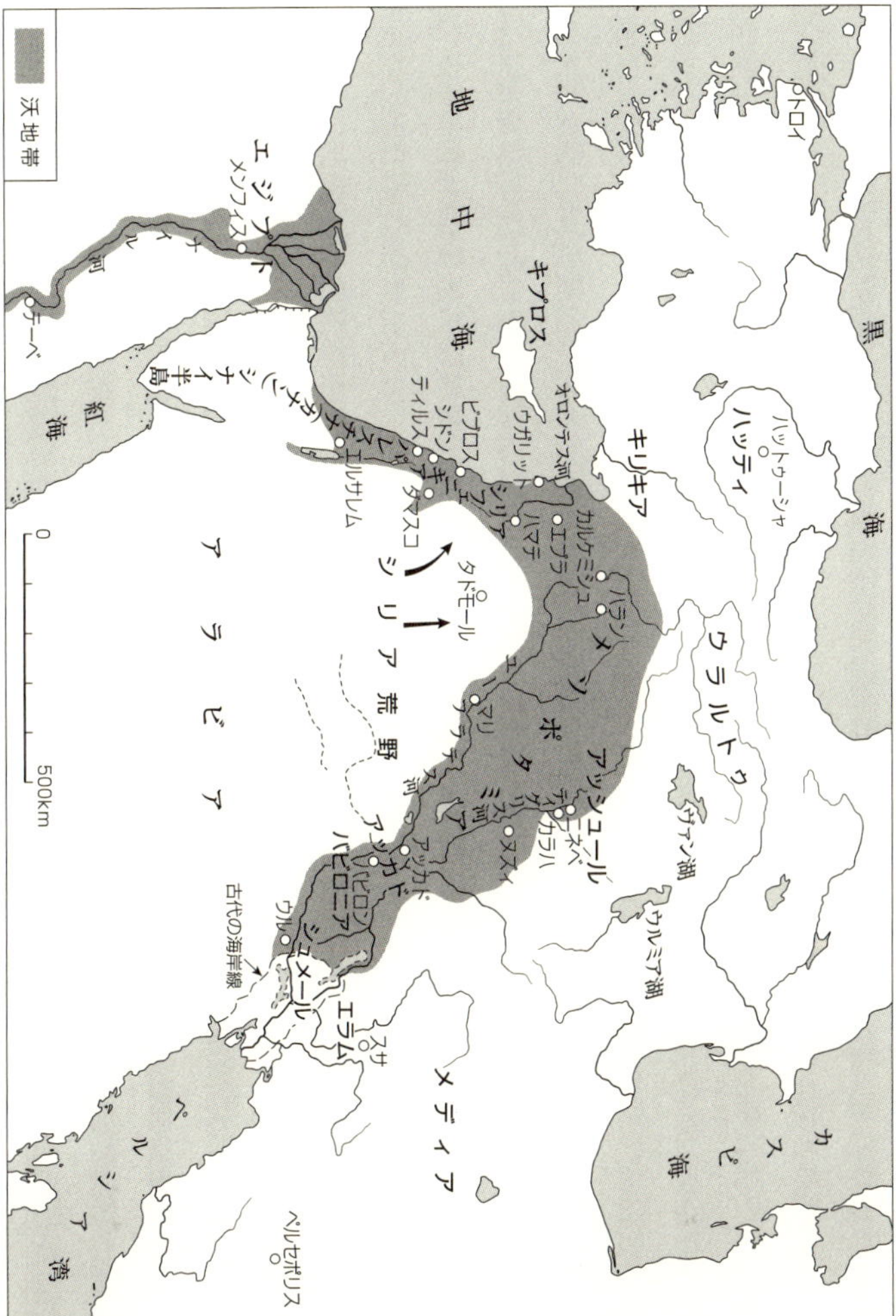

古代オリエント(紀元前3000～2000年紀)

も、とくに決定的役割を果たした人々は、アラビア・シリア荒野出身と考えられるセム人種であった。

古代イスラエル人は、自分たちが、オリエント文明の主役、セム人種の直系であると自認していた。イスラエル民族の高祖アブラハムまで一〇代を数える「セムの系図」〔「創世記」11章10〜26節〕は、この民族的自覚を表わしている。同様に、アブラハムが、シュメール文化の最後の中心地ウルの出身であったという伝承〔「創世記」11章31節〕も、民族の起源がオリエント文明の主流に根差していたという主張に他ならない。しかし、歴史的には、前十八世紀頃、現在のシリアとトルコの国境付近にあたるユーフラテス河上流のハラン地域に出現した遊牧民が、イスラエル民族の先祖になった、ということ以上は定かでない。聖書伝承は、この一群の遊牧民を、ヘブライ人アブラハムによって代表させる。

二〇〇〇年紀のオリエント世界各地には、「ハビル」と呼ばれる人々がいた。彼らは特定の人種ではなく、外来者であるとかその他の理由により、通常の社会の圏外に置かれた人々であった。この「ハビル」(Ḫabiru)と音韻学的に近似関係にある「ヘブライ」(ヘブライ語で'Ibri)という呼称も、おそらく最初は、荒野から沃地に侵入してきた遊牧民を指す一般的名称であったと考えられる。しかし、聖書伝承は、「ヘブライ人」を特定の人種と理解し、イスラエル民族の直系の先祖であると説明する。このような伝承には、沃地に移住してきた民族の先祖が、長い間、定着民社会の圏外に外来者としてとどまっていた歴史的記憶が反映しているのであろう。

ともかく、ヘブライ人アブラハムが肥沃な三日月地帯に登場した時に、オリエントにはすでに高度に発達をとげた文明が存在していた。メソポタミアにおいては、サルゴン(在位前二三三四〜前二二七九)が築いたアッカド帝国の覇権を継承したウル第三王朝が、シュメール文化最後の華を咲かせた直後であった。同様に、アブラハムの一族が移住してきた北シリアには、一族到着の四、五百年前に、一時はアッカド帝国を凌ぐほど強大なエブラ王国が繁栄していたことも、一九七四年に始まった発掘によって明らかになった。他方、エジプトでは、すでに大ピラミッドを建てた古王国時代は遥か以前に終焉し、代ってエジプトを統一した中王国の諸王朝が、カナン(パレスチナの古名)にまで強い影響力を振るっていた。

従って、荒野からヘブライ人が到着したオリエント世界は、決して未開社会ではなかった。そこには、王政を土台とする政治組織、社会生活を詳細に規定した法律、人間と宇宙に関する思弁の集積である神学、それに何よりも、この社会組織を維持運営するために不可欠な文字文化があった。確かに、ヘブライ人は沃地に到着した後も直ちに定着しようとはせず、何世紀にもわたって定住地の周辺を放浪していたが、それは、ヘブライ人が未開人としてとどまっていたことを意味しない。実際、沃地文化との接触を通して、ヘブライ人は、初めて独自の民族意識をもつようになったらしい。このことは、ヘブライ人という名称が、常に異民族との対照において用いられる聖書の用語法に反映しているといえる。

後に、民族共同体「イスラエル」が「エジプト脱出」を通して成立すると、「ヘブライ人」という呼称は徐々に影をひそめ、王国時代にはほとんど用いられなくなった(ただし、聖書時代以後、ユダヤ人の別名として復活した)。しかし、民族共同体成立以前の先祖の呼称は、言語名として残った。そのため、イスラエル＝ユダヤ民族の言語は、「イスラエル語」とも「ユダヤ語」とも呼ばれず、「ヘブライ語」という名称で今日に及んでいるのである。

アブラハム契約

「創世記」12〜50章は、アブラハム、イサク、ヤコブと、ヤコブが二人の妻と二人の妾によってもうけた一二人の子らから成るヘブライ人の一家四代について物語る。このうち、アブラハム、イサク、ヤコブの三代を「族長」と呼ぶ。民族草創の父祖という意味である。

「族長物語」は、アブラハムに対するイスラエルの神ヤハウェの命令で始まる。

お前の国、お前の故郷、お前の父の家を立ち去って、わたしがお前に示す国へ行け。わたしはお前を大民族にしよう。わたしはお前を祝福し、お前の名を大きくしよう。お前は祝福〔の基《もとい》〕となれ。お前を祝福する者をわたしは祝福し、お前を呪う者をわたしは呪う。地のすべての氏族は、お前によって祝福を受けるであろう。

〔「創世記」12章1〜3節〕

聖書伝承は、この神の命令に従ってハランからカナンへ向かったアブラハムの旅立ちを、民族誕生の原点と解釈したのである。ここには、自分たちは、世界の諸民族に祝福を与える使命を帯びて選ばれたアブラハムの子孫である、という古代イスラエル民族の独自の自意識が表現されている。これは、一神教のテーゼとともに、後にユダヤ教の根本的教義となる「選民思想」の萌芽にほかならない。この書き出しが示す通り、「族長物語」は、明白な主題意識をもって編集された物語群であるが（五八頁以下参照）、同時に、小家畜を引き連れて前二〇〇〇年紀前半のカナンを放浪する族長たちの姿が、そこに生き生きと描き出されていることも事実である。

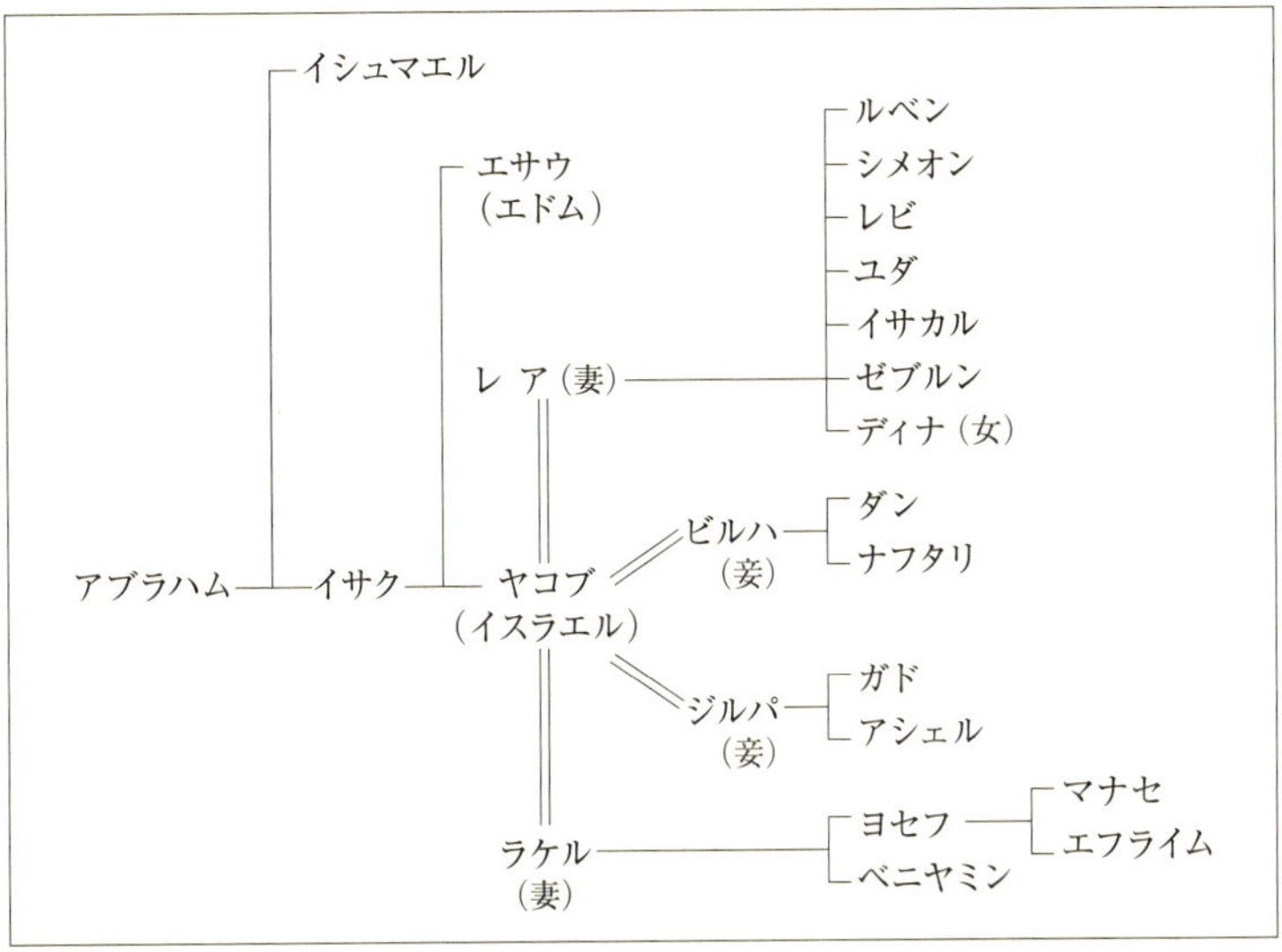

族長の系図

「族長物語」によると、族長たちは常に都市の周辺に野営し、通常、都市のなかには入らなかった。また、都市の住民カナン人と概して友好的関係を保ったが、決して深く交わろうとはしなかった。イサクとヤコブが、カナンの女を娶《めと》らずに、わざわざアブラハムの故郷に住む親族の娘を妻に迎えたことは、自分たちがカナン人と異なる人種であるという自意識をはっきりと示している。

荒野のオアシスに根拠地を置き、らくだを重要な交通手段とする本格的な遊牧民に対して、小家畜とろばを連れて定住地の周辺を移動する放浪者を「半遊牧民」と呼ぶ。現代の中近東にも、ベドウィンと総称される半遊牧民がいる。彼らは、自分たちの純粋な血統を誇りとし、決して定着民と交わろうとしないが、同時に、定着民の安定した生活に羨望の眼を向けている。族長たちの生活形態は、まさに半遊牧民的であった。彼らが、先住民カナン人と同化することを拒否して自分自身は放浪生活を続けながら、自分たちの子孫が、いつの日か定着民になることを願っていたとしても不思議ではない。このような状況が、「族長物語」の歴史的背景になっている。「族長物語」において、神は、現在カナン人が所有している土地を、将来、夥《おびただ》しく増加した族長の子孫に与えるという約束を繰り返す。例えば、カナンを放浪しているアブラハムに向かって次のような約束が与えられた。

さあ、お前の眼を上げ、お前がいる所から東西南北を見渡せ。お前が見ている全地を、わたしはお前とお前の子孫に永久に与えよう。わたしはお前の子孫を地の塵のようにしよう。もし人が地の塵を数えることができるなら、お前の子孫も数えられるであろう。

〔「創世記」13章14～16節〕

土地と子孫に関する神の約束を主題として、「族長物語」は展開する。この主題は、約束の繰り返しによって強調されるだけではなく、約束を受けた者の不安がかもし出すサスペンスによって浮き彫りにされる。不安とは、約束が果たして成就されるであろうか、という危惧である。族長一家は数々の危険に遭遇するが、とくに族長の妻たちの不妊は深刻な問題となる。アブラハム百歳、サラ九十歳の時に、彼らにはまだ実子がなかった。世継ぎをもたずに、どうして多くの子孫が与えられるのか。子孫をもたない者が、子孫のために土地を約束されて何の益があるのか。この重大な危機は、アブラハムの「信仰」と神の「契約」によって克服された、と聖書物語は伝える〔「創世記」15章〕。

信仰とは、神の語りかけに対する人間の肯定的な応答である。アブラハムは、いったん、神の約束を実現不可能なことと判断したが、結局、自分の判断を停止して、肯定的に神の約束を受けとめた。この行為を、「アブラハムは神を信じた」と、「族長物語」は表現する。

他方、「契約」は、古代オリエントの社会生活の基盤であった。古代オリエントの書記たちは、商取引きはもちろん、結婚、養子縁組、それに国際条約まで、すべての人間関係を取り決めた夥しい「契約書」を作製した。これら契約書の研究に基づいて、類型的に見るならば、聖書の思想の基本的構成要素である神と人間の間の契約が、宗主と属王の間に結ばれた条約と類似していることが指摘されてきた。もし、アブラハム契約における神とアブラハムの位置を、この宗主＝属王関係によって観察するならば、アブラハムに子孫を与え、その子孫にカナンの地の所有を約束することが、宗主である神の大権に属す事項であり、他方、アブラハムは、その約束を受け入れる以外に応答しようがない忠実な属王の役割を果したことが明らかとなる。

はるか後代になって成立した「祭司典」と呼ばれる文書（一三三頁以下参照）のなかに保存されている伝承によると、宗主対属王条約としてのアブラハム契約は、「割礼」によって批准された〔「創世記」17章〕。割礼とは包皮を切り取る儀式で、古来、中近東とアフリカの諸部族が、成人式に際して行なっているが、古代イスラエル人は、この儀式に全く新しい意味を与えた。すなわち、イスラエル人は生後八日目の男子に割礼を施すことにより、神が約束したアブラハムの子孫に彼が加わったことを確認したのである。現在なおユダヤ人は、割礼の儀式を守ることにより、神が祖先アブラハムを選び、彼の子孫に祝福を約束して結んだ契約を記憶し続けている（二五〇頁参照）。

族長の神

「族長物語」によると、ハランにいたアブラハムにカナンへ向かうよう命じたのは、イスラエルの神ヤㇵウェであった。しかし、後になって、エジプトでモーセに顕現した神は次のように語った。

わたしはヤㇵウェである。わたしは、アブラハム、イサク、ヤコブに対して、エル・シャダイとして現われたが、わたしの名ヤㇵウェでは、わたし自身を彼らに知らせなかった。

［「出エジプト記」6章2～3節］

このように、聖書には、神名ヤㇵウェがモーセ時代以前から知られていたとする伝承と、モーセに初めて明かされたという別の伝承がある。しかし、一見矛盾する両伝承によって、古代イスラエル人は同一の主張をしている。第一の伝承によればまさに同一の神名ヤㇵウェによって、第二によれば、たとえ神名はエル・シャダイとヤㇵウェと異なっていても——モーセ時代以前の先祖たちも、イスラエルの神ヤㇵウェの礼拝者であった、というのである。これは、他の神々を礼拝してはならない、というモーセ時代以後に成立したヤㇵウェ一神教の強い要求から生じた主張であろう。

しかし、聖書資料をよく検討してみると、族長たちが礼拝していた神とモーセに顕現したヤㇵウェが、実際には同一神でなかったことがわかる。何よりも、「アブラハムの神」「イサクの神」「ヤコブの神」という特有の呼び名が、族長の神——より厳密には族長たちの神々——の本質を表わしている。これらの呼び名のほかに、族長の神は、しばしば「父の神」あるいは「父祖の神」とも呼ばれるが、これらの神名パターンのすべて、あるいはいずれかによって、古代オリエントの諸民族が特定の個人や集団の守護神を呼んだことがわかっている。守護神とは、個人や集団が、神々のなかから選んで特別な関係を結んだ特定の神のことで、古代オリエント最古の文化圏を形成したシュメール人がすでにこの種の守護神をもっていた。他の神々すべてを拒否して一神の存在のみを主張する「一神教」に対し、多数の神々のなかから一神を選んで礼拝する宗教を「一神礼拝」という。守護神礼拝は、多分に一神礼拝的性格をもっている。族長たちが、モーセ時代以後の激しい異教排撃と無関係なことは、彼らが一神教徒ではなく、一神礼拝者であったことを示していると思われる。

また、「族長物語」には、一定の場所と結合した種々のエル(神)が登場して、族長たちと特別な関係を結ぶ(「エル」とは、ヘブライ語を含む西セム語で「神」を意味する普通名詞である)。すなわち、エルサレムのエル・エリヨン(至高者なる神)、ベエル・ラハイ・ロイのエル・ロイ(わたしを見る者なる神)、ベエル・シェバのエル・オーラム(永遠者なる神)、ベテルのエル・ベテル(ベテルの神)、シケムのエル・エロヘー・イスラエル(イスラエルの神なる神)、それに、顕現地名が一定しないエル・シャダイ(一般に「全能者なる神」と翻訳されるが、意味不明)である。

確かに、「エル」は普通名詞であると同時に、前二〇〇〇年紀のシリア・パレスチナで礼拝されていた神々の最高神を指す固有名でもあるから、上記の諸神名を、同一神エルの種々の顕現名と理解することも可能である。しかし、族長たちが、宇宙神エルの一神教徒、ないしは一神礼拝者であったとは考えられない。一定の土地と密接に結合して顕現したこれらのエル(神)は、おそらくエル・シャダイを除き、元来地方神であったと考えられるからである。

もちろん、ヤハウェ一神教の立場から編集されている聖書資料は、すべてのエル(神)が、結局はヤハウェと同一神であったと説明するため、聖書資料におけるこれら地方神エルと族長の関係ははっきりしていない。しかし、例えば、エル・ベテルとヤコブの関係は、守護神とその礼拝者の典型的な例である。兄エサウを怒らせたため、父の家を去って孤独な旅をしていたヤコブは、ベテルにおいてエル・ベテルの顕現を受け、その礼拝者になった〔「創世記」28章10〜22節〕。後にヤコブが故郷を遠く離れた異国で苦しんでいた時に、エル・ベテルが夢に現われて帰郷を勧めた〔「創世記」31章13節〕。この物語に基づき、地方神エルは族長たちとそれぞれ守護神と礼拝者の関係を結ぶと、時間・空間を超越して彼の礼拝者である族長に特別の保護を与えた、と推察することができる。さらに、族長たちの守護神が、それぞれ「マゲン・アブラハム」(アブラハムの楯)、「パハド・イサク」(イサクの恐れる者、あるいは「親族」)、「アヴィール・ヤコブ」(ヤコブの強者、あるいは「守護者」)という異なった別名《エピテート》をもっていることも、族長たちが各自の守護神を礼拝していたことを示しているといえよう。

さて、「族長物語」において、族長たちは実在の人物として描かれると同時に、種々の民族や部族の名《な》祖《おや》の役割も果たしている。名祖とは、民族や部族の名称の起源となった人物のことで、例えば、後にイスラエルと改名したヤコブとその一二人の子らが、イスラエル民族とその十二部族の名祖であることは明白である。アブラハムとイサクがどのような集団の名祖であったのかはよくわかっていないが、彼らもまた何らかの部族集団の代表者であったと推測される。従って、特定のエル(神)が族長と結んだ守護神と礼拝者の関係は、個人的礼拝にとどまらず、部族集団の礼拝に発展したものと理解される。実際、「アブラハムの神」「イサクの神」「ヤコブの神」とは、このような部族集団としてのアブラハム族、イサク族、ヤコブ族が一神礼拝的に礼拝した特定部族の守護神であったのであろう。

守護神とその礼拝者の間に成立した人格的関係に基づく族長の宗教は、ヤハウェ一神教の貴重な準備段階であった。族長に代表される部族集団が族長の守護神の一神礼拝者になったように、イスラエル民族は、モーセに顕現したヤハウェを民族集団唯一の神として受け入れた。このヤハウェ一神教の立場から族長の宗教を理解した人々が、族長たちの礼拝した異なる神々《エル》を一つの神と考えたことは当然である。「エル・シャダイ」という神名は、おそらく後のヤハウェ一神教徒が族長たちの神々《エル》に与えた総合的名称であったと考えられる。

エジプト脱出

ヤコブの十一番目の息子ヨセフが数奇な運命を辿ってエジプトの宰相に出世した後に、ヤコブ一族は、カナンで起こった飢饉を逃れるためヨセフを頼ってエジプトへ移住した。その後、新しい王朝がエジプトで興隆すると、エジプト人がヤコブの子孫ヘブライ人を奴隷にして苦しめたため、たまりかねたヘブライ人は、モーセに率いられてエジプトを脱出した。以上が、エジプト脱出に至る聖書物語の梗概《こうがい》である。

実際、しばしば遊牧民の集団が大挙してエジプトに侵入したことを、当時のエジプト史料が伝えている。とくに、ヒクソスと呼ばれるアジア出身の外来者集団は中王国を滅ぼした後、新王国を建国した、エジプト王に追い払われるまでエジプトを支配した。このヒクソスの侵入と支配と追放が、上述した聖書物語に直接反映していると考えることは困難であるが、ヒクソスの事件も聖書物語も、当時のエジプトと遊牧民をめぐる同一の一般的状況を伝えていることは間違いない。

奴隷にされたヘブライ人の重労働によってピトムとラメセスが建設されたという聖書の記事〔「出エジプト記」1章11節〕とその他の証拠に基づき、ヘブライ人を苦しめたファラオ（エジプト王の称号）は、第十九王朝のラメセス二世（在位前一二九〇～前一二二四）であったとされる。実際、この時代以後、イスラエル史を絶対年代によって古代オリエント史のなかに位置づけることが徐々に可能となってくる。それ以前のいわゆる族長時代に関しては、五〇〇年以上に及ぶ長期間にわたり、前二〇〇〇年紀前半のシリア・パレスチナにおいて起こった遊牧民諸部族による離合集散の複雑な過程が、アブラハム、イサク、ヤコブとその一二人の子ら四代の物語に集約されている、と理解すべきであろう。

さて、モーセがヘブライ人のエジプト脱出を指導するようになったきっかけは、ミディアンの地で受けたヤハウェの命令であった。その時モーセは、一人のエジプト人を殺したためエジプトから追われて、（おそらくシナイ半島のどこかにあったと考えられる）ミディアンの荒野へ逃げていた。彼がホレブ山――他の伝承ではシナイ山と呼ばれる――にくると、燃える柴のなかから神がモーセを呼んだ。

わたしはエジプトにいるわたしの民の苦悩を確かに見た……。さあ、わたしはお前をファラオに遣わし、お前にわたしの民であるイスラエルの子らをエジプトから連れ出させよう……。わたしはお前とともにいる……。わたしは、「わたしは存在する」という者である。

〔「出エジプト記」3章7～14節〕

最後の句は神の自己紹介である。この神名「わたしは存在する」は、むしろ「わたしは存在させる」と使役形に読むべきであろう。神名「ヤハウェ」は、本来「彼は存在させる」という意味であったと考えられるからである。「存在させる」には、「生み出す」「創造する」などの意味があるから、万物の創造者である神の名にふさわしい意味といえる。ともかく、族長たちの神々《エル》同様、ヤハウェも元来はホレブ（ないしはシナイ）山と結合した地方神であった。この聖山において、モーセはヤハウェと、守護神と礼拝者の関係を結び、ヘブライ人救出の神命を受けた。この事件が「エジプト脱出」の始まりとなった。

エジプトに戻ったモーセはファラオに対し、彼に現われたヘブライ人の神を礼拝するためにヘブライ人を引き連れて荒野に行く許可を求めた。ファラオが拒絶すると、ヤハウェは次々とエジプトに災害を下した。しかし、ファラオがいよいよ頑固になって拒絶し続けたため、ついにヤハウェは、ニサン月十四日（春三〜四月の満月の夜）に、エジプト中の全生物の初子《ういご》を殺す決心をした。ただし、入口の鴨居《かもい》と柱に犠牲の小羊の血が塗ってあるヘブライ人の家だけは「過ぎ越す」と約束した。これが、過越祭《すぎこし》の起こりである。

すべての初子を殺されたファラオは、ついにモーセがヘブライ人を連れ出すことを認めた。そこで、彼らはニサン月十四日の夜にエジプトを脱出したが、海岸までくるとファラオが兵士と騎兵を従えて追跡してきた。進退きわまったヘブライ人の前で、海水が両側に分かれて陸地が現われた。ヘブライ人は海中の陸地を渡ったが、その後を追って海中に入ったエジプト人は、流れ返った海水に呑み込まれた。この事件を歌った古い歌が残っている。

ヤハウェに向かって歌え。

彼はまことに高く揚げられたもうた。
馬とその騎手を
彼は海に投げ込まれた。

［「出エジプト記」15章21節］

一般に「紅海の奇蹟」と呼ばれているこの事件の真相を解明することは困難であるが、この奇蹟伝承そのものがイスラエル史に及ぼした決定的役割は、あまりにも明白である。イスラエルの伝承によれば、「エジプト脱出」は、初めから終りまで圧制者エジプト人に対するヤハウェ自身の戦いであり、「紅海の奇蹟」は、このヤハウェの戦いの最後の勝利であった。この勝利により、ヤハウェは、モーセに率いられたヘブライ人集団の守護神として、その救いの業《わざ》を完成した。このように、「エジプト脱出」は、エジプトのヘブライ人を奴隷の境遇から救い出した——聖書の表現によれば「贖《あがな》い出した」——ヤハウェの一方的恵みであったが、この恵みの行為を前提として、ヤハウェとヘブライ人集団の間に結ばれた「シナイ契約」に基づいて民族共同体「イスラエル」が成立するのである。

シナイ契約

モーセに率いられてエジプトを脱出したヘブライ人の集団は、荒野を通り抜けてシナイ(別名ホレブ)山へ向かった。「エジプト脱出」は、シナイ山で受けたヤハウェの顕現に始まったのであるから、脱出に成功したモーセが、まずシナイ山へ向かったのは当然である。

長年月にわたってエジプトで奴隷に甘んじていたヘブライ人たちにとって、荒野の旅は厳しかった。彼らは、食物や飲料水の欠乏に耐え切れず、むしろエジプトに奴隷としてとどまっていた方がよかったといって反乱を繰り返した。窮地に立ったモーセは、再び彼の守護神ヤハウェによって救われた。

このような民衆の態度は、彼らがまだ強固な共同体を形成していなかったことを表わしている。彼らを引き連れてシナイ山へ向かったモーセの目的は、「エジプト脱出」を単なる奴隷解放にとどめず、この経験を共通基盤として、それまで漠然とした血縁意識しかもっていなかったヘブライ人諸部族から一つの民族共同体「イスラエル」を創り上げることであった。

シナイ山において、モーセは神と民衆の間を仲介する者(仲保者)の役目を果たした。民衆を麓に残し、従者ヨシュア一人を引き連れてシナイ山に登ったモーセは、そこに四〇日四〇夜とどまり、ヤハウェが文字を刻みつけた二枚の石の板を授けられた。しかし、モーセの留守中に、民衆は再び反乱を起こした。モーセの兄アロンが造った金の仔牛をエジプト脱出を導いた神に仕立て、仔牛礼拝を始めたのである。このエピソードを記す現在の文書には、おそらく、ソロモンの死後ダビデ家の支配から分離独立したヤロブアムの宗教政策〔「列王記」上12章26～33節参照〕に対する批判攻撃が反映していると思われるが(七二頁参照)、モーセの民族統一の戦いが容易なことではなかった事実が、この物語本来の背景であったことを否定することはできない。

仔牛礼拝を見て怒ったモーセは、ヤハウェから授けられた石の板を砕き、仔牛像と反乱者を一掃した後、再びシナイ山に登り、再び二枚の石の板を授けられた。そこには、「契約の言葉である十戒」が書き記されていた。

前　文　わたしはお前の神ヤハウェ、お前をエジプトの地、奴隷の家から導き出した者である。

第一戒　お前はわたしに対して他の神々をもってはならない。

第二戒　お前はお前自身のために像を造ってはならない。

第三戒　お前はお前の神ヤハウェの名をみだりに唱えてはならない。

第四戒　安息日《シャバット》を聖日として記憶せよ。

第五戒　お前の父とお前の母を敬え。

第六戒　お前は殺してはならない。

第七戒　お前は姦淫してはならない。

第八戒　お前は盗んではならない。

第九戒　お前はお前の友人に対して偽証を立ててはならない。

第十戒　お前はお前の友人の家を欲しがってはならない。

〔「出エジプト記」20章2～17節。「申命記」5章6～21節参照〕

「前文」から明らかな通り、十戒は、全人類のために定められた一般的な道徳律ではない。ヤハウェによってエジプトから贖い出されたヘブライ人部族集団とモーセの守護神であったヤハウェが結んだ「契約」の条文である。例えば、第一戒はいわゆる「一神教」の戒めであるが、このような背景の下に考察すると、本来は、ヤハウェのみをこの部族集団の守護神にすべきであるという一神礼拝的条文であったことがわかる。しかし、モーセに対する数々の反乱が示す通り、この部族集団は強い遠心力に支配されていた。遊牧民独特の強い独立意識をもった各部族は、それまで各々の守護神であった「アブラハムの神」「イサクの神」「ヤコブの神」、その他の神々の礼拝を直ちに放棄しようとはしなかったに違いない。このような部族集団のなかにヤハウェの一神礼拝を確立するためには、多くの努力が必要であった。族長たちの神々が実は一つの神ヤハウェの異なった姿であった、という説明(二五頁参照)は、これらの努力の一つの表れである。しかし、それ以上に、他の神々を排除するための激しい闘いがあったはずである。民族統一のためのこれらの厳しい努力と闘いが、ヤハウェ宗教を一神礼拝から一神教へ飛躍させた原動力であったと考えられる。

シナイ山においてヤハウェと契約を結んでヤハウェを自分たちの唯一の神として承認した時に、エジプトを一緒に脱出したヘブライ人部族集団は、ヤハウェ礼拝によって結合された民族共同体「イスラエル」になった。ただし、この民族共同体の実体は、聖書物語が伝えるような、十二部族から成り立つ全イスラエルではなかった。全イスラエルがシナイ契約に参加したという聖書伝承は、後になって完成した民族の姿を、民族成立の時点に投影したものである。モーセの部族集団は、後にイスラエル十二部族の中核となった数部族のみから成り立っていたと思われる。この小部族集団は、その後、カデシュ・バルネアのオアシスを中心に長年月にわたり――聖書伝承によれば四〇年間――シナイ荒野を放浪していたが、この間に他のヘブライ人諸部族と接触融合した。その過程で、「エジプト脱出」と「シナイ契約」は、後から共同体に参加した部族を含む全共同体構成員共通の歴史的記憶となり、ヤハウェは彼らの唯一の神となった。このようにして成立した大部族共同体こそイスラエル民族の原形にほかならない。

「エジプト脱出」を記念する過越祭は、今日までイスラエル＝ユダヤ史を貫いて最も重要な祭りとして祝われてきた。この過越祭晩餐会の式次第「物語《ハガダー》」のなかに、「いつの世にあっても、人は自らエジプトを脱出した者のように自分自身をみなさなければならない」という句がある。過越祭晩餐会の出席者は、想起によって「エジプト脱出」に参加し、自分が民族共同体の一員であることを確認せよという意味である。実際、シナイ荒野において「エジプト脱出」と「シナイ契約」に、直接、あるいは間接に参加したヘブライ人諸部族から民族が構成されて以来、この特殊な民族共同体は、想起によって「脱出」と「契約」への参加を繰り返す共同体構成員によって今日まで伝えられてきたのである。

シナイ契約のスタイルも、宗主対属王条約である。とくに「十戒」の前文と第一戒は、条約締結以前に宗主が属王に与えた恩恵の歴史を語る条約前文と、属王が自分の宗主以外の大王を宗主とすることを禁止する条約条項と、全く同一の内容をもっている。アブラハム契約が宗主ヤハウェの一方的約束を内容とする「約束型契約」であるのに対して、シナイ契約は属王イスラエルの義務を列記した「義務型契約」である。そこで、シナイ契約を民族共同体の基盤とみなした古代イスラエル人は、後になってその文脈中に次々と民族が守るべきその他の条項を付け加えた。このようにして、後代のイスラエル社会の秩序を定めた諸法律を、シナイ契約のなかに含み込んだ大法典が編集され、それが「律法《トーラー》」の中核となったのである（一二八頁以下参照）。

2　カナン定着から王国の興隆まで

カナン定着

パレスチナは、東をアラビア・シリア荒野、西を地中海、南をシナイ荒野と紅海、北をレバノン山脈によって区切られた細長い帯状地帯である。南北約四〇〇キロメートル、東西平均一〇〇キロメートル、ほぼ関東地方と同じ面積の狭小な地域であるが、地形は非常に複雑である。パレスチナ中部は、西から東へ向かって、海岸平野、シェフェラ（丘陵地帯）、高度七〇〇〜八〇〇メートルの中央山岳地帯、海面下四〇〇メートルの死海を最低点とするヨルダン地溝、東ヨルダンの高原地帯——と目まぐるしく地形が変わる。北部では、東西に切り込んだ肥沃なイズレエル峡谷が中央山岳地帯とガリラヤ山地をへだて、その東にバシャン（ゴラン）高原が続く。また南部全体を占める広大なネゲブ荒野は、シナイ荒野に連なっている。他方、パレスチナは、「肥沃な三日月地帯」（一四頁参照）の南西端に位置し、古代オリエント文明圏の二大中心地、メソポタミアとエジプトを結合する陸橋の役割を果たしていた。複雑な地形と重要な交通路——これら二つの条件が、パレスチナの歴史を決定する要因となった。

第一の条件はパレスチナに政治的統一体の樹立を妨げ、第二の条件は、エジプト、あるいはメソポタミアに成立した帝国勢力が常にパレスチナ征服を目指す原因となった。前二〇〇〇年紀の終り頃まで、パレスチナは、カナン人、アモリ人、ヘテ人など、多種多様の人種構成から成る小都市国家に分裂しており、これらを属州「カナン」としてエジプト帝国が支配した。前十三世紀末、エジプト新王国が急速に衰微してカナンにおける支配権を失うと、東西から新来民族がカナンに侵入、定着した。東の荒野からきたモアブ、アンモン、エドムの諸民族は、東ヨルダン地方に各自の王国を建設したが、同様に荒野から侵入したイスラエル諸部族は、ヨルダン河を渡って中央山岳地帯まで入り込んだ。同じ頃、西方の地中海を渡ってカナンの海岸平野にたどりついたペリシテ人は、二世紀後に、パレスチナの支配をめぐる戦いにおいてイスラエル人の最強の敵となった。

失われた支配権の奪還を目指して、エジプト王はしばしば遠征を試みたが、もはや永続的支配をカナンに再び確立することはできなかった。当時カナン遠征をしたエジプト王の一人、メルネプタ(在位前一二二四頃~前一二一四)が征伐したカナン住民のなかに「イスラエル」があげられている。これは、「イスラエル」の名が聖書外資料に認められる最古の例で、前十三世紀末に、イスラエル民族の少なくとも一部が、確かにカナンに侵入していたことを証明する。

他方、聖書史料は、イスラエル諸部族のカナン定着がどのようにして行なわれたかということを、かなり詳細に伝えるが、その情報はしばしば相矛盾する。征服物語の主要な筋によると、モーセの後継者ヨシュアは、十二部族から構成された全イスラエルを引き連れて東方の荒野からヨルダン河を渡河してカナンへ攻め込むと、一気にカナン全土を征服した後、くじによって各部族に領地を割り当てた(「ヨシュア記」)。これに対し、他の情報によると、イスラエル諸部族は、数部族、あるいは単独で、個別に侵入し、必ずしもカナン全土を一度に征服することはできなかった(「士師記」1章)。いうまでもなく、第二の情報の方が歴史的状況に近いと思われるが、第一の情報が伝えるような、イスラエル諸部族の協力行動が全くなかった、と断定することは困難である。明らかに、民族共同体イスラエルの中核は、すでに荒野において、カナン侵入以前に成立していたからである(三二頁参照)。

以上二つの主要な情報のほかに、聖書のカナン征服、定着物語に含まれている種々の断片的情報を総合

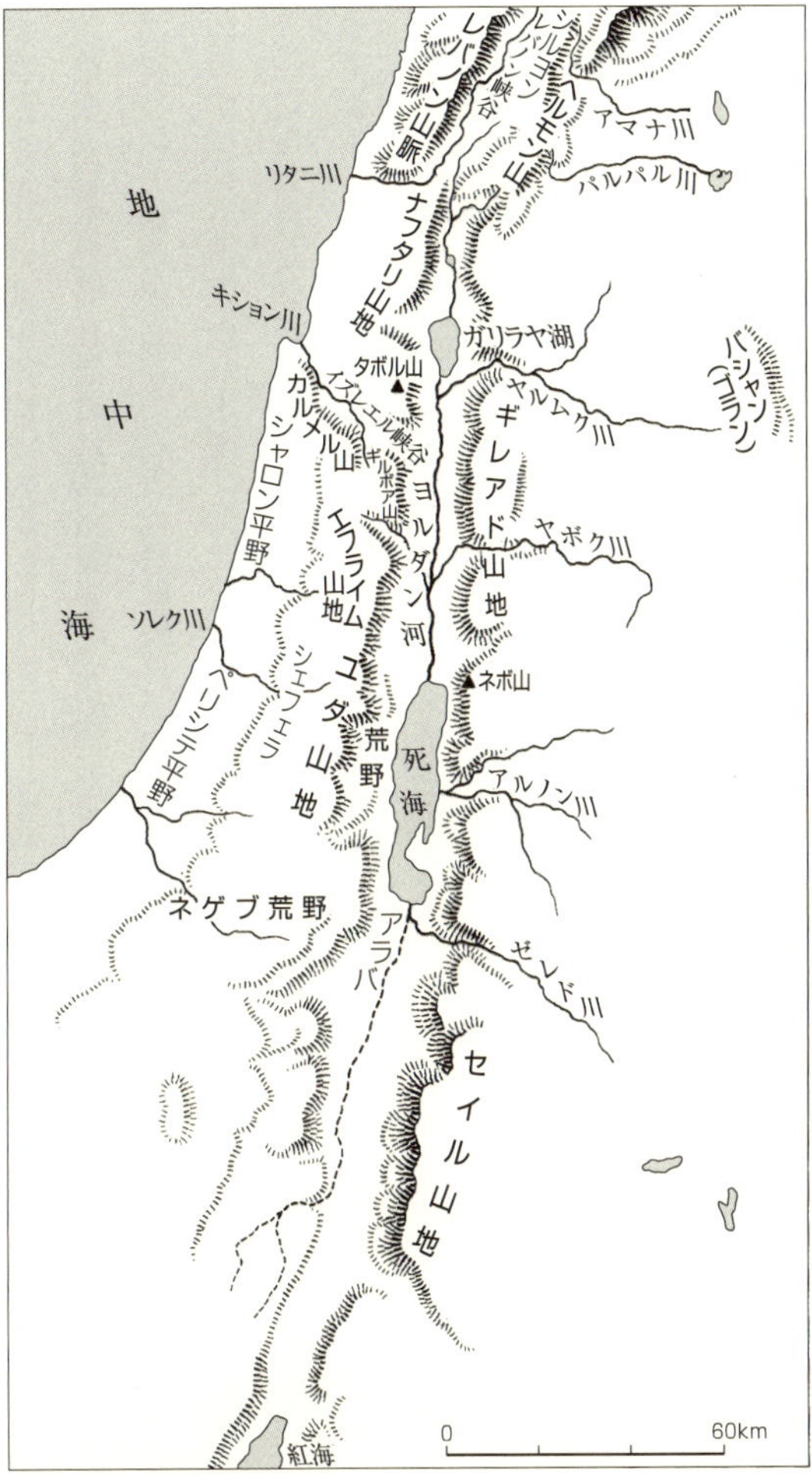

パレスチナ地勢図

すると、イスラエル諸部族の定着は、相当長期間にわたり(おそらく前十三世紀末から前十二世紀中葉まで)、複雑な過程を経て行なわれたらしい。まず、ヨセフ族(エフライム族とマナセ族の総称)を中心とした北方諸部族とユダ族を中心とする南方諸部族は、別々の部族集団として侵入してきたと考えられる。南方諸部族のなかには、南方から入ってきた者もあった。彼らはあちこちでカナン都市を攻め落としたが、平和裡に先住民と共存し始めた場合もあった。元来、先住民が少数しかいなかった中央山岳地帯とネゲブ荒野において、イスラエル諸部族はたちまちカナン人より優勢になったが、強力な兵車隊をもつカナン都市国家が密集していた海岸平野には入り込めなかった。しかも、海岸平野は、間もなくエーゲ地方からきたペリシテ人に征服された。イズレエル峡谷においてもカナン人の勢力は強く、この地方に定着した部族は、かえってカナン人の圧迫を受けて苦しめられた。しかし、全体として、エジプトの長い収奪支配と都市国家間の絶え間ない闘争のために疲弊していたカナンの住民は、次々と荒野から侵入してくるイスラエル諸部族に圧倒され、結局、新来民族イスラエルのなかに呑み込まれていったのである。

イスラエル諸部族のカナン侵入・定着は、「アブラハム契約」「エジプト脱出」「シナイ契約」などの伝承に基づくヤハウェ信仰によって導かれていた。彼らの理解に従えば、カナンを取得したことは、族長たちに対するヤハウェの約束(二一〇頁参照)の成就であった。これは、エジプトからの救出に続いて、イスラエルが経験したヤハウェの救いの業であった。

侵入・定着の過程を通して、すでに荒野で形成されていたヘブライ人の部族同盟を中核とする民族共同体イスラエルには、その他のヘブライ人諸部族や、一部のカナン先住民を含む種々の氏族が新たに加わった。この際も、再び、ヤハウェの救いの歴史を共通の歴史的記憶とし、ヤハウェを唯一の神として受け入れることによって、新加入氏族は民族共同体イスラエルのなかに吸収されたのである。このような定着時代におけるイスラエル独特の民族形成の歴史を、「ヨシュア記」24章が伝える。それによると、カナン征服と部族領割り当てを終了した後、指導者ヨシュアは、イスラエル諸部族を山岳地帯の中心地シケムに呼び集めた。彼らは、今後、異教の神々を捨て、ヤハウェのみ礼拝することを誓い、ヨシュアの仲介によって、ヤハウェとイスラエルの契約に参加した。

士師の支配

前十二世紀中葉までに、イスラエル諸部族はほぼカナン定着を完了したが、いくつかの部族と氏族はなお移動を続け、前十一世紀末に王国が成立するまで、部族領の境界線はもとより、どの氏族がどの部族に属すかということも、ある程度流動的であった。この一二〇〜一三〇年の間、イスラエル諸部族の間には、ヤハウェ信仰に基づく共通の歴史的記憶——多くの氏族にとって、それは仮構に過ぎなかったが——による民族的近親感は存在したが、政治的統一組織は形成されなかった。この時代に、一定の聖所を中心とした高度に組織化された宗教的部族連合——これを、古典時代ギリシアの例に従って、「アンフィクテュオニー」と呼ぶ——がイスラエル十二部族によって形成されていたという学説は、歴史的検証に耐えることができない。

この時代に、定着民となった各部族は、数々の外敵と戦わなければならなかった。イズレエル峡谷のカ

部族名	居住地	親族関係
ルベン	死海東岸	レアの子ら
シメオン	南部南方	
（レビ）	嗣業なし	
ユダ	南部	
イサカル	ガリラヤ南部	
ゼブルン	ガリラヤ中部	
ヨセフ ─ マナセ	中央北部／東ヨルダン北部	ラケルの子ら
ヨセフ ─ エフライム	中央南部	
ベニヤミン	中央と南部の間	
ダン	中央と南部の間 → 北端	ビルハの子ら
ナフタリ	ガリラヤ北部	
ガド	東ヨルダン南部	ジルパの子ら
アシェル	北西端	

イスラエル 12 部族（ヤコブの 12 人の息子たち）

＊祭司部族レビは嗣業（割り当てられた居住地）をもたない。

＊レビ族を除く場合，ヨセフ族をマナセ族とエフライム族に分割して 12 部族を構成する。

＊部族間の親族関係（多分にフィクションと思われる）は，「族長物語」に，ヤコブの子ら[「創世記」29 章 31 節～ 30 章 24 節；35 章 16 ～ 18 節]と，ヨセフの子ら[48 章]として記述されている。「族長の系図」（19 頁）参照。

＊居住地の分布は，部族間の勢力関係と親族関係が，ある程度反映している。中心は，中央南部のエフライム族と中央北部と東ヨルダン北部に広がるマナセ族で，この両部族で大部族ヨセフが構成されていた。エフライム族南方の小部族ベニヤミンを加えたラケル・グループが，本来，イスラエル 12 部族の中心であった。この事情は「族長物語」に反映している。
他の諸部族については，南部にユダ，シメオンが，ガリラヤにイサカル，ゼブルンと分割されたレア・グループ，その周辺に妾，ビルハとジルパの子らが居住していた。なお，ダン族はエフライム族，ユダ族，ベニヤミン族とペリシテ人に囲まれて生活できなくなり，北端の町，ライシュ（ダン）に移住した[「士師記」17 ～ 18 章]。

ナン人、東ヨルダンのモアブ人とアンモン人、荒野出身の略奪者ミディアン人、そして、海岸平野から内陸に向かって勢力を伸張してきたペリシテ人——これらの外敵と戦うために、イスラエルの諸部族は、しばしば協同防衛にあたる必要に迫られた。この部族同盟は、共通の敵に苦しめられたいくつかの部族ごとに特別の目的をもって局地的に形成され、その組織者が「士師《しし》」と呼ばれるカリスマ的軍事指導者であった。

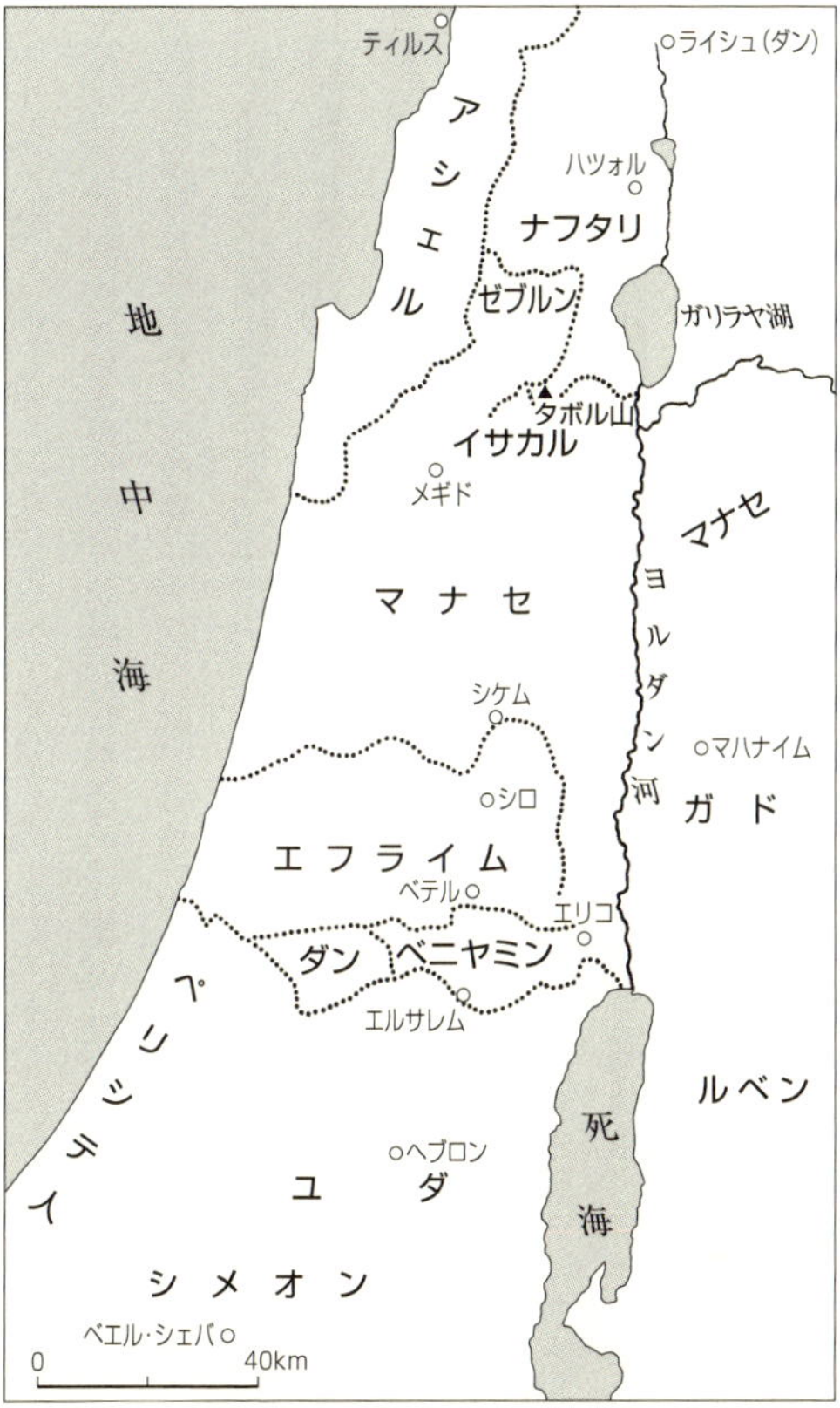

イスラエル12部族の境界

「士師」は、イスラエル諸部族の危機に際し、ヤハウェから授けられた権威（カリスマ）のみによって立ち上り、政治的・軍事的統一組織をもたない氏族、部族を糾合して軍事同盟を結成し、外敵の攻撃や支配から同胞を救い出した英雄であった。そのカリスマのゆえに、彼は、終身、同盟の指導者としてとどまったが、彼の子孫がその権威を相続することはできなかった。一定の危機に対処して特定の士師を指導者として成立したこの種の軍事的部族同盟は、その士師の死とともに解散し、恒久的組織にはならなかったからである。

「士師」と訳されるヘブライ語「ショーフェート」は、聖書において一般に「裁判人」という意味で用いられるが、西セム語（ヘブライ語、ウガリット語、フェニキア語、アラム語など）における用法を参照すると、その本来の語義は「支配者」であることがわかる。「裁判人」という意味は、古代オリエントの支配者が公平な裁判の執行を主要な職務としていた所から派生した二次的語義である。従って、部族連合の軍事的指導者として出現した士師が、その部族連合の支配者として、裁判人の役割も果たしたことは疑いえない。このような士師の支配権は、実質的に王権と何ら相違しなかったが、その支配権が子孫に相続されないという点において、必ず王朝形成を伴う王政と相違していた。

カナン定着から王国形成前夜までのイスラエルの歴史を伝える「士師記」は、当時の様子をありありと伝える貴重な史料であるが、その編集者は王国時代末期から捕囚時代にかけて活動した「申命記派歴史家」であると考えられる（一三〇頁以下参照）。この後代の編集者の史観によると、士師時代のイスラエルは、継続的な士師職を頂点として組織された十二部族から成る一つの民族共同体であった。しかし、実際には、女預言者デボラが、イズレエル峡谷におけるカナン人の圧迫を排除するために組織することに成功した六部族連合が、士師時代最大の連合体であった。この同盟には一〇部族が召集されたが、四部族は参加しなかった〔「士師記」5章14〜18節〕。しかも、ユダ、シメオンなどの南方諸部族は、同盟参加の召集すら受けていない。さらに、この時代のイスラエル諸部族は、しばしば激しい内輪争いを起こし、互いに殺戮し合った。このような状況は、各士師の支配権が、特定の数部族によって形成された部族同盟の範囲に限られていたことを示している。十二部族から成る全イスラエルが初めて一人の支配者の下に統一されたのは、初代の王サウルの時であった。

カナン文化との対決

イスラエル諸部族の生存手段が遊牧から農耕へ移行するとともに、当然、その社会構造や宗教概念にも変化が起こった。例えば、この時代のイスラエル社会を反映していると考えられる法律集「契約の書」〔「出エジプト記」20章22節〜23章33節〕には、荒野起源の法律に混じって、農耕社会を背景とした多くの法律が含まれている。この法律集のなかの決疑法――「もし……の場合は」という言い出しによって細かく状況を定め、その状況に応じた償いを決定する法律――は、大部分、カナンで行なわれていた法律の借用であろう。これに対して、「……の者は、必ず殺されなければならない」という簡潔な「定め」は、断言法と呼ばれる荒野起源の法律と考えられている。同様に、元来遊牧民の祭りであった「過越祭」は、農耕民の祭りである「種入れぬパンの祭」と結合されて、エジプト脱出の記念祭になった。

このような遊牧文化と農耕文化の混淆は、宗教思想の領域でも起こった。しかし、ここでは、特異な民族共同体イスラエルの根本理念であるヤハウェ一神教の排他性のゆえに、激しい思想闘争が引き起こされた。この思想闘争は、王国時代末期の申命記改革とバビロン捕囚を通してヤハウェ宗教が公式的勝利を収めるまで続いたのである(一〇八頁以下参照)。

「士師記」を編集した申命記派歴史家は、士師時代に始まったヤハウェと異教の神々の闘いを、同派特有の史観によって説明する。すなわち、この史観によると、士師時代は、イスラエル人の棄教、ヤハウェの怒り、神罰として下された異民族の侵略と支配、苦難のなかで救いを求めるイスラエル人の祈り、ヤハウェの士師派遣、士師による外敵の排除、士師生存中の平和、士師の死、再びイスラエル人の棄教——というパターンの繰り返しによって成立していた。もちろん、実際の歴史の流れを、このような周期によって説明することはできないが、カナン宗教との対決が士師時代に始まったことを、申命記派歴史家は確かに知っていたのである。

カナン宗教の中心は、自然のサイクルに由来する豊穣祭儀であった。パレスチナ地方の気候は、冬の雨季と夏の乾季に二分され、豊作か不作かは冬の雨量によって決定される。カナンの住民は、すべての生命を枯渇させる厳しい乾季が、雨の神バアルの敗北と死を意味すると考え、バアルが復活して冬の雨を降らせ、再び自然を甦《よみがえ》らせることを祈った。

一九三〇年代まで、カナン神話の内容については、聖書の伝承と断片的なギリシア資料から僅かなことしかわかっていなかったが、現在は、前二〇〇〇年紀に繁栄した北シリア海岸の都市国家、ウガリットから出土した粘土板によって多くのことを学ぶことができる。ウガリット神話のなかで活躍する主要な神々は、次の五神である。

エル——神々の父。世界の創造者であるが、すでに隠居していて、彼の支配権は三人の息子に相続されている。すなわち、バアルが天と地、モトが冥界、ヤムが海の支配者である。

アシェラ——エルの妻、神々の母。バアルがモトとヤムを相手にして闘った時、バアルを応援した。

バアル——雲に乗り、雨を降らせる嵐の神。死の神モトに勝ったウガリット神話の英雄。

モト——生命を呑み込む海神ヤムと組んでバアルと世界の支配権を争った。一度バアルを殺したが、復活したバアルに敗れた。

アナト——バアルの忠実な妹。いったんモトに殺されたバアルを葬り、復讐を誓った。戦争と愛の女神。

カナンで流布していた神話は、ウガリット神話とやや違っていたらしい。聖書において活躍するカナンの神々は、バアル、アシェラ、それにアナトに代るアシュトレト(アシュタロト)である。しかも、アシェラはバアルの母ではなく、配偶者と考えられる。興味深いことに、聖書資料中の「エル」は、ほとんどすべて普通名詞の「神」を意味し、固有名詞としての用法を発見することは困難である。これは、カナンの最高神エルとヤハウェを、イスラエル諸部族が同一視した結果であろう。実際、「創造神」「神々の父」というようなヤハウェの属性は、エルから「相続」したものらしい。

他方、バアル、アシェラ、アシュトレトなどのカナンの神々は、イスラエル諸部族を誘惑するヤハウェの敵であった。とくにバアルは、正統的ヤハウェ一神教の立場から最大の敵と目された。しかし、一般人の間で非常に人気があったため、申命記改革が行なわれるまでは、しばしばバアルとヤハウェの混同も起こった。

通常、荒野から沃地に侵入してきた遊牧民は、いったん定着民になると、沃地の文化に埋没して独自性を失ったが、ヤハウェ一神教によって結合していたイスラエル諸部族は、カナン文化と深く接触しながらも荒野からもってきた独自性を守り抜いた。しかし、カナン宗教に対するヤハウェ一神教の勝利は、長期にわたる激しい思想闘争の後に初めて克《か》ち取られたものなのである。

王政樹立をめぐる諸問題

王朝制度を否定する士師の支配は、遊牧民的独立精神を所有する諸部族が、自衛の必要上致し方なく、統一軍事指導者の呼びかけに応じた結果生じた妥協の産物であった。荒野の遊牧民の社会制度と文化を土台にして成立した初期イスラエルの部族制社会において、民族共同体を形成する各小単位は、各々の自治権を強く主張し、中央集権的体制を嫌ったのである。

しかし、カナン定着後、領土所有者になったイスラエル諸部族は、しばしば大規模な自衛戦に応じないわけにはいかなくなった。そこで、彼らはある程度、独立精神を犠牲にして士師の統一的支配を受け入れたのである。しかし、支配権力の相続を否定することによって権力の永続的集中を排除し、その結果、支配権力そのものの強大化を阻止した。このような、中央集権に対する明白な反発は、イスラエル固有の伝統の一つとしてその後の世代にも引き継がれ、イスラエルの精神史に深い影響を及ぼしたのであるが、それは常に中央集権を求める主張との緊張関係において表現された。

この緊張関係は、荒野から侵入してきたミディアン人を追い払った士師ギデオンのエピソードに明白な形で表現されている。イスラエルの人々が「ギデオン王朝」の創立を要請した時、彼はその要請を拒否して次のように答えたという。

わたしは君らを治めない。わたしの子も君らを治めない。ヤハウェが君らを治めるであろう。

〔「士師記」8章23節〕

これは、イスラエルの支配者はヤハウェであるから、人間がヤハウェに代って支配者になることはヤハウェの王権の侵害であるという、中央集権(王政)の否定論である。この反王政論は、ギデオン時代に続く一世紀間活発に続けられたが、王政樹立前夜には最も激しく主張された。

それにもかかわらずイスラエル諸部族が王政樹立の方向に向かったのは、強力な外敵によってイスラエルの存在そのものが根底から脅かされたからであった。この外敵は、前十三世紀にエーゲ地方からパレスチナに侵入した海洋民族ペリシテ人であった。彼らは、パレスチナを縦貫する最も重要な国際街道「海の道《ヴィア・マリス》」沿いの海岸平野においてエジプト帝国から属州カナンの支配権を相続し、徐々にパレスチナ中央の山岳地帯に向かって勢力を伸張していった。こうして、ペリシテ人とイスラエル諸部族の間の運命的な闘争が始まった。

ペリシテ人も統一王国はもたず、エーゲ地方の伝統に従って都市国家集団を形成していたが、その同盟はよく組織されており、職業軍人を主体とする軍隊は強力であった。これに対して、エフライム族を中心とするイスラエルの部族同盟がシロで組織された。このシロ同盟の指導者がそれ以前の部族同盟の指導者のようなカリスマ的戦士ではなく、シロ神殿の祭司エリであった点に、部族同盟の機構的変化を発見することができる。古代イスラエルにおいて、祭司職が父から子に伝えられたことを考え合わせると、シロ同盟が祭司エリを同盟指導者である「士師」に任命したことは、部族同盟のリーダーシップを世襲化することによって、その支配権を永続・強化しようと図ったものと思われる。その狙いは、強力な支配権の下に永続的な軍事組織を確立してペリシテ人の侵略に対抗することであった。

しかし、ペリシテ人の強襲を受けてシロ同盟は粉砕された。同盟のシンボルであった「ヤハウェの箱」はペリシテ人に奪われ、エリの二人の息子は戦死した。敗戦の報告を受けてエリも死に、シロ神殿まで破壊された。このため、中央山岳地帯全体がペリシテ人の支配下に入り、民族共同体イスラエルの存続が危くなった。

この危機的状況下に、中部パレスチナにおいてイスラエル諸部族の同盟を再興し、ペリシテ支配に対して対抗を始めた人物がサムエルであった。子供の時、彼は見習祭司としてシロ神殿に仕えたが、成人するとヤハウェの預言者として名声を博した。彼も戦士ではなく、預言者としてのカリスマのゆえに、部族同盟の指導者「士師」になった。老年になった時、彼は自分の二人の息子を「ショーフェート」(「士師」でもあり「裁判人」でもある。四〇頁参照)に任命したが、この権威の相続は成功しなかった。この二人が士師としての器量に乏しかっただけではなく、ペリシテ人の圧政に苦しむ民衆は、ペリシテ人に対する戦争指導者として、「士師」ではなく、「王」を求めていたからである。

ベニヤミン族出身のサウルが、イスラエル初代の王になったいきさつを厳密に再構成することは難しい。いくつかの聖書史料が、相互に矛盾する情報を提供するからである。しかし、サムエルと民衆がサウルを王に選んだという点においてすべての史料は共通している。実際、王政樹立前夜に、王政支持者と反王政論者の間に大論争が起こったらしい。最初サムエルは、人間の王を立てることはヤハウェの王権を侵害すると主張して、王政絶対反対の態度をとったが、結局、王を求める民衆の声に勝てなかった。そこでサムエルは、自分の宗教的権威を王権の上に置くことを条件として、王政樹立に参加したらしい。ともかく、イスラエル初代の王サウルは、サムエルと民衆の合意に基づき、「合法的」な手続きを経て選ばれた王であった。

このように、イスラエルにおいて、王政は民衆が選んだ政治形態であった。この点、歴史の始まりとともに存在していた古代オリエントの神秘的な王権とは全く違っていた。従って、イスラエルの王は、オリエント諸国の「絶対君主」ではなかった。しかも、イスラエルにおいて、王政は便宜的に採用された制度にすぎなかったため、サウルの即位後約五〇〇年間続いたにもかかわらず、結局、王政はイスラエルの伝統の絶対的要素にならなかった。ここに、王国が滅亡してもイスラエルの伝統が生き残った秘密がある。

サウルとダビデ

サウルは、東ヨルダンのヤベシュ・ギレアドがアンモン人に包囲された時、イスラエル諸部族を結束してヤベシュ救出を敢行したため、一躍英雄になった人物であった。ペリシテ人と戦うために優れた戦争指導者の出現を待望していたイスラエル諸部族は、直ちに彼の下に集まり、彼をイスラエル初代の王に選んだ。サウルの王権は、北方諸部族のみならず、南方諸部族からも認められ、ここに大イスラエルの政治的統一が初めて成立した。

サウルの第一の課題は、軍事組織を確立することであった。士師たちは、緊急事態が起こるたびに、諸部族から志願兵を呼び集めて戦った。このような民兵組織が職業軍人を中核とするペリシテ軍の前に惨敗したのは当然であった。そこで、サウルは民兵以外に武勇の優れた人々を集めて常備軍を設立し、彼の親族アブネルを全軍の司令官に任命した。

最初は奇襲攻撃によってペリシテ人の守備隊を破ったが、徐々にペリシテ軍と互角に戦うようになると、サウルは、中央山岳地帯からペリシテ人を追い払うことに成功した。彼は、出身地ベニヤミンのギベアに王宮を構え、そこに宮廷、すなわち「政府」を樹立した。彼の宮廷の要人は、皇太子ヨナタンと軍司令官アブネルであった。サウルはイスラエル諸部族から勇士を集めたが、家臣の大部分は彼の出身部族、ベニヤミンの人々であった。

サウルがもっぱらベニヤミン人に依存したのは、強力な中央集権の達成を急いでいたからである。実際、彼の王政樹立を助けたサムエルと直ちに仲違いした原因も、おそらくサウルの性急な中央集権政策であったと考えられる。しかし、大多数のイスラエル人は、ペリシテ人をはじめとする外敵と勇敢に戦った王サウルを心から支持した。

このサウルの王政に挑戦した人物が、ダビデであった。現存する聖書史料は、ダビデ側の立場で編集されているため、サウルとダビデの争いの真相を究明することは非常に難しい。ダビデは南方諸部族の中心部族ユダの出身であった。サウルの宮廷に出仕した時、ダビデはまだ少年であったが、優れた武勇と魅力的な人柄によって直ちに頭角を現わした。サウルはダビデを「千人の長」に任命して、ヨナタン、アブネルに次ぐ地位に抜擢したばかりではなく、次女ミカルを与えた。しかし、聖書史料によると、あまりにも

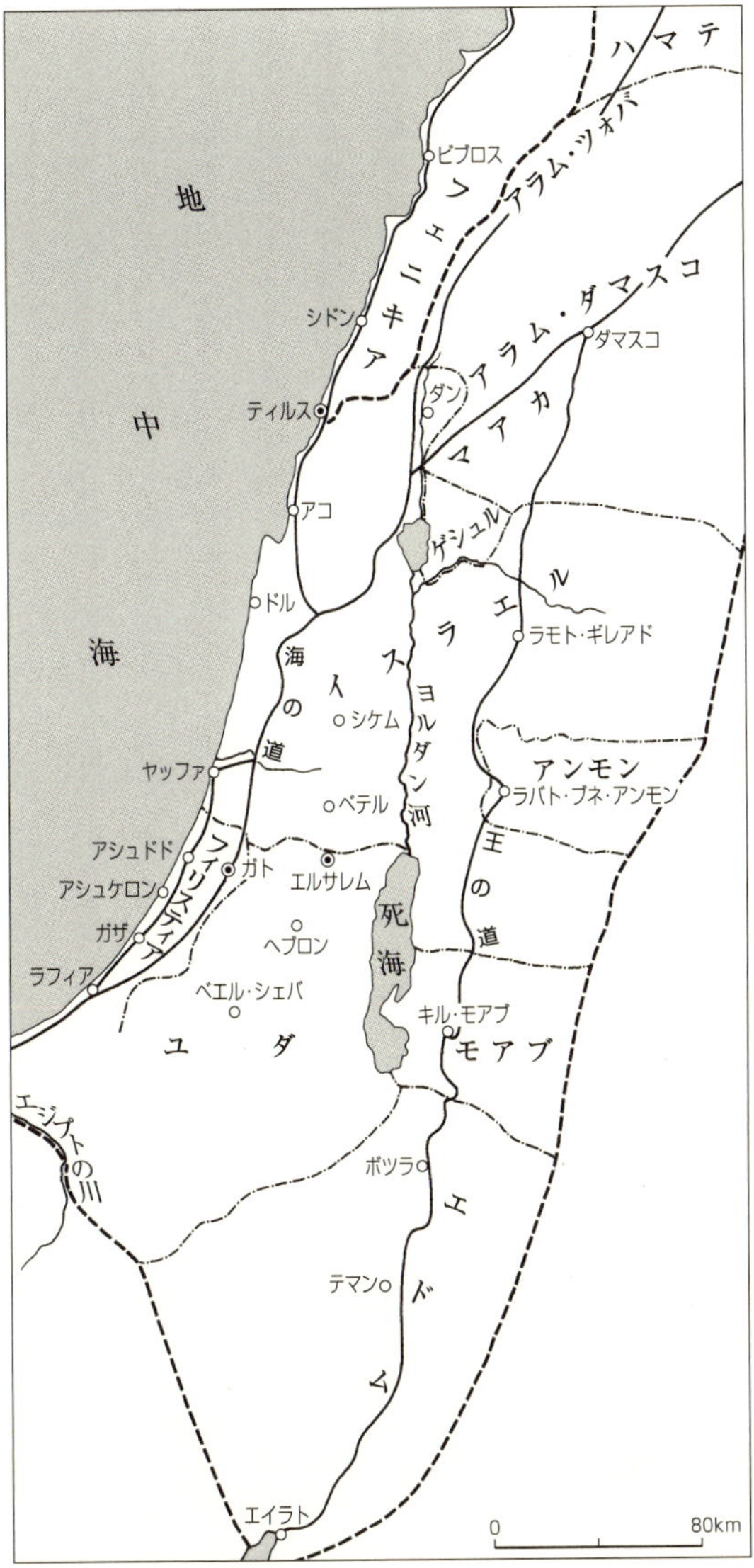

ダビデ・ソロモン帝国

人気者になったダビデをサウルが妬んで殺そうとしたため、ダビデは宮廷から逃亡した。ユダの荒野に逃げたダビデは、自分の親族を中心に、サウル王政に対する不平分子を糾合した。彼は、しばらくの間、ゲリラ戦によってサウルと対抗したが、結局、ペリシテの都市国家ガトの王アキシュの所へ亡命しなければならなかった。この事実は、サウルの支配が南方部族のうえにも及んでいたことを示している。

しかし、サムエル、ダビデなどと内輪争いを起こしたため戦力が弱体化したサウルは、結局、ペリシテ人とギルボア山で戦って敗死し、再びペリシテ人が中央山岳地帯を占領した。サウルの軍司令官アブネルは、サウルの遺子イシュ・ボシェト(エシュバアル)を東ヨルダンに連れて行き、マハナイムにおいてサウル王朝を相続させたが、これに対し、ダビデは南方諸部族の中心地ヘブロンにおいてユダ王国を建国した。

北方諸部族と南方諸部族は、元来、地理的隔たりのゆえにカナン定着以来疎遠であったが、サウルの下では、一応、統一されていた。南北の分裂を決定的にしたのは、ダビデのユダ王国建国であった。それ以来、南ユダと北イスラエルとは別個の政治的単位として固定し、ダビデとソロモンが両者の上に君臨した時ですら、両者は決して融合しなかった。むしろ、南方出身のダビデ家が、それまでイスラエルの伝統の主流を占めてきた北方諸部族を支配したために、南北の対立は尖鋭化した。ダビデ家は、サウル家に代って全イスラエルの支配王朝になったことを、ヤハウェの選びであると主張した。この主張の上に成立したダビデ=エルサレム神学が、古代イスラエルの宗教思想の形成に当たって重大な役割を果たしたことは後で述べる(六三頁以下参照)。

アブネルとイシュ・ボシェトが相次いで暗殺されると、北方諸部族は指導者を失った。部族代表の長老たちがヘブロンにユダ王ダビデを訪れ、北イスラエルの王になるよう要請したのは当然の成り行きであった。ダビデは即位に際して、北方諸部族と「契約」を結んだ。その内容は伝えられていないが、このような契約締結があったことは、サウルの王政同様、ダビデの王政も、「立憲君主政」であったことを示唆している。

ダビデがサウル王朝の残党と対立している間、ペリシテ人はダビデをペリシテの属王とみなしていたらしい。しかし、イスラエル・ユダ複合王国の王になったダビデは、一転してペリシテ人に反旗をひるがえした。数々の激戦の後、ダビデはペリシテ人を完全に撃破し、パレスチナにおけるイスラエルの覇権を確立した。その後もペリシテ人は海岸平野を支配し、その名前を「フィリスティア」「パレスチナ」という地名に残したが、もはやイスラエルと対抗できる勢力ではなかった。

その後ダビデは、東ヨルダンのエドム、モアブ、アンモンの諸王国を征服し、さらにシリアのアラム人を破って、南は紅海から北はユーフラテス河に達するイスラエル史上空前絶後の大帝国を築き上げ、それを嗣子ソロモンに遺した。

3　ダビデ・ソロモン時代

ダビデ王朝の確立

ダビデとソロモンの二代八〇年(前一〇〇四年頃~前九二八年頃)は、イスラエル史上最も創造的な時代であった。ダビデ王朝は、イスラエル・ユダ複合王国の上に強力な支配を確立したばかりではなく、フェニキアを除くシリア・パレスチナの大部分を支配する大帝国に君臨した。この時代のイスラエル人が稀にみる政治的安定と経済的繁栄を享受していた様子を、聖書史料は次のような牧歌的表現によって伝えている。

ソロモンの全時代に、ユダとイスラエルはダンからベエル・シェバまで、各々そのぶどうの木の下といちじくの木の下に安心して坐っていた。

［「列王記」上5章5節］

ダンとベエル・シェバは、イスラエル諸部族の伝統的領土の北端と南端の町である。従って、複合王国全土にわたって外敵侵入の恐れが一掃されたこの時代に、イスラエルの農民が初めて平和な暮らしを営むことができた、ということをこの史料は語っている。しかし、イスラエル社会の内的発展に関してみるならば、これは急激な根本的変化が起こり、イスラエル社会が大きく動揺した時代であった。

ダビデは優れた武将であると同時に、偉大な政治家であった。彼が最も配慮しなければならなかったことは、それまで南方の辺境部族にすぎなかったユダ族出身のダビデ家が、部族共同体イスラエルの主流であった北方諸部族を統治するという困難な政治状況であった。実際、北方部族のチャンピオンとして初代の王に選ばれたサウルの遺族は、ダビデの一生の間、隠然たる勢力を振るっていたのである。元来、南ユダ王国という政治単位は、ダビデがサウルの子イシュ・ボシェトに対抗して旗揚げした時の足場として「創作」したものであったが、北イスラエル王国の王位を兼任した後も、彼は南北両王国を単一の政治組織とするよりは、複合王国として統治する方法を選んだ。彼の真の勢力基盤が南にしかないことを認識していたからである。

この南北両王国間の微妙なバランスを保つために、まずダビデが起こした政治行動は、ヘブロンからエルサレムへの遷都であった。地理的にみて、南の中心ヘブロンは、それに対応する北の中心シケム同様、複合王国の首都にふさわしくなかった。そこで、南北の中間に位置するエルサレムが選ばれたのである。しかもダビデが占領するまでエルサレムは、カナン先住民族の一つであるエブス人の都市国家であったため、イスラエルのどの部族領にも属さない、という中立性も兼備していた。もちろん、戦略家のダビデが、エルサレム王の居城であった天然の要害シオンに着目したことも無視できない。彼はこの要害を占領すると、それを「ダビデの町」と名付け、シオンの要害をすべての部族領から独立したダビデ家の所領と定めた。ただし、この際に、ダビデが都市国家エルサレムの王位も継承した、という学説を支持することは難しい。

ダビデは新都エルサレムに宮廷を構え、カナン都市国家のエジプト型組織をモデルとして、高度に発達した行政組織を整えた。古代オリエントの王の義務であった「正義と公平」によって民衆を支配する王を頂点として、ダビデの「閣僚名簿」は次のように構成されていた。

国民軍司令長官　ヨアブ
近衛隊（外人部隊）司令長官　ベナヤ
徴税局長官　アドラム
式部長官　ヨシャファト

書記局長官　シェワ

祭司　ツァドクとアビアタル、イラ

〔「サムエル記」下20章23〜26節〕

ソロモン時代になると、内閣組織はさらに拡張され、宮内庁長官と県知事長官が加えられた。このほかに、祭儀を取り扱うレビ人を全国に配置して、ダビデ家の支配の浸透を図ったと考えられる〔「ヨシュア記」21章、「歴代誌」上6章39〜66節参照〕。

ダビデ家によるこのような中央集権支配の確立は、一世代前まで部族自治の原則に従って割拠していたイスラエルに、革命的な社会変動と、それに伴う政情不安を引き起こした。そのうえ、帝国主義的征服戦争の拡大が、兵役と徴税の重荷となって民衆を圧迫した。当時はやった疫病を、兵役と徴税の基礎資料作成のためにダビデが強行した人口調査に対する神罰として理解した物語〔「サムエル記」下24章〕は、ダビデの政策に対する民衆の強い反感を伝えている。

民衆のこのような不満を利用してダビデに対する反乱を起こした者は、ほかならぬダビデ自身の第三皇子アブサロムであった。四年間民心の掌握に努めた後、ヘブロンで反乱を宣言したアブサロムの下に、イスラエルの民衆が集まった。虚をつかれたダビデは、少数の近衛兵に守られてエルサレムを捨て、東ヨルダンに逃げた。アブサロムはエルサレムに無血入城を果たし、父に代って王位についた。しかし、ダビデを急追しなかったため、東ヨルダンにおいて軍を再編成する時間をダビデに与えたことは、アブサロムの致命傷となった。東ヨルダンのエフライムの森における戦いは、アブサロム軍の大敗に終り、アブサロムが殺されて反乱は終った。

反乱は鎮圧されたが、アブサロムを支持した民衆がダビデに対して抱いた反感は残った。そこで民衆と和解するために、ダビデは反乱者を誰も処罰しなかった。しかも、彼のエルサレム帰還を先導する役目をとくにユダ族に依頼することにより、ダビデに対するユダ族の忠誠心を取り戻すとともに、伝統的な南北間の疎遠な関係を強調して、一体となって彼に反乱した民衆の間に分裂を起こさせた。この収拾策は一応成功したが、同時に、それまでダビデが配慮してきた南北間のバランスは崩壊した。

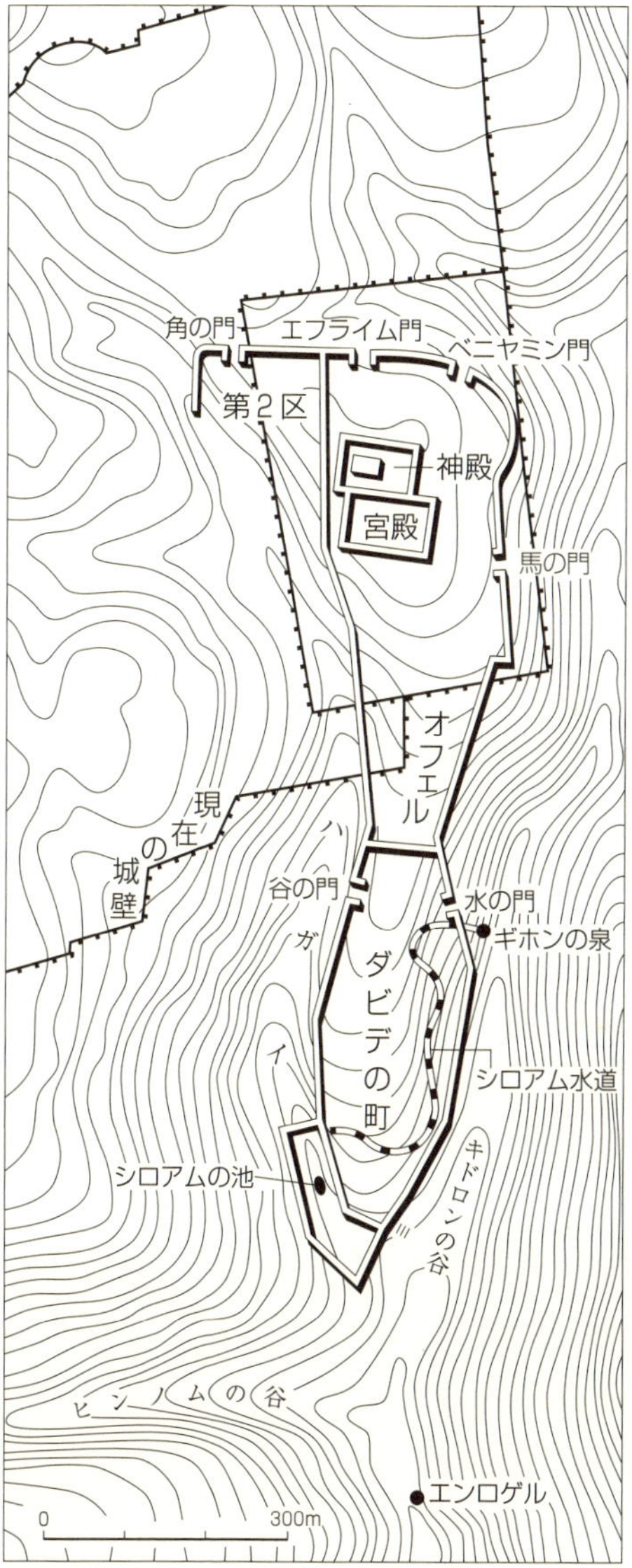

第一神殿時代のエルサレム

この状況下に、ベニヤミン族出身のシェバが反乱を起こし、北方諸部族がダビデ家の支配から離脱して独立することを提唱した。

われわれは、ダビデのうちに分け前をもたず
エッサイの子のうちに嗣業を所有していない。
イスラエルよ、各自自分の天幕へ。

［「サムエル記」下20章1節］

ダビデは武力によってシェバの乱を鎮圧した。これは、それまでダビデがとってきた南北間均衡政策の放棄を意味したが、ソロモンはさらにこの政策を推進した。すなわち、彼は徴税組織の確立を図って北イスラエル全土を一二の行政県に分割し、それぞれに県知事を任命したが、南ユダのみはこの行政組織の外に置いた。おそらく、ソロモンは徴税行政に関し、ユダ族にある種の特権を与えたらしい。当然、ダビデ家の支配に反発した北方諸部族出身のエフライム人ヤロブアムが反乱を起こしたが、失敗してエジプトに亡命した。強固な支配を確立したソロモンの治世中、北方諸部族は再び反乱を起こすことができなかった。

歴史文学の始まり

ダビデとソロモンの支配体制は、南北部族間の緊張関係を内包していただけではなく、急激な拡大と変革に伴って生じたイスラエル社会の諸問題をかかえ込んでいた。それにもかかわらず、ダビデ王朝の統治は、これらの矛盾を表面化させないほど強大であり、その成功は光輝に満ちていた。大部分のイスラエル

人は、相変らず「各々そのぶどうの木といちじくの木の下」で伝統的な農業生活を営んでいたが、地方行政組織の整備と国際交易の発達に伴い、地方都市も繁栄した。このような都市化傾向の中心は、いうまでもなく、ダビデが創設した宮廷とソロモンが建立した神殿をめぐって発達した王都エルサレムであった。

王家の家族、軍人、官吏、祭司、商人、職人など少なくとも約六〇〇〇人の人々がダビデ時代のエルサレムに集中し、ソロモン時代にその人口は二倍以上に増大したと考えられる。彼らは農民とは別種の有閑階級であった。しかも、シリア・パレスチナの中心勢力であった王国の首都には、珍しい物品や情報をたずさえて諸外国から来訪する人々が絶えず溢れていた。これらの諸条件が生み出したエルサレムの知識人サークルは、それまでイスラエルに存在しなかった新しい社会層であった。彼らの文学活動が、後に聖書として集大成される古代イスラエルの諸文書の最初の中核を造り出したことは、偶然ではない。

彼らの興味の中心は、ダビデ王朝であった。とくに、古代イスラエルの伝統のなかにダビデ王朝を位置づけることは、彼らの最大の課題であった。ダビデ出現以前は南部の辺境部族にすぎなかったユダ族が、それまでの中心部族——エフライム、マナセ、ベニヤミンなどを差し置いて、全イスラエルの支配部族になったという事件について、どうしても理由説明が必要であったのである。エルサレム知識人の文学活動が、ダビデ家の支配の正統性の主張に動機づけられていたことは疑うことができない。

彼らは、それまで主として北方諸部族の間で形成され、断片的に伝えられてきた古い伝承を収集し、それらを「歴史的」に配列する作業を通して、ダビデ家の立場から再解釈された民族の「歴史」を編集した。この結果、エデンの園、族長以前の歴史、族長、エジプト下り〔ヨセフ物語〕、エジプト脱出、シナイの啓示、荒野放浪、カナン侵入、領土取得という「創世記」から「士師記」1章に至る物語群の大筋が成立した。このうち、「エデンの園と族長以前の歴史」〔「創世記」2〜11章〕は「序章」であって、「民族史」自体は、土地と子孫に関するヤハウェの約束（二〇頁参照）を主題とする「族長物語」で始まり、イスラエルのカナン定着によってこの約束が成就して終る、という完結した構成をもっている。

この「民族史」のダビデ史観は、まず「族長物語」冒頭のアブラハムに対するヤハウェの言葉に示唆されている。

お前を祝福する者をわたしは祝福し、お前を呪う者をわたしは呪う。地のすべての氏族は、お前によって祝福を受けるであろう。

〔「創世記」12章3節〕

ここで族長アブラハムは、帝国の支配者ダビデ王の姿と重複している。この史観に従えば、ダビデの帝国は、アブラハムに対するヤハウェの約束の成就であり、従って「地のすべての氏族」に対する祝福である。他方、ダビデに敵対する者は「呪われる」のである。

ダビデ史観が最も明白な形で表現されている箇所は、族長ヤコブ（＝イスラエル）が死の直前に一二人の子らに与えた祝福〔「創世記」49章2〜27節〕のなかのユダに関する祝福である。

ユダよ、お前の兄弟たちはお前を讃美する。
お前の手はお前の敵の首にかかり
お前の父の子らはお前を拝む。

……………

（王の）杖はユダより去らず
（指導者の）杖も彼の足の間より離れない。
シロがくるまで
諸国民は彼に服従する。

［「創世記」49章8、10節］

しかし、「民族史」全体としては、このようにあらわな言葉でダビデ王朝の支配を示唆する箇所はむしろ少ない。かえって、ダビデ登場前に定着していた北方諸部族中心の伝承を、あえてそのまま保存したために、ダビデ史観の説得性と正統性は増大したのである。「未完成なカナン征服」［「士師記」1章］をもって「民族史」が終結していることも、「民族史」が暗示的手法によってダビデ史観を表現するよい例であろう。すなわち、アブラハムに対し、カナンの地を与えると約束したヤハウェの言葉が、この時点では一部しか成就していなかった事実を指摘することにより、ダビデ時代に初めて完成した「約束の成就」を暗示しているのである。

このダビデ＝エルサレム史観による「民族史」は、その後の古代イスラエルの思想的展開とユダヤ教の形成に、決定的影響を及ぼした。すなわち、それまで断片的であった諸伝承を一貫した「民族史」にまとめた編纂作業は、正義を実現するためにイスラエル民族の歴史を通して働く神、ヤハウェの姿を浮き彫りにした。このヤハウェ信仰独特の歴史観が——学者はこれを「救済史観」と名付ける——イスラエル＝ユダヤ宗教思想の根本的枠組となったのである。

一般に聖書学者は、ソロモン時代に著作されたと考えられるこの最古の「イスラエル民族史」の著者を「ヤハウィスト」と呼ぶ。この名称は、モーセに啓示される前から神名ヤハウェを用いるこの著作の特徴に由来する。しかし、現在われわれが所有する聖書には、「ヤハウィスト」を手本として、その後種々の観点から編集されたいくつかの「民族史」を全部一つにまとめた最後の文書しか残っていない。従って、「ヤハウィスト」の「民族史」の厳密な原型は、この調和的な一つの文書を作成する過程で失われてしまっており、それを現存する文書から再構成する作業は、永久に仮説の域を出ることができないのである。

ダビデ家の歴史記述

「ヤハウィスト」の「民族史」が、なぜカナン定着をもって終結し、ダビデ時代まで筆を進めなかったかは、複合的理由によるものと考えられるが、何よりもそれは、ダビデ王権の誕生を克明に伝えた「ダビデ出世物語」が、すでに存在していたためであろう。この文書の厳密な原型についても、学説は一定していないが、一応、「サムエル記」上16章〜下8章とみなすことが可能である。

「ダビデ出世物語」は、サムエルを中心とする「王国樹立前史」「「サムエル記」上1〜8章」、および「サウルの王国の成立と展開」「「サムエル記」上9〜15章」という二つの物語群を前提として、ダビデが王になるまでの「歴史」を叙述することによって、失敗したサウルに代えてヤハウェがダビデを全イスラエルの王に選んだ、と主張する。これは、まさにダビデ家の歴史記述《ヒストリオグラフィ》である。

「ヤハウィスト」が、収集した古伝承を「歴史的」に配列したのに対して、「出世物語」の著者は、同時代に起こった事件を「歴史的」に積み重ねることができた。このように、素材の性質は相違しているが、ダビデ家の立場から解釈・編集した歴史の流れのなかに、ヤハウェの意志を発見する点において両者は共通している。ただし「出世物語」は、北方諸部族のチャンピオンであったサウルに代って、南方出身の成り上り者ダビデが全イスラエルの王になった理由を、ヤハウェの意志として正当化する要請に迫られていたため、「ヤハウィスト」のような暗示的手法を用いず、はっきりと、ヤハウェがサウルを捨ててダビデを選んだ、という主張を繰り返す。それにもかかわらず、歴史的事実の歪曲をしない所に、「出世物語」の優れた歴史感覚がある。

例えば、ペリシテ人がイスラエル王サウルに止めを刺したギルボアの戦いに、当時ペリシテ人の傭兵であったダビデがあえて参戦しようとした状況を、「出世物語」は淡々と描く。この悲劇的裏切りは、ペリシテ人の間にダビデの忠節を疑う者がいたため回避された。この事件に関して、何の註も加えない「出世物語」の著者が、事件の経過にヤハウェの隠れた導きを見ていたことは明らかである。

ダビデ・ソロモン時代のエルサレムの知識人サークルは、もう一つの歴史記述、「ダビデ王位継承物語」〔「サムエル記」下9〜20章、「列王記」上1〜2章〕において、さらに徹底的な対象の客体化により、古代オリエントの最も優れた文学作品の一つを創作した。この歴史記述の主張がソロモンの王位の正統性であることは、物語の完結部分の次の言葉から明らかである。

ソロモンは、彼の父ダビデの王位に座し、彼の王国は確立された。

ダビデには、八人の妻と一〇人の妾に生ませた約二〇人の子供がいたことがわかっているが、病死したと考えられる皇子を除くと、ソロモンには、少なくともアムノン、アブサロム、アドニヤという三人の異母兄がいた。このように、四番目の王位継承順位しかもっていなかったソロモンがダビデの王位を継いだ事実は、説明を必要としたのである。〔「列王記」上2章12節〕

しかし、物語全体を通じてソロモンに直接言及する箇所は、彼の誕生のいきさつ〔「サムエル記」下12章1～25節〕と、最後にアドニヤを退けてソロモンが即位した話〔「列王記」上1～2章〕のみである。物語の大部分は、本来ならばダビデの王位を継承したはずの皇子たちであるアムノンとアブサロムの悲劇的な死が、因果関係の鎖によって形成される歴史の流れのなかで起こった様子を伝え、彼らの死によって王位がソロモンに残された経過を間接的に語る。

それにしても、「ダビデ王位継承物語」の中心人物は、やはりダビデ王その人である。ここには「出世物語」に見られたダビデの理想化は全く存在せず、むしろ赤裸々な姿で描かれる人間ダビデの弱点が浮き彫りにされている。ダビデは、王位保持者の責任を果たさない。とくに、王位継承者の決定をめぐり、皇子たちの処遇に関してダビデが示した優柔不断な態度は、王国を混乱に陥れた。その結果、ソロモンが王位継承者になった不思議な事の成り行きは、本来ダビデが計画したことではなく、人間の歴史を隠れた所で導いているヤハウェの決定であったという主張が、歴史記述《ヒストリオグラフィ》を通して見事に浮かび上がるのである。

ダビデ・ソロモン時代の歴史記述の著者たちも、「ヤハウィスト」と同じく一定の具体的な著作目的をもっていた。しかし、古代イスラエルの伝統的歴史把握のうえに成立したこれらの歴史記述は、時代を超えた思想的展開の土台となった。

ダビデ契約

すでに述べた通り、北方諸部族が結成したシロ同盟がペリシテ人に大敗した時に、同盟のシンボルであった「ヤハウェの箱」はペリシテ人に奪われた(四六頁参照)。その後、サウルは何度かペリシテ人を破り、「ヤハウェの箱」が安置されていたキルヤト・エアリムも一時支配下に収めたが、彼はシロの祭司の子孫であったノブの祭司やシロ同盟の再建を目指したサムエルなどと仲違いしたため、シロ同盟の伝統を復活することに何の興味も示さなかった。

これに反してダビデは、エルサレム近郊の寒村に放置されていた「ヤハウェの箱」を鳴り物入りでダビデの町に搬入し、箱の移動は、ヤハウェが北方諸部族の中心シロを捨てて、ダビデの王都エルサレムを選んだことを象徴すると説明した。当然、ダビデは「ヤハウェの箱」を安置するため、ダビデの町に神殿を建立しようとしたが、宮廷預言者ナタンを通して否定的神託を受けたため、その計画を思いとどまった。しかし、この事件と関連して、ナタンがダビデに伝えたヤハウェの言葉は、その後起こった重大な思想的展開の発端となった。

ヤハウェが「家」をあなたのために造る、とヤハウェはあなたにいう。「お前の日が満ちて、お前が先祖とともに眠る時、わたしはお前から出たお前の種をお前の後に立て、彼の王国を確立しよう。彼はわたしの名のために「家」を建てる。わたしは彼の王位を永久に確立しよう」。
〔「サムエル記」下7章11～13節〕

この預言のなかで、ヤハウェがダビデに約束した「家」は「王朝」を意味し、ダビデの種、すなわちソロモンが建てる「家」は「神殿」を指す。現在のテキストは、おそらく、ダビデに対する王朝永続の約束（「ヤハウェが家をあなたのために造る」）と、ソロモン神殿建立に関する事後預言（「彼がわたしの名のために家を建てる」）が、ソロモン時代に結合されたものであろう。

古代オリエントの王政イデオロギーにおいて、王朝永続の約束と王国の神殿の存立は、神が王に与える最も重要な祝福の表現であった。王朝の存続は王の正統性が神によって承認されていることを示し、神殿の存在は神の承認の実証と考えられたからである（破壊された王国の神殿は、神が王を見捨て、その王国を立ち去ったことを意味した）。「ナタン預言」とそれに続く「ダビデの感謝」の本来の目的は、この古代オリエントの王政イデオロギーに従って、ダビデ・ソロモンの王権の正統性を証明することであった。この文書〔「サムエル記」下7章〕が、「ダビデ出世物語」のクライマックスを形成すると同時に、「ダビデ王位継承物語」が主張するソロモンの王位の正統性を「預言」していることは、この状況をよく物語っている。

しかし、ダビデ王朝歴代のイデオローグは「ナタン預言」を拡大理解することにより、ヤハウェはダビデ王朝の永続を約束してダビデと契約を結んだ、と理解した。さらにソロモンがエルサレムにヤハウェの神殿を建てると、ヤハウェによるダビデ家の選びとシオン（エルサレム）の選びは不可分離であるという主張が成立した。ダビデとシオンの二重の選びという教義は、エルサレム神殿の祭儀の中心的テーマになった。その際に詠唱された讃歌の一つは、次のように歌う。

ヤハウェは誠にダビデに誓われ
その誓いを取り消されない。
「あなたの子孫の一人を
わたしはあなたの王座にすえる。
もし、あなたの子らがわたしの契約を守り
わたしが彼らに教えるあかしを守るなら
彼らの子らも、とこしえに
あなたの王座に坐るであろう」
ヤハウェはシオンを選び
それを彼の住いに望んだ。
「これはとこしえにわたしの休息所
これを欲するゆえ、わたしはここに住む。
その糧食をわたしは大いに祝福し
その貧しい人々を食物で飽かせる。
その祭司たちをわたしは救いでまとい
その聖徒たちは喜びの声を揚げる。

そこに、
　わたしはダビデのために角を生えさせ
　わたしの油注がれたもののために
　　ともしびを備えた。
　彼の敵をわたしは恥でまとう。
　しかし彼の上に彼の冠は輝く」
［「詩篇」132篇11～18節］

この讃歌のなかで「油注がれたもの」と訳されているヘブライ語「マーシーアハ」の日本語なまりが「メシア」である。従って「メシア」とは、本来、神によって聖別された王の特殊な身分を示すため、即位に際して油を注がれた儀式に由来する王の称号であった。この讃歌において「メシア」は直接にはダビデを指しているが、そこにダビデ家の未来の王の姿が重複していることは明らかである。このような「ダビデ契約」の思想的発展から、最終的には、ユダヤ教独特の信仰である「メシアニズム」が生じたのである(二〇一～二〇三頁参照)。

エルサレム神殿

ソロモンはダビデの晩年に即位し、三年間ダビデと共同統治したらしい。ダビデが死んで単独統治者になった年、すなわち彼の治世第四年に、ソロモンはエルサレム神殿と宮殿の建設に着手し、神殿を七年、宮殿を一三年かけて完成した。
ソロモン神殿はダビデ王朝の支配と永続のシンボルであった。換言すれば、その存在はダビデ契約が有効であることを示していた。この神殿の象徴性を最もよく表現していたものが、ダビデの町から神殿の至聖所に移された「契約の箱」(「ヤハウェの箱」の別名)であった。第一に、箱はヤハウェによるダビデ家の選びとシオン(エルサレム)の選びの決定的表現であり、ダビデ家が北方諸部族を支配することの正統性を示唆していた。この主張に関し、エルサレム神殿で作詩された讃歌は次のように歌う。

神は聞いて大いに怒り
イスラエルを全く退けたもうた。
神は人々の間に設けた幕屋
シロの住いを捨て
その力を虜とならせ
その栄光を敵の手に渡された。
…………
神はヨセフの天幕を退け
エフライム族を選ばず
ユダ族を選び
愛するシオン山を選ばれた。

神はその聖所を高い天のごとく建て
その基《もとい》を地のように永遠に据えた。
神はそのしもべダビデを選び
彼を羊のおりから取り
雌羊を世話していた所から導き
その民ヤコブ
その嗣業イスラエルを牧させたもうた。

［「詩篇」78篇59〜61節、67〜71節］

この讃歌によれば、「ヤハウェの箱」がペリシテ人に捕獲され、シロ神殿が破壊された事件は、神が北方諸部族の中心であったヨセフ族（エフライム族とマナセ族の総称）を見捨てた証拠にほかならなかった。これに対して、シオンの神殿は、ヤハウェがダビデ家に全イスラエルの支配を委ねたことを意味しているのである。

しかし、「契約の箱」の象徴性は、北方諸部族に対するこのような論争的主張にとどまらなかった。神殿奉献の祈禱のなかで、ソロモンは次のようにいう。

わたしはイスラエルの神ヤハウェの名のために神殿を建て、そこに、ヤハウェの契約が納められた箱のための場所を設けた。この契約は、ヤハウェがわれわれの先祖をエジプトの地から導き出した時に彼らと結ばれたものである。

このように、「箱」は何よりも「シナイ契約」の象徴であった。かつてエジプトを脱出したイスラエルの先祖は、シナイ山においてヤハウェと契約を結び、ヤハウェをイスラエルの神として受け入れることにより、ヤハウェの民としての民族共同体イスラエルを形成したのであった(二八頁以下参照)。しかし、今、「契約の箱」はエルサレム神殿に安置され、ダビデ家の守護下に置かれた。これは、ダビデ家が民族共同体イスラエルを代表して、シナイ契約の担い手になったことを意味する。事実、ナタンから王朝永続の預言を受けたダビデは、ヤハウェに感謝の祈りをささげ、エジプト脱出の歴史を回想した後でいう。

［「列王記」上8章20～21節］

あなたはあなたの民イスラエルを、永遠にあなたの民となるべくあなたのために確立された。こうして、ヤハウェよ、あなたは彼らの神となられた。神ヤハウェよ、今、あなたがあなたのしもべとその家について語られた言葉を永遠に守り、語られた通りになしたまえ。そこであなたの名は永遠に大いなるもの、すなわち、万軍のヤハウェはイスラエルの神となり、あなたのしもべダビデの家はあなたの前に確立されるでしょう。

［「サムエル記」下7章24～26節］

ここで、ダビデ家とヤハウェの民イスラエルの確立は等置され、ダビデ契約はシナイ契約に直接結合されている。これは、ダビデ家の支配がイスラエルの全伝統を担って成立している、という主張にほかならない。この主張に対して北方諸部族の間に反発があったことは、ソロモンの死後ただちに表面化した。また、ダビデ家の支配するユダ王国が滅亡した時に、ダビデ契約とシナイ契約の単純な結合が思想的危機の原因となったことも事実である。

それにもかかわらず、ソロモンのエルサレム神殿が創り出したイスラエルの信仰とエルサレム(シオン)の歴史的結合が、その後のイスラエルの思想的展開に及ぼした重大な影響を忘れてはならない。バビロン捕囚以後二五〇〇年間、世界に離散したユダヤ人の希望は、シオンという地上の一点を想うことに集中されてきたのである。

4 南北王国時代

分裂と革命

ダビデの死後間もなく、東ヨルダン南部のエドム人は、エジプトに支援されてダビデ家の支配を離脱し、独立を果たした。同様に北方のアラム人もやがてダマスコ王国を興して独立すると、ソロモンに敵対した。こうして、ダビデ・ソロモン王国が独占的に支配していたメソポタミアとエジプト、アラビアを連絡する重要な隊商路は、南北において切断された。しかし、ティルスのフェニキア人がイスラエル統一王国と友好条約を結び、ティルスとイスラエルの間に緊密な通商関係が成立したため、ソロモン王国の繁栄は続いた。

ソロモンはティルスに農産物を輸出し、その代りに高価なレバノン杉を輸入することができた。同時に多数のフェニキア人技術者を招き、エルサレムの宮殿や神殿の造営と、イスラエル各地の要塞や商業都市の建設を指導させた。これらの大土木工事を遂行するため、ソロモンが多額の租税を取り立て、厳しい強制労働を課した結果、国民の間からは怨嗟《えんさ》の声があがった。実際、エフライム人ヤロブアムが北方諸部族から徴募された強制労働者を率いて反乱を起こしたのは、エルサレム築城工事中のことであった。しかし、反乱に失敗したヤロブアムはエジプトに亡命して機会を待たなければならなかった。

限界のある税収以上の資金を必要としたソロモンは、フェニキア人の援助を得て商船隊を建設し、紅海を経由してアフリカ貿易に乗り出した。彼は、さらにエジプトとシリア、アナトリア(現在のトルコ)間の仲介貿易によって馬と兵車の交換を行ない、香料を求めて南アラビアのシェバとも交易した。このような広範囲に及ぶ商業活動によって集積された伝説的な巨富も、彼の膨大な出費には追いつかなかった。二〇年かかってエルサレムの宮殿と神殿の造営が完成した時に、ソロモンはティルス王に対する支払いに窮し、西ガリラヤの町々二〇をフェニキア人に割譲しなければならない始末であった。

ソロモンが死んだ時に、王国は政治的にも経済的にも破綻していた。しかし、彼を継いで王位についたレハブアムはこの困難な状況を理解していなかったため、シケムに集まった北方諸部族が、ソロモンに負わされた重い租税と賦役の軽減を要求すると、愚かにも虚勢を張ってそれを拒絶した。

わたしの父はお前たちのくびきを重くしたが、わたしはお前たちのくびきをさらに重くしよう。わたしの父はむちでお前たちを懲《こ》らしめたが、わたしはお前たちをさそりで懲らしめよう。

［「列王記」上12章14節］

この傲慢な返答に対し、北方諸部族は、かつてベニヤミン人シェバがダビデに対して反乱を起こした時のスローガン（五六頁参照）によって応答し、ダビデ家の支配を拒否して独立を宣言した。反乱鎮圧のために派遣された徴税局長官は殺害され、レハブアムは命からがらエルサレムへ逃げ帰った。他方、急遽《きゅうきょ》亡命先のエジプトから帰国したヤロブアムを、北方諸部族は自分たちの王に立てて北イスラエル王国を樹立した。

北王国初代の王になったヤロブアムの最大の課題は、広大な地域に分散する多数の部族を、ダビデ家に代って統一することであった。そのため、彼はまず北王国の南端と北端に位置するベテルとダンの由緒ある聖所を、南ユダ王国のエルサレム神殿に対抗する北王国の聖所と定め、北方諸部族の宗教的統一を図った。これらの聖所において、全イスラエルに対するダビデ家の支配を保障する「ダビデ契約」が否定され、かつて共同体イスラエルをヤハウェの民として統一した「シナイ契約」が、北方諸部族統一の基本的イデオロギーとみなされたことは当然の成り行きであった。

現存する聖書史料によると、この時ヤロブアムは二つの金の仔牛を造り、ベテルとダンに一つずつ安置して次のようにいった。

イスラエルよ、見よ、エジプトの地からお前を導き上《のぼ》ったお前の「神々」だ。

［「列王記」上12章28節］

このヤロブアムの宗教政策を金の仔牛の偶像礼拝の創始とみなした聖書記者は、これを「ヤロブアムの罪」と呼び、この「罪」のゆえにヤハウェの怒りを引き起こした北王国は滅亡したと説明した。しかし、このような非難が、「ダビデ契約」と結合したエルサレム神殿の立場に基づく一方的断罪であることは明らかである。実際のところ、ヤロブアムの造った金の仔牛は、エルサレム神殿の本殿に安置されていた一対のケルビム（スフィンクス）同様、見ることのできないヤハウェがそのうえに臨在する神の足台であったと考えられる。

ヤロブアムが、シケム、ペヌエル、ティルツァと首都を転々と移したことは、北王国の政治的安定の確立が困難であったことを物語っている。ことに、彼の治世第五年（前九二四年）に、元のパトロンであった

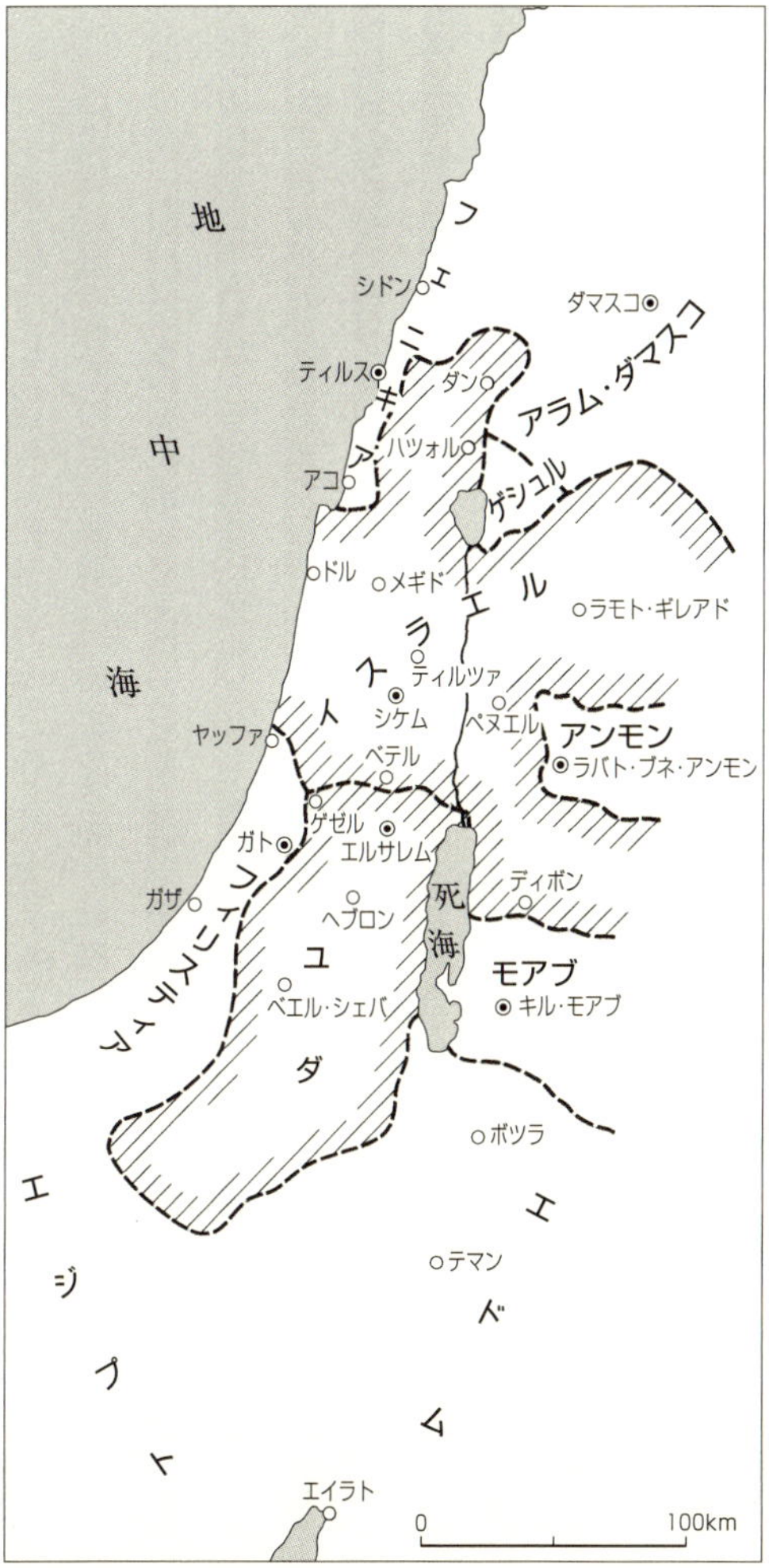

南北王国（分裂当時）

エジプト王シシャクが侵攻してきて北王国全土を荒らした事件は、ヤロブアムにとって大きな打撃となった。この時、南ユダ王国は、多額の貢物をシシャクに贈ってエジプト軍による破壊をまぬかれた。ヤロブアムは一生の間、南ユダ王国と何度も戦ったが、晩年に、レハブアムの子アビヤムに大敗を喫して南方領土を失った。この敗北はヤロブアム家の致命傷となった。間もなくヤロブアムが死んでその子ナダブが王位を継ぐと直ちに革命が起こり、イサカル族出身のバシャが王になった。

優れた武将であったバシャは着々と南ユダ王国に対する北王国の劣勢を覆し、ついにエルサレム近くまで攻め込んだ。しかし、アビヤムの子ユダ王アサはダマスコのアラム王ベン・ハダドに貢物を贈ってダマスコとイスラエルの同盟を破棄させたうえ、バシャの背後をついて北方から北王国に攻め込むよう要請した。その結果、アラム人が北ガリラヤ地方に侵攻してきたため、バシャは南部戦線から撤退せざるをえなかった。この敗北がバシャ家の支配を根底からゆるがせたことは疑いえない。バシャの子エラが王位を継ぐと、戦車隊長ジムリが反乱を起こし、ティルツァでエラを殺して王位を奪った。

しかし、その時ギベトンでペリシテ人と戦っていた北王国軍司令官オムリが、直ちにティルツァに攻めのぼってきてジムリを殺したため、ジムリの支配は七日天下に終った。その後、二人の軍司令官オムリとティブニが北王国の覇権を争ったが、五年間の内戦の後、ようやくティブニに勝ったオムリが北王国の再統一に成功した。

ヤロブアムが北王国を興してからオムリが王国を再統一するまでの五〇年間に（前九二八年頃〜前八七八年頃）、三回の革命と内戦を経験した北王国には、南王国を支配するダビデ家のような安定した王朝が成

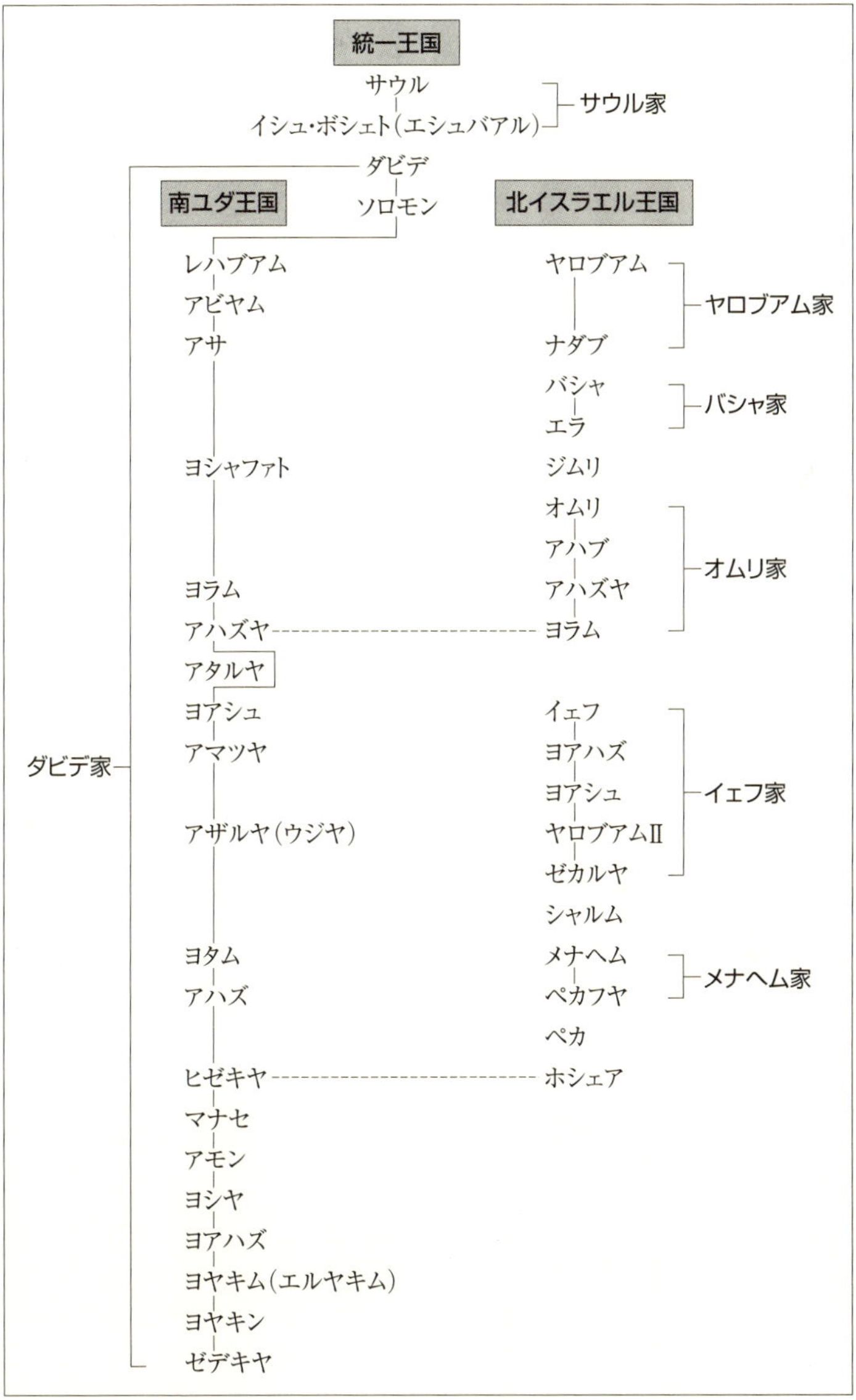
統一王国
サウル
イシュ・ボシェト(エシュバアル)
サウル家
ダビデ
ソロモン
南ユダ王国
北イスラエル王国
レハブアム
アビヤム
アサ
ヨシャファト
ヨラム
アハズヤ
アタルヤ
ヨアシュ
アマツヤ
アザルヤ(ウジヤ)
ヨタム
アハズ
ヒゼキヤ
マナセ
アモン
ヨシヤ
ヨアハズ
ヨヤキム(エルヤキム)
ヨヤキン
ゼデキヤ
ダビデ家
ヤロブアム
ナダブ
ヤロブアム家
バシャ
エラ
バシャ家
ジムリ
オムリ
アハブ
アハズヤ
ヨラム
オムリ家
イエフ
ヨアハズ
ヨアシュ
ヤロブアムII
ゼカルヤ
イエフ家
シャルム
メナヘム
ペカフヤ
メナヘム家
ペカ
ホシェア
イスラエルとユダの王

立しなかった。この異常な現象が、士師のようなカリスマ的支配者のみを王と認め、王朝の支配を拒否するイスラエル独特の王政原理の存在を表わしている、という学説を承認することは困難である。独立後半世紀間、北王国歴代の王は南王国と戦って敗れたうえ、エジプトとダマスコの侵略を受けた。これらの敗戦によって王家の支配権が弱まるたびに、部族間の競争意識が強かった北王国において、支配権をめぐる争いが起こったのは当然である。北王国において相次いだ革命と内乱は、特定のイデオロギーに由来するのではなく、度重なる敗戦と部族間の軋轢《あつれき》に原因していたと考えるべきであろう。

オムリ王朝の興隆

北王国に初めて安定した王朝を創設したオムリは、優れた武将であると同時に、卓越した政治家であった。五年間の内戦を勝ち抜いて王朝の基礎を確立しただけではなく、巧みな外交政策によって王国の経済的再建にも成功した。すなわち、オムリはフェニキア人のシドン王国と友好条約を締結し、古代オリエントの慣例に従って、シドンの王家と婚姻関係を結んだ。こうして、オムリの子アハブは、シドン王エトバアルの娘イゼベルを妻に娶った。この婚姻は後に、オムリ王朝滅亡の原因となったが、フェニキア人との通商を通して流入した商品と技術によって北王国は繁栄した。

オムリは、また、シケムの北西一〇キロメートルのサマリアの丘に堅固な居城を建設し、ここを北王国の王都と定めた。一五〇年後にアッシリア王シャルマナサル五世がサマリアを征服するために三年間も攻囲しなければならなかった事実は、サマリアがいかに堅固な城塞であったかを物語っている。さらに、オムリ王朝が滅亡した後も、アッシリア人が北イスラエル王国を「オムリの家」と呼んだことは、オムリ王朝の支配がいかに強大であったかを証明している。

オムリの子アハブは父の政策を継承し、北王国をシリア・パレスチナ地域の最も強力な王国にした。外交政策における彼の最も重大な成功は、それまで五十数年間戦争状態を続けてきた南ユダ王国と和解し、ダビデ家と友好条約を結んだことであった。その結果、アハブの姉妹アタルヤは、ユダ王ヨシャファトの子ヨラムに嫁いだ。

アハブは、南ユダ王国とフェニキア人のシドン王国を同盟国にしたが、東北の強敵、ダマスコのアラム人とは東ヨルダンをめぐって何度も戦わなければならなかった。最初、ダマスコ王ベン・ハダド二世の方が優勢で、アハブは苦戦した。かつてオムリが征服した東ヨルダンのモアブがアハブの治世末期に反乱を起こして独立したのも、ダマスコ王のモアブ援助の結果と考えられる。アハブは、北王国深く侵攻してきて王都サマリアを包囲したダマスコ王を奇襲によって撃退すると、ようやく攻勢に転じ、その翌年、ガリラヤ湖東岸のアフェクの戦いにおいて大勝を収め、ベン・ハダドを捕虜にした。この時、アハブが宿敵ベン・ハダドと敢えて和議を結んだのは、北方からシリア・パレスチナめがけて侵攻してくるアッシリア王シャルマナサル三世に対抗する大同盟結成の必要に迫られていたからである。

アッシリア史料の記録によると前八五三年に、アッシリア王シャルマナサルは、北シリアのカルカルにおいて、「ハッティ(シリア)と海岸の十二人の王」の同盟軍と戦った。この同盟軍の主要戦力は、ダマスコ軍、ハマテ軍と並び、イスラエル王アハブが率いる二〇〇〇両の兵車と一万人の歩兵であった。この兵力は、ダマスコ軍（兵車一二〇〇両、騎兵馬一二〇〇頭、歩兵二万人）に次ぐ大兵力で、当時の北イスラエル王国が、シリア・パレスチナをダマスコ王国と二分する大勢力であった事実を物語っている。

カルカルの戦いにおいてアッシリア軍は大損害を蒙り、シャルマナサルはシリア遠征軍を再編成するために四年もかけなければならなかった。北方からの脅威がひとまず去ると、ダマスコ王は直ちに東ヨルダンに侵攻してきた。アハブはユダ王ヨシャファトの同盟軍とともにこれをラモト・ギレアドで迎え撃ったが、武運拙《つたな》く戦死した。

アハブの死後、彼の二人の子が次々と王位を継いだが、わずか十数年のうちに、強大を誇ったオムリ王朝は滅亡した。この急速な王朝滅亡の直接の原因は、オムリ王朝の宗教政策を非難して始まった預言者運動に影響を受けたヤハウェ主義革命であった。

預言者運動

古代オリエントにおいては、とくに西セム系諸民族（エブラ、マリ、フェニキア、アラム、新アッシリアなど）の間で、預言者の活動が知られていた。預言者とは、一般に夢、幻、恍惚状態などを通して受けた神々の告知を一般人に知らせる人々であり、これに対して、占いによって神々の意志を伝えるのは、祭司の役目であった。

古代イスラエルにおいても、古くから預言者がいたが、とくに預言者の活動が目立つようになったのは王政樹立直前、サムエルの時代からであった。サムエルは、ヤハウェの「預言者《ナービー》」「見者《ローエー》」、あるいは「神の人」などと呼ばれている。興味深いことに、サムエル以後のイスラエルの預言者の活動は、常に政治と密接に関わっていた。すでに述べた通り、サムエルはペリシテ人の圧政に対する抵抗運動の指導者であったが(四六頁参照)、サウルの王国が成立するまでこの抵抗運動の推進者はサムエルに率いられた一群の預言者であり、初代の王になったサウルも、若い時に彼らの活動から霊感を受けた。

ダビデの宮廷には、預言者ナタン、先見者《ホーゼー》ガドなどがいて、ダビデの政策決定に種々の忠告を与えた。また、ヤロブアムがダビデ家にそむいて北王国の樹立運動を開始した際にも、シロの預言者アヒヤから受けたヤハウェの告知が重大な役割を果たした。たしかに、古代オリエント世界においては、すべての政策決定が神々の承認を必要としたから、預言者が政治的発言をすること自体は珍しいことではない。しかし、イスラエルの預言者の特徴は、彼らの反体制的姿勢である。これは、他の諸民族の預言者には全く稀なことであった。このような預言者の姿勢と、イスラエルにおいては比較的新しい制度であった王政が、他の諸国におけるように絶対権力として認められていなかった事実とは無関係ではない。ヤハウェの名によって預言するイスラエルの預言者の関心は、現体制の擁護ではなく、王政樹立以前に成立していたヤハウェの民イスラエルの確立であったのである。

このため、イスラエルがペリシテ人、アラム人などの外敵に圧迫された時代には、イスラエルの独立を目指す愛国的運動の先頭に立った預言者たちが、政治的成功を収めて強大な権力を掌握した王に対しては、常に批判的発言をした。この点、ダビデ王朝の永続を預言したナタンも例外ではなかった。確かに、「ナタン預言」は、後にダビデ家の支配の正統性を主張する「ダビデ契約」イデオロギーとして発展したが(六三頁以下参照）、ナタン自身の関心は、ヤハウェの民イスラエルが、ダビデ家の支配による政治的安定の下に確立されることであった。従って、ダビデがウリヤの妻バト・シェバを奪った時に、ナタンはダビデを厳しく弾劾した。このような王の絶対的権力の不法な行使は、ヤハウェの民イスラエルの確立にとって有害であったからである。

ダビデ契約の否定のうえに成立した北王国において、預言者の活動がより反体制的になったことは当然であろう。シロのアヒヤは、ソロモンの支配を批判してヤロブアムによる北方諸部族の独立を支持したが、後に、ヤロブアムの宗教政策に幻滅すると、ヤロブアム家の滅亡を預言した。同様に、ヤロブアム家を倒したバシャも、ハナニの子イェフから滅亡預言を受けた。このような預言者の反体制的伝統を継承して、オムリ王朝と対決した預言者がエリヤであった。

フェニキア人と友好同盟を結んだオムリ家支配下の北王国には、商品や技術とともに大量のフェニキア文化が流入し、フェニキアの宗教が流行した。こうして、アハブ王に嫁いだシドン王の娘イゼベルの熱心な後援の下に、王都サマリアにはバアル神殿が建立され、盛大なバアル礼拝が行なわれた。当然、ヤハウェ信仰に熱心なイスラエル人は異教の侵入を認めた混淆宗教政策を非難したが、かえってイゼベルに弾圧された。

このような状況下に、東ヨルダンのティシュベ出身の預言者エリヤが登場した。彼は、その頃イスラエルを襲った厳しい旱魃《かんばつ》をヤハウェの怒りであると説明し、カルメル山において、ただ一人で四五〇人のバアルの預言者と対決した。この時、集まったイスラエルの民衆に向かってエリヤはいった。

いつまで諸君は、二つの(つり合わない)松葉杖でびっこをひいているのか。もしヤㇵウェが神なら、彼に従っていけ。もしバアルなら彼に従っていけ。

[「列王記」上18章21節]

もとより、一神教はモーセ以来のイスラエルの伝統であった。しかし、エリヤが突きつけた二者択一のすすめは、当時のイスラエルにおいて、決してヤㇵウェ一神教が文字通り確立してはいなかったことを示している。ヤㇵウェの排他性の主張は、彼の一世紀後に現われたアモスに続く一連の記述預言者(九〇頁以下参照)にとってもなお闘わなければならない重要な課題であった。申命記改革とバビロン捕囚を通して成立し、ユダヤ教に受け継がれた純粋に排他的なヤㇵウェ一神教の歴史にとって、エリヤは忘れることのできない先駆者なのである。

カルメル山上でエリヤが勝利を収めてバアルの預言者を殺戮すると、三年続いた旱魃が突然終って大雨が降った。この物語は、(自然現象も含めて)イスラエルの唯一の支配者が、バアルではなくヤㇵウェであることを示している。しかし、このため、エリヤはイゼベルに追われる身となった。ユダの荒野に逃げ込んだエリヤは死を願ったが、ヤㇵウェの使者に励まされて、かつてモーセが律法《トーラー》を授かった神の山、ホレブ(シナイ)に行った。

ここでエリヤは、強風と地震と火が通り過ぎた後で、静かな細い声によってヤㇵウェの告知を受けた。イスラエルのヤㇵウェ礼拝者は自分一人しか残っていない、というエリヤに対して、ヤㇵウェは、イスラエルのなかにバアルを礼拝しない者七〇〇〇人を残す、と告げた。この象徴的な物語は、政治闘争に失敗し、神の声も聞こえなくなっていたエリヤが、国家権力に屈伏しないヤハウェ礼拝は、内面的信仰を守る多数の人々によって最終的勝利を収めるという確信に到達したことを示しているのであろう。

エリヤがアハブとイゼベルと対決したことを伝えるもう一つのエピソードによると、アハブの王政は決して専制君主制ではなかった。すなわち、アハブは、イズレエル宮殿の隣接地のぶどう園を購入しようとしたが、所有者ナボトの承諾を得ることができなかったため、それをあきらめなければならなかったのである。しかし、このような弱い王権に、フェニキア人の妻イゼベルは我慢できなかった。それでも理由なしにナボトからぶどう園を取り上げることはできなかったため、彼女は偽証によって彼を死刑にした後、アハブに問題のぶどう園の収用をすすめた。

この事件は、バアル礼拝の導入と同様に、エリヤを怒らせた。彼の考えによれば、ヤハウェの民イスラエルの社会においては、このような不正が許されないばかりか、王政が専制君主制に変質することも阻止されなければならないからである。こうして、ナボトの血の報復として、オムリ王朝の滅亡と、イゼベルの非業の死が預言された。

この預言は、エリヤの後継者エリシャの時代に成就した。エリヤと相違して、エリシャは常に一群の預言者を引き連れて行動していた。彼はその預言者の一人をラモト・ギレアドでアラム人と戦闘中の将軍イエフの所に派遣し、彼を王に任命してオムリ家に対する反乱をそそのかした。革命を起こしたイエフは、一撃の下にイスラエル王ヨラムとユダ王アハズヤ、それにイゼベルを殺し、サマリアに行ってアハブの子孫を全滅させたうえ、バアルの礼拝者全員を殺戮した。こうして、ヤハウェ主義に基づく大粛清により、イェフはフェニキアのバアル礼拝を一掃した。しかし、過度の粛清によって国力を失った北王国はイェフとその子ヨアハズの時代に、アラム・ダマスコの支配に服さなければならなかった。

南北両王国の興亡

オムリ王朝とダビデ家は固い同盟関係を維持し、両家の王は常に共同して戦った。このため、ユダ王アハズヤはオムリ王朝を倒したヤハウェ主義革命に巻き込まれ、イェフに殺された。この知らせがエルサレムに到着すると、アハズヤの母アタルヤは、ダビデ家の一族を殺して王位についた。オムリ家出身であったため、彼女はヤハウェ主義革命が南王国にも波及することを恐れ、機先を制して権力を掌握したのである。

聖書史料は、アタルヤが自分の孫である幼児ヨアシュまで殺そうとしたと伝えるが、これは、オムリ家出身の女王に対する憎悪から生じた誇張であろう。ともかく、アタルヤの支配は六年間続いたが、七年目にエルサレム神殿の祭司ヨヤダをリーダーとするクーデタが起こり、アタルヤは殺され、少年ヨアシュがダビデ家の王位を継承した。このクーデタに「地の民《アム・ハアレツ》」が参加した。これは、それから二〇〇年後、ヨシヤ王の時代に重要な政治勢力となった「地の民《アム・ハアレツ》」が、ダビデ家の王位継承問題に関わった最初の事件である。「地の民《アム・ハアレツ》」は、官吏、軍人、祭司など、王の家臣を除くユダの全住民の総称と考えられるが、この事件によっても、王の家臣だけではなく、南王国の住民全体によってダビデ家が支持されていたことがわかる。これが、頻繁な王朝交替を繰り返した北王国に対し、南王国においてダビデ家の支配が永続した秘密であった。

アタルヤが殺された時に、エルサレムに建立されていたバアルの神殿も破壊され、その祭司も殺された。このように、このクーデタもヤハウェ主義革命であったが、その後なお二世代にわたってダビデ家とイェフ家は和解しなかった。かえってダビデ家のヨアシュの子アマツヤとイェフ家三代目の王ヨアシュは戦火を交え、ベト・シェメシュで敗れたアマツヤは捕虜になり、エルサレムの城壁は破壊された。

しかし、イェフの革命(前八四二年頃)以後二世代にわたって、南北両王国を絶えず脅かした強敵は、ダマスコ王国のアラム人であった。とくにイェフの子ヨアハズの時代に、北王国はアラム王ハザエルとその子ベン・ハダド三世の軍隊に蹂躙《じゅうりん》され、滅亡寸前の状態に追い込まれた。ハザエルは海岸沿いに南下して西から南王国に攻め上《のぼ》ろうとしたが、ユダ王ヨアシュは貢物を贈ってユダ本土の侵略をまぬかれた。この時北王国を救ったのは、アッシリアであった。アッシリアは、長い内乱のため一世代にわたって西方遠征を中止していたが、アダドニラリ三世がシリア・パレスチナ遠征を再開したのである。彼がダマスコを攻撃してアラム王を降伏させたのは、ヨアハズの晩年のことであった。聖書史料は、このアッシリア王を、「ヤハウェがイスラエルに与えた救助者」であったと伝える(「列王記」下13章5節)。

アラム・ダマスコ王国による侵略の危機を克服した南北両王国は、前八世紀前半に、ダビデ家のアザルヤ(別名ウジヤ)とイェフ家四代目のヤロブアム二世の下に、ダビデ・ソロモン時代に匹敵する繁栄を回復した。北方に向かったヤロブアムは、ダマスコを征服し、東ヨルダンと南シリアに覇権を確立した。当時、新興勢力ウラルトゥ(現在のアルメニア)の攻撃に悩まされていたアッシリアは、アラム人を牽制するため、ヤロブアムの北方拡大政策を支持したらしい。他方、アザルヤは、エドムを征服して紅海に到達し、海岸のペリシテ人を撃破してネゲブから北シナイ一帯を支配下に収めた。こうして南北に拡大した両王国は、緊密な経済的連携によって、ダビデ・ソロモン時代以来絶えて久しい繁栄を達成したのである。

ヤロブアム二世の四一年間に及ぶ長い治世は、一世代前には想像もできなかった政治的成功と経済的繁栄の連続であったが、それは同時に社会階層と地域グループ間の分裂対立が急速に進行した時代であった。

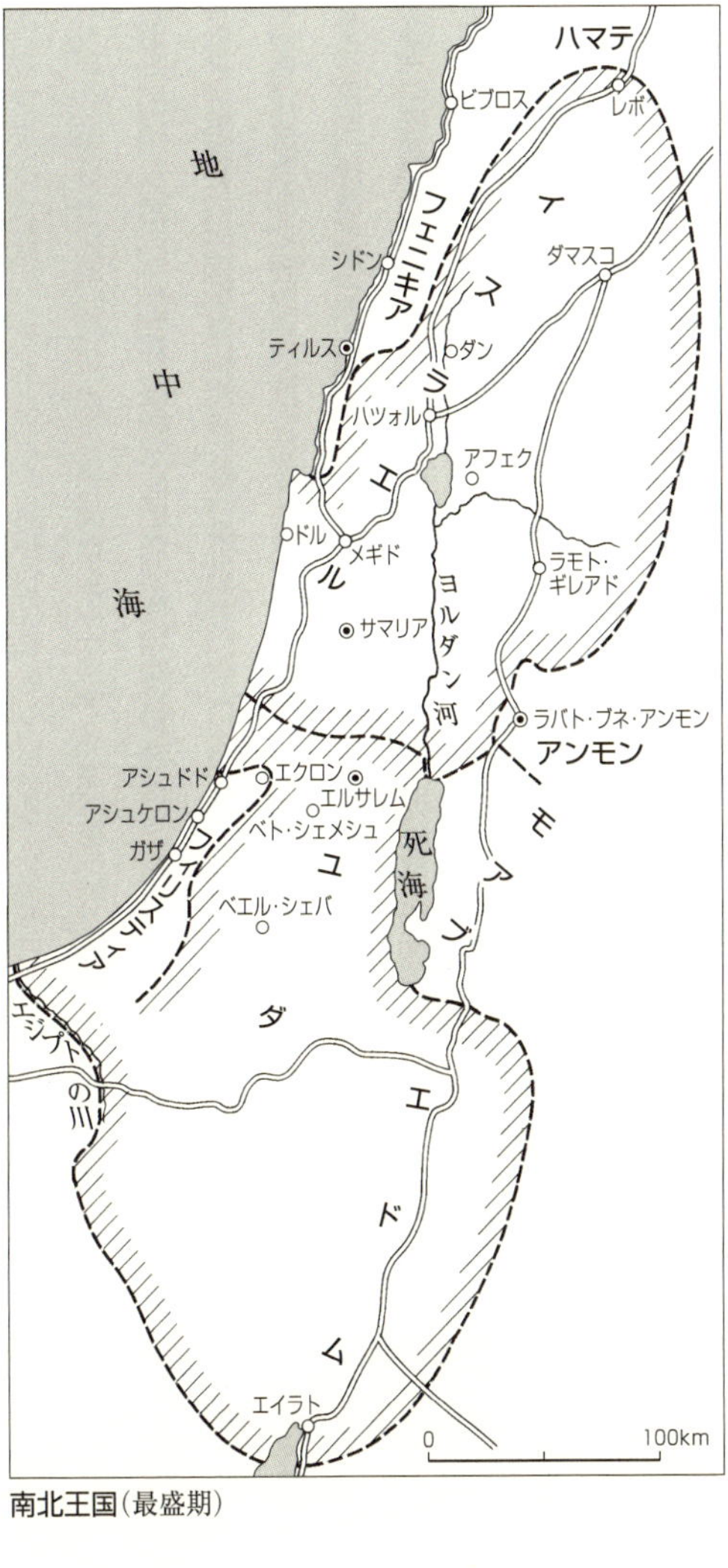

南北王国(最盛期)

ヤロブアムが死ぬと、北王国は確実に解体し始め、続く二五年間に四回の革命と六人の王が代った。しかも、ちょうどこの時代に、アッシリア王ティグラト・ピレセル三世(在位前七四四〜前七二七)が大征服戦争を開始した。この征服戦争はその後一世紀続き、その結果、アッシリアは世界帝国を建設して古代オリエント世界の支配者になったのである。

ティグラト・ピレセルは、征服した地域の住民を他の地域に植民させる大量捕囚政策を導入し、アッシリア帝国内の住民を強制的に混淆することによって帝国支配に対する反乱の芽を摘みとった。こうして次々と征服された地域は起源の雑多な新住民が構成する属州にされたのである。前七三二年にダマスコが征服された時に、北王国のガリラヤ地方もアッシリアの属州に変えられたが、なおサマリアは独立を維持することができた。しかし、サマリアは前七二二年に、ティグラト・ピレセルの後継者、シャルマナサル五世によって征服された。サマリアは、この年アッシリアで起きたクーデタの混乱に乗じて反乱を起こしたが、前七二〇年にサルゴンによって鎮圧され、北イスラエル王国は完全に滅亡した。

一〇年前に捕囚されたガリラヤ地方の住民に続き、サマリアの人々も捕囚されてアッシリア帝国の各地に散らされ、代って、帝国の東方から捕囚されてきた雑多な諸民族がサマリアに入植させられた。こうして、イスラエルの北方十部族は歴史から姿を消したが、この時、多数の人々が南ユダ王国に避難した。これ以後、ユダの人々は、古代イスラエルの信仰と伝統の唯一の継承者になったのである。

聖所と祭儀

古代イスラエルにおいて、各地の地方聖所は、ヤハウェ信仰による地方コミュニティーの形成と、ヤハウェ信仰の伝統継承における中心的役割を果たした。王国が成立すると、ダビデ王朝はエルサレムに「王国の神殿」を建立し、分裂した北王国は、ベテルとダンの神殿を「王国の聖所」と定めた。しかし、ヨシヤ王が申命記改革によってエルサレム神殿に祭儀集中を図るまで（一〇八頁以下参照）、「王国の聖所」と地方聖所は並存していた。

古代オリエントの人々は、決して神殿に神々が閉じ込められているとは考えなかったが、人間が神々と出会う特別の場所として、神殿に神々が臨在していることを信じて疑わなかった。

ヤハウェはその聖なる宮にいまし
ヤハウェの玉座は天にあり。

［「詩篇」11篇4節］

彼らは天にいるヤハウェが、地上の神殿で顕現することに何の矛盾も感じていなかったのである。従って、古代イスラエル人は宗教的憧れと喜びに満たされて神殿に詣でた。

あなたの住いはいかに麗しきかな。
ヤハウェ・ツェヴァオト（万軍の主）よ。
わたしの魂はヤハウェの庭を慕い憧れ
わたしの心と肉は活ける神に向かいて喜び叫ぶ。

…………

あなたの庭にいる一日は
他所における千日よりもよし。

神殿において、人々はまずヤハウェに感謝と讃美をささげた。
全地よ
ヤハウェに向かいて喜びの声をあげよ。
喜びをもってヤハウェに仕え
喜びの叫びをもって御前にきたれ。
ヤハウェこそ神なることを知れ。
われらを造りし者は彼
われらは彼のもの
彼の民、彼の牧場の群なり。
感謝をもって彼の門に
讃美をもって彼の庭にきたれ。
彼に感謝し、御名をほめまつれ、
ヤハウェはよきもの

［「詩篇」84篇2、3、11節］

その憐みは永遠に
その真実は代々に及べばなり。
［『詩篇』100篇］

神殿における礼拝においては、琴や笛の伴奏で歌われる讃歌と、各種の祈禱とともに、犠牲の奉献が礼拝の中心を形成していた。犠牲の供物としては、主として農作物と牛、羊、鳥などがささげられ、動物は燔祭《オーラー》として祭壇の上で焼かれた。古代オリエントにおいて、これらの犠牲は神々の食物と考えられ、聖書資料中にもこの種の表現が発見されるが、多くの場合、それはもはや直接的な意味をもっていない。しかし、とくに酬恩祭《シュラミーム》と呼ばれる犠牲において奉献者たちは、祭壇で焼いた肉を祭壇の前で食べることにより、ヤハウェと会食する法悦を味わったのである。

犠牲には、ヤハウェへの感謝、ヤハウェの大権の想起、ヤハウェとの交わり、ヤハウェに対する罪の贖《あがな》いなどの意味がこめられていた。しかし、すべての初物、ないしは初子《ういご》を奉納物としなければならない規定は、すべての産物が本来的にヤハウェに属し、人間は単にヤハウェの許可を得てこれらの産物の恩恵に与っているにすぎないという考え方を示す。犠牲は、決して人間の側からヤハウェに「与える」ものではなく、あくまでも、それはヤハウェに対する感謝、悔悟、誓願、想起などの表現の手段にすぎなかったのである。

犠牲を含む祭儀は、神殿において毎日ささげられていたが、暦に定められた祝祭日には特別礼拝が執り行なわれた。王国時代前に成立した法典「契約の書」には「種入れぬパンの祭」「刈入れの祭」「取入れの祭」の三大祭と関連して、「年に三度、なんじの男子は皆、主なるヤハウェの前に現われるべし」〔「出エジプト記」23章17節〕という規定がある。その性質上、カナンの農業暦に起源をもつと考えられるこれらの祝祭は、古代イスラエルにおいて、古くから、民族史のなかに現われたヤハウェの救いの業と関係づけられた。とくに「種入れぬパンの祭」が、遊牧民の先祖とともにカナンに導入された「過越祭」と結合してエジプト脱出の記念祭として意義づけられたのは、非常に古いことであったと思われる(四一頁参照)。

実際、季節的祝祭を、ヤハウェの救いの業を記念する「歴史的祝祭」として意義づけたところに、歴史的宗教であるヤハウェ信仰の特徴が表われている。同様に、農産物の初物を奉献する際の「信仰告白」は、ヤハウェの救いの業の歴史的回想から成り立っていた〔「申命記」26章5〜10節〕。これらの事実は、聖所における祭儀が、前世代から継承したヤハウェ信仰を維持教育し、次世代に引き渡す作業において重大な役割を果たしていたことを示唆している。

記述預言者の出現

前八世紀中葉に、北イスラエル王国と南ユダ王国は、ヤロブアム二世とアザルヤの支配下に、ダビデ・ソロモン時代に匹敵する繁栄を回復した(八四頁以下参照)。この繁栄の美酒に人々が酔いしれている時に、南ユダの小村テコア出身の一人の牧人が、北王国の首都サマリアと王国の聖所ベテルに現われ、ことにもあろうに、やがてヤロブアムの王朝は滅亡し、イスラエルの人々は外国に捕らわれていくであろう、と不吉な預言をした。この牧人の名をアモスという。彼がイスラエルの預言の伝統(七八頁以下参照)を受け継いでいたことは間違いない。しかし、種々の点で彼は新しい型の預言者であった。アモスの不吉な預言に怒ったベテル神殿の祭司アマツヤは、ベテルにおけるアモスの預言活動を禁止したうえ、「ユダの地に逃げて行き、そこで預言をしてパンを食え」と命じた。これに対して、アモスは次のように答えている。

わたしは預言者ではないし、預言者の子でもない。わたしは牧人で、いちじく桑の剪定《せんてい》をしている者だ。しかし、羊の群を追っている所からヤハウェがわたしを選び出し、「行ってわたしの民イスラエルに預言せよ」と、わたしにいわれたのだ。

〔「アモス書」7章14〜15節〕

それまで、預言者とは、神殿や宮廷に所属するか、各地を放浪する預言者団に参加して預言を「職業」とする人々のことであった。しかし、牧畜を職業とするアモスにとって、預言することはパンのためではなかった。ただヤハウェの命令を受けたので預言しているだけだ、というアモスは、いわば「アマチュア」の預言者だったのである。

ところが、アモスが預言した言葉は収集され、「アモス書」として後代に伝えられた。彼以前の預言者はこの種の「預言集」を残さなかったため、一般に、彼は最初の記述預言者であったとされている。しかし、アモス以前の預言者の預言も、書きとめられ、かつては「預言集」となっていたことは確実である。現在、聖書資料には、これらの「預言集」から多くの断片的預言が引用されて残っているからである。他方、アモスが最初から預言を「記述」したとは考えられない。

それにもかかわらず、「アモス書」が、後代に伝えられた最初の預言集となったことには、特別な理由があったと思われる。第一に、彼は既成組織に属す職業的預言者ではなかったから、自分で自分の預言を書きとめたのであろう。この作業を通して、既成組織の職業的書記が書きとめた預言とは違う「預言記述」が始まったのではなかろうか。しかも、預言活動を禁止され、ユダに追放されたアモスにとって、なおイスラエルに対する預言を継続するためには、預言を「記述」することが絶対に必要であった。しかし、彼の預言が後世に伝えられた最大の原因は、彼の語ったヤハウェの言葉が本当であったということを、彼の次の世代の人々が直ちに認めざるをえなかったことだったのである。

アモスの預言の中心テーマは、社会正義を踏みにじって経済的繁栄を享受する支配階級の滅亡の予告であるが、その際に、イスラエルの伝統の公式的見解を否定したところに、彼の思想的独自性があった。例えば、イスラエルがヤハウェの選民であるということは、イスラエルが他民族よりもヤハウェに保護されていることを意味せず、むしろ、選民であるがゆえに、特別の責任が追求される、というのである。

地上のすべての諸部族のなかで
お前たちのみをわたしは知った。
それゆえ、お前たちのすべての罪を
わたしはお前たちに酬いるであろう。
［3章2節］

このような、公式的ヤハウェ信仰に対する厳しい批判を、アモスは極端な祭儀の否定として表現した。

お前たちの祭りをわたしは忌み嫌い
お前たちの祭りの集会をわたしは喜ばない。
たとえ、お前たちがわたしに燔祭《オーラー》をささげても
お前たちのささげ物をわたしは受けつけないし
お前たちの肥えた獣の酬恩祭《シュラミーム》も
わたしはかえりみない。
やかましいお前たちの歌を
わたしのところから取り去れ。
お前たちのハープの音をわたしは聞かない。
ただ、公正が水のように
正義がつきない川のように流れるように。

〔5章21～24節〕

これは、まさに宗教を職業としない「アマチュア」の祭儀否定である。従って、アモスの批判によって、ヤハウェ宗教における祭儀の重要性が失われるようなことは起こらなかった。しかし、アモスに始まる「アマチュアリズム」の伝統は、その後のヤハウェ信仰がダイナミックな展開をとげる際に、重大な役割を果たしたのである。

おそらく、アモスの滅亡預言をまじめに受け取った同時代人は、ほとんどいなかったであろう。当時、

北イスラエル王国は繁栄の絶頂をきわめていたからである。しかし、その後一〇年もたたないうちに始まるアッシリアの大征服戦争を、アモスは予感していた。それ以上に、社会正義を無視したイスラエル社会が、内部から崩壊し始めていることを、彼は見抜いていたのである。

不幸なことに、アモスの預言は適中した。ヤロブアム二世が死ぬと、相次いで革命が起こり、そこにアッシリア軍が侵攻してきた。こうして、革命と戦争の二五年間の後、北王国は滅亡した。この、ヤロブアムの最後の年から亡国直前までの絶望的な時代に、もう一人の記述預言者、ホセアが活動した。

彼は、北イスラエルの知識階級の出身と思われる。彼の個人的背景については何も伝えられていないが、その不幸な結婚生活が象徴的な言葉で語られている。それによると、彼の妻は彼を裏切り、情夫の子供を生んだあげく、情夫の下に走った。しかし、結局、情夫に捨てられて売春婦に落ちた。その女を愛することをヤハウェに命じられ、ホセアは彼女を買い戻したのである。

ホセアは、自分の悲痛な体験が、実はヤハウェとイスラエルの関係であることに気付く。ヤハウェはイスラエルをエジプトから導き出し、彼女を愛し、彼女を娶ったのに、イスラエルはヤハウェを裏切り、カナンの神バアルを情夫にした。ゆえにヤハウェは怒ってイスラエルを打った。ホセアは北王国末期の混乱を、イスラエルの裏切りに対するヤハウェの神罰と考えたのである。

ホセアの描くヤハウェは、愛する女に裏切られ、怒りと愛に心を引き裂かれている男、そのものである。しかし、いかに裏切られても、ヤハウェはイスラエルを許さずにはいられない。

お前たちの母親を告発せよ、告発せよ。

彼女はわたしの妻ではないし
わたしは彼女の夫ではない。
彼女の顔から淫行の印を
乳房の間から姦淫の汚点を取り除かせよ。
そうでないなら、わたしは彼女の着物をはいで裸にし
彼女が生まれた日のように
彼女を荒野のように
彼女を不毛の地のようにして
かわきで彼女を殺す。
彼女の子らをわたしは憐れまない。
彼らは淫行の子らであるからだ。
彼らの母親は姦淫を行ない
恥ずべき行為によって彼らをはらんだ。
彼女はいった。
「わたしの恋人たちの後を追って行こう。
彼らはわたしにパンと水、羊毛と麻
油と飲み物をくれるから」

そこで、わたしはいばらで彼女の道をふさぎ
彼女に対して垣をたて
彼女が道を見つけられないようにする。
彼女はその恋人たちを追いかけるが
彼らに追いつかず
彼らを探し求めるが
彼らを見つけることができない。
そこで、彼女はいう。
「わたしの最初の夫のところへ戻って行こう。
あの時の方が今よりよかったから」
…………
それゆえ、見よ、わたしは彼女をさそい
彼女を荒野に連れて行き
彼女の心に語りかけよう。
そこからわたしは彼女にぶどう園を与え
アコル（苦悩）の谷を希望の門に変えよう。
そこで彼女は若い日のように

エジプトの地から上《のぼ》った日のように答えるであろう。

〔「ホセア書」2章4〜9、16〜17節〕

このように、ホセアはヤハウェの愛と赦《ゆる》しを信じる。そこで、ヤハウェに帰ることをイスラエルに対して熱心に勧めるのである。

さあ、われわれはヤハウェに立ち帰ろう。
彼はわれわれを引き裂いても、いやし、
われわれを打っても、つつみ給うから。

〔6章1節〕

北王国は滅亡したが、ホセアの言葉は南ユダに伝えられ、そこで編集された。不貞の妻イスラエルを愛し続ける夫がヤハウェである、という大胆な譬喩が、ユダの人々に衝撃的な印象を残したことは明らかである。その証拠に、一五〇〇年後にユダ王国が滅亡と捕囚の苦難に遭遇した時代に、エレミヤとエゼキエルは、この譬喩のもつ深い意味を再び人々に説いたのである。

前八世紀後半に、北イスラエル王国は滅亡し、その国民は四散した。しかし、古代イスラエルの信仰は消滅しなかった。南ユダの人々が、これを継承し、次の二〇〇年間に、滅亡と捕囚を耐え抜く強靱な信仰に変えたからである。これは、何よりも一連の「記述預言者」——イザヤ、ミカ、エレミヤ、エゼキエル、第二イザヤなど——アモスとホセアの後継者たちの功績であった。

第2章 信仰の継承

1 残された南ユダ王国

アッシリア帝国の影

北イスラエル王国が滅亡に向かって急坂を転落していった前八世紀後半は、南ユダ王国にとっても、果たして生き残れるかどうか定かでない危機的な時代であった。ティグラト・ピレセル三世の即位(前七四四年)とともに始まったアッシリア軍の遠征に対して、シリア・パレスチナの諸国は降伏か、抵抗かの二者択一を迫られた。ユダ王国が生き残れた最大の理由は、この時代にユダ王であったアハズが、終始、アッシリア帝国に対する抵抗戦線に参加することを拒否して、アッシリアの属王になることに甘んじたことであった。

アハズのこのような政策を裏切りと考えたイスラエル王ペカは、アラム・ダマスコ王レツィンと共同してエルサレムに攻めのぼったが、アハズはティグラト・ピレセルに援助を求め、アッシリア王はダマスコを攻略した。その時、アハズはダマスコに行ってアッシリア王に恭順の意を表わしたが、ダマスコ神殿で祭壇を見ると、その型に従ってエルサレム神殿の祭壇を建て直させた。この祭壇改築は、直ちにヤハウェ礼拝の放棄を意味するものではなかったが、彼の孫マナセが、公然とエルサレムに導入した異教祭儀の先駆となったことは否めない。

アハズの後継者、ヒゼキヤは、最初の間は父の政策を継承して、アッシリアの忠実な属王にとどまっていた。このため、南王国は北王国の滅亡に巻き込まれないですんだのである。しかし、前七〇五年に、アッシリア王サルゴンが戦死すると、この異常な事件は、アッシリアの支配が崩壊する前兆と判断され、アッシリアの属州において一斉に反乱の火の手が上がった。しかも、アッシリアに代ってパレスチナを支配しようと企んでいたエジプトが援助を約束したらしい。こうして、ヒゼキヤはアッシリアに反旗をひるがえした。

それまでに、アッシリアの植民県となった北イスラエルの諸地方からは、多数のイスラエル人がユダに流入移住していたと考えられる。これによって、ソロモンの死後失われたユダ族を盟主とする大イスラエルの「精神的」再統一が始まった。それは、ユダが全イスラエルの伝統の正統な継承者になったことを意味した。

これらの状況を背景として、ヒゼキヤは思い切った「宗教改革」を断行した。地方聖所を破壊し、ヤハウェ祭儀のなかにまぎれ込んでいた異教起源の礼拝物を片端から廃棄したのである。これは、祭儀の純正化によるヤハウェ信仰の高揚であると同時に、政治的統一を目指した祭儀の集中であった。おそらく、この「宗教改革」のプログラムとして、「申命記」の中心部分は編纂されたらしい。
サルゴンの後継者、センナケリブは、即位後しばらくの間、東方の反乱鎮圧に手間どっていたが、前七〇一年になると、大軍を率いて西征を開始した。フェニキアとフィリスティアの町々を征服したアッシリア軍は、パレスチナ南部においてエジプト軍を撃退するとユダに攻め上り、次々と要塞を攻め落とした後、エルサレムを包囲した。しかし、観念したヒゼキヤが大量の貢物を送ると、アッシリア王はあっさり包囲を解いて帰国した。センナケリブがエルサレムを攻略しなかった理由は、よくわかっていない。おそらく、アッシリア本国に問題があったのであろう。しかし、ユダの人々にとって、これは奇跡であった。ヤハウェの使者が一夜のうちに、エルサレムを包囲していたアッシリア軍の一八万五〇〇〇人を殺したという伝説［「列王記」下19章35節］は、この奇跡をヤハウェの直接的介入と理解した人々の間から生じたのである。

ともかく、アッシリアの直接的脅威はしばらくの間後退し、ヒゼキヤは「宗教改革」を続行することができた。しかしセンナケリブが暗殺されてエサルハドン（在位前六八〇〜前六六九）が王位につくと、アッシリアは西方遠征を再開し、その政策はアッシュルバニパル（在位前六六八〜前六二七）に引き継がれた。この間、ユダを五五年間にわたって支配したヒゼキヤの子マナセは、アッシリアの忠実な属王であった。彼はアッシリアのエジプト遠征に、ユダ王国軍を率いて従軍しただけではなく——これは属王の義務であった——積極的に、ユダの宗教のアッシリア化に努力した。父ヒゼキヤが「改革」したことは、すべて元に戻されたうえ、人身犠牲を含む多数の異教祭儀が、エルサレム神殿のなかに持ち込まれた。後代のユダの歴史家が、ユダ王国の滅亡原因を、すべてマナセの背教が引き起こしたヤハウェの怒りに求めたほど、マ

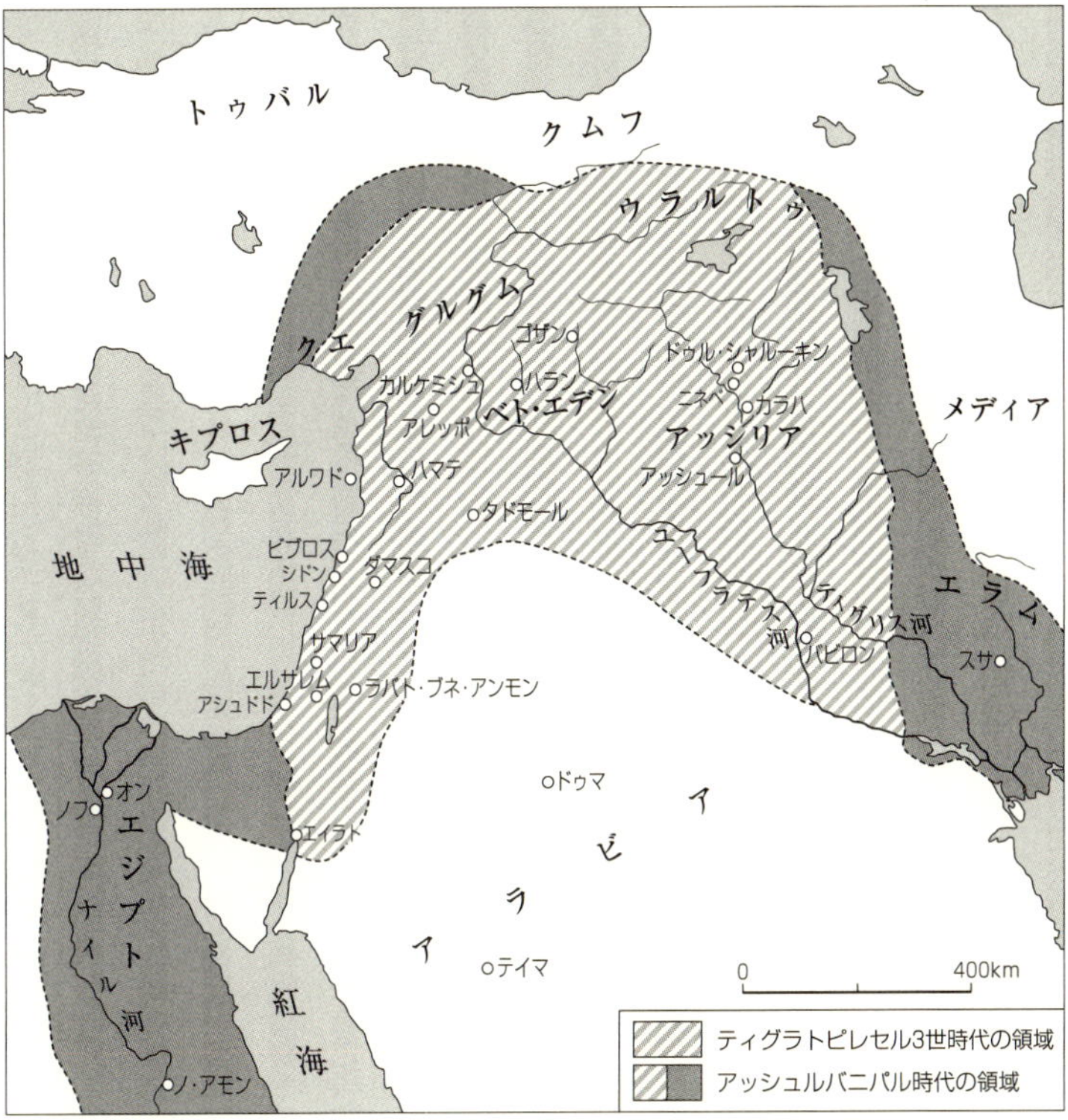
トゥバル
クムフ
ウラルトゥ
グルグム
クエ
ゴザン
ドゥル・シャルーキン
カルケミシュ
ハラン
ベト・エデン
ニネベ
カラハ
メディア
アレッポ
アッシリア
キプロス
アルワド
ハマテ
アッシュール
タドモール
ビブロス
シドン
ダマスコ
地中海
ティルス
ユーフラテス河
ティグリス河
エラム
サマリア
バビロン
スサ
エルサレム
ラバト・ブネ・アンモン
アシュドド
ドゥマ
オン
ノフ
アラビア
エイラト
エジプト
ナイル河
テイマ
0
400km
紅海
ノ・アモン
ティグラトピレセル3世時代の領域
アッシュルバニパル時代の領域

アッシリア帝国

ナセ時代のユダの異教化は徹底的であった。ユダ王国はなお辛うじて独立を保持していたが、アッシリア帝国の影の下に、イスラエル固有の信仰は消滅したかにみえた。

シオン不滅の信仰

アザルヤ王が死んで(前七三三年頃)、ユダ王国の繁栄が急速にかげり始めた年——北王国においてはすでに一〇年以上革命と戦争が相次ぎ、アナーキーが支配していた——、エルサレムの貴族出身のアモツの子イザヤは、エルサレム神殿において恐ろしい経験をした。ヤハウェの栄光が神殿に充満し、ヤハウェの玉座を支える六翼のセラフィム(天界の生き物)が飛び回っているのを見たのである。彼は死ぬと思った。しかし、セラフィムが、祭壇の燃えさしによって彼のくちびるを潔めてくれたので、彼は勇敢にもヤハウェの使者になることを志願した。すると、ヤハウェは次のように民に告げよ、という。「この民はいくら聞いても理解せず、いくら見てもわからない。それは、国が滅び、捕囚されるまで、悔い改めないよう定められているからだ」(「イザヤ書」6章)。

アッシリアの脅威がすぐ隣国まで迫っているというのに、アザルヤ時代の繁栄に慣れてぜいたくな暮らしをしているエルサレムの上流階級に、イザヤは我慢できなかったのである。彼の預言者としての出発点は、この鈍感な連中が気がついた時には、すでに国は滅びている、という絶望的な状況判断であった。従って、彼の初期の言葉が、アモスの預言のように、社会正義を踏みにじって私腹を肥やす富裕階級に対する攻撃と、彼らの滅亡の予告に満ちていたことは不思議ではない。

家に家を建て連ねる人々はわざわいだ。
彼らは畑に畑をぴったりつけて
どこも余さない。
お前たちは自分たちだけで国のなかに住もうとする。

［5章8節］

お前たちはぶどう園を焼きつくした。
お前たちの家には、貧しい者から奪ったものがある。
なぜお前たちはわたしの民を踏みにじり
貧しい者の顔を押しつぶすのか。

［3章14〜15節］

その日………
芳香は悪臭に変り
帯はなわになる
………
お前の男は剣に倒れ
お前の勇士は戦いに死ぬ。

［3章18、24、25節］

イザヤは、王国の外交政策に関し、王に直接建言できる地位にあった。彼の「政策」は、諸外国の力を恐れずに、ヤハウェを信じることであった。ダマスコと北王国が、反アッシリア同盟にユダを引き入れようとしてエルサレムに攻め上った時に、彼は動揺するアハズ王に対し、ダマスコと北王国はもうすぐ滅亡するから、ただヤハウェを信頼せよと勧めた。しかし、アハズはヤハウェを信頼しないでアッシリア王に援助を求めた(九八頁参照)。イザヤは、アッシリアに隷属することが、ユダにとっていかに不幸であるかを予告した後、沈黙せざるを得なかった。

その後、アハズの子ヒゼキヤが、エジプトと同盟してアッシリアに反乱を企てた時、再び登場したイザヤは、ヤハウェを信頼しないでエジプト王に頼るヒゼキヤの政策を非難した。

助けを求めてエジプトに下る人々はわざわいだ。
彼らは馬に救いを求める。
………
しかし、イスラエルの聖者を仰がず
ヤハウェに求めない。
……
エジプト人は人であって神ではない。
彼らの馬は肉であって霊ではない。

〔31章1、3節〕

イザヤの理解によると、アッシリアはヤハウェの「怒りの杖、憤りのむち」であった〔10章5節〕。従って、背信のユダを処罰するために、ヤハウェが派遣したアッシリア軍には、ヤハウェの住まいであるシオン（エルサレム）を滅ぼすことはできない、という確信をイザヤはもっていた。前七〇一年にエルサレムがアッシリア軍に包囲された時も、この確信はゆるがなかった。しかし、センナケリブがエルサレムを攻略しないで引き上げ、イザヤの確信が「実証」されると、シオンの不滅は誤解された。戦勝を祝賀する人々に対して、イザヤは、ヤハウェに信頼しなかったことを告白して赦しを求めるよう勧めたが、人々は聞き入れなかった。そこでヤハウェはイザヤに告げていった。

　お前たちのこの罪は、死ぬまで許されない。〔22章14節〕

民衆の誤解に基づくシオン不滅の「神話」を、イザヤと同時代人のミカも激しく攻撃した。彼はエルサレム南西の小村、モレシェト・ガトの出身で、おそらく農民であったと思われる。彼自身がエルサレムの富裕階級の搾取を受けていたらしい。そこで、エルサレムの支配階級に対する彼の弾劾は、エルサレムの滅亡預言になる。

　これを聞け。ヤコブの家のかしらたち、
イスラエルの家のつかさたちよ。
公正を憎み
すべての正しいことを押し曲げる人々よ。

シオンを血で建て
エルサレムを不義で建てた人々よ。
そのかしらは賄賂をとって審き
その祭司は教えに値段をつけ
その預言者は金銭をとって占う。
しかるにヤハウェに頼っていう。
「ヤハウェはわれわれのなかにいるではないか。災いがわれわれに及ぶことはない」
それゆえ、お前たちのために
シオンは畑となって耕され
エルサレムは荒れ塚となり
神殿の丘は木の繁る塚となる。

〔「ミカ書」3章9〜12節〕

イザヤのシオン不滅の信仰と、ミカのエルサレム滅亡の預言は、表面的には全く逆の内容であるが、本質的には同一のヤハウェ信仰に基づく発言であった。ともかく、イザヤは、同時代人が彼の言葉を理解しないことを悟ると、希望を未来に託した。そこで、彼は弟子を育成したのである〔「イザヤ書」8章16節〕。実際、六六章ある「イザヤ書」のなかには、イザヤ自身の言葉だけではなく、王国滅亡、バビロン捕囚、シオン帰還という最も困難な時代を通して活動した人々の言葉が含まれている。これは、イザヤの流れをくむ人々が、その後数世紀にわたって、ヤハウェの意志を民に伝える役目を果たした証拠である。

しかし、同時に、現実が絶望的であればあるほど、イザヤは、ヤハウェの正義の支配が実現する日が必ずくることを確信しないではいられなかった。それは、「終りの日」の出来事ではあるが、夢物語ではなかった。その証拠に、未来の正義の支配者は、ダビデ家の子孫から現れる、と彼はいう。これは、シオン不滅の信仰とともに、イザヤがダビデ契約（六三頁以下参照）の効力を信じていたことを示している。

エッサイの株から芽が生じ
その根から枝が生え
ヤハウェの霊が彼の上に宿る。
知恵と
力と勇気の霊
ヤハウェを知り、恐れる霊である。
……
彼は正義によって貧しい者を審き
公平によって地の弱い者を守る。
［11章1、2、4節］

このように、イザヤが描いた未来の理想の王の姿は、後になって、「メシアニズム」の発生と展開に決定的な影響を及ぼしたのである（二〇一～二〇三頁参照）。

申命記改革

前七世紀中葉にすでにゆらぎ始めていたアッシリア帝国は、前六二七年にアッシュルバニパルが死ぬと、一瞬のうちに崩壊した。バビロニアには、やがてアッシリアに代ってオリエントを制覇する新バビロニア王朝が、カルデア人によって創設された。アッシリア本土においても内乱が起こり、全オリエントの諸民族のうえに君臨したアッシリアの帝国支配は終焉を告げた。

このような国際情勢の展開に乗じて、ユダ王国のヨシヤ王は、一〇〇年間アッシリアの属州になっていた北イスラエルを奪回した。ユダの人々は、長い外国支配に屈伏した屈辱の時代が終り、ダビデ・ソロモン時代の栄光を回復する時が到来したと考えた。この政治的回生を契機として、民族の伝統、ヤハウェ信仰の復活を目指す「宗教改革」運動が起こった。

聖書史料によると、ヨシヤ王の第十八年（前六二二年頃）に、エルサレム神殿の修復に際して、神殿のなかから一巻の律法《トーラー》の巻物が発見された。ヨシヤは、この律法《トーラー》の巻物の朗読を聞いて、ヤハウェとの契約を破った先祖の所業を改めないため、ヤハウェが自分たちに対して怒っていることを知った。彼は民の代表をエルサレム神殿に集め、律法《トーラー》の巻物を読み聞かせ、律法《トーラー》の巻物の定める戒めに従ってヤハウェの前に生きる契約をたてた。この律法《トーラー》の巻物は、「申命記」の一部であったと考えられている。これは、元来、ヨシヤの曽祖父ヒゼキヤの改革プログラムであったらしい（九九〜一〇〇頁参照）。それが、マナセの異教化時代に、神殿の奥深くに隠されていたのであろう。そこで、ヨシヤの宗教改革を「申命記改革」と呼ぶ。

申命記改革の第一の主題は、徹底的な祭儀の純正化であった。マナセがエルサレム神殿に導入したすべての異教的シンボルや建造物は排除され、地方聖所（「高い所」）はすべて閉鎖された。この時、かつて北イスラエル王国の中央聖所であったベテル神殿も破壊された。これは、「汝らの神、ヤハウェがその名を置くために、汝らの全部族のうちから選ばれた」（「申命記」12章5節）エルサレム神殿のみを正統と認めるヤハウェ祭儀の純正化運動であった。

このような祭儀のエルサレム集中が、北イスラエルを併合して、政治的中央集権の確立を急ぐヨシヤ王の政策と一致していたことは疑いない。しかし、純粋にヤハウェ信仰を守る立場からも、このような改革は必要であった。長期に及ぶアッシリアの直接支配を受けた北イスラエルの諸地方と、マナセの親アッシリア政策下にあったユダは、共に極度に異教化していたからである。ヤハウェの聖所を一カ所に集中する主張は、聖所の並立が引き起こすヤハウェ多神化の可能性を排除して、最も明白な形で一神教を確立するためであった。

律法《トーラー》の巻物がエルサレム神殿から発見された年に、律法《トーラー》の巻物の「定め」に従って、エルサレムにおいて「シナイ契約」を想起する過越祭《すぎこし》が祝われた。「このような過越祭は、士師がイスラエルを支配した時代以来、イスラエルの王とユダの王のすべての時代にも行なわれなかった」（「列王記」下23章22節）という証言は、申命記改革が、士師時代、王国時代を通して一度も行なわれなかったようなシナイ契約の「更新」であったことを表わしている。事実、「申命記」の設定によると、カナン侵入直前のイスラエル人に対して、モーセがシナイ契約を改めて語り聞かせ、教えさとしたモアブの地における契約更新が「申命記」である。例えば、シナイ契約の中心的条項である「お前はわたしに対して他の神々をもってはならない」（第一戒）

という一神礼拝の「定め」は、「申命記」においては、行動により積極的に表現することが求められる。

> 聞け《シェマ》、イスラエルよ、われらの神ヤハウェは唯一のヤハウェなり。お前は、お前の全心、全霊、全力を尽くしてお前の神ヤハウェを愛すべし。
>
> 〔6章4～5節〕

これは、継承されたヤハウェ信仰の新しい展開であった。同時に、この契約を破った際に、イスラエルが受ける厳しい神罰の予告が、「申命法典」〔「申命記」12～26章〕に続けて呪いの言葉〔27～28章〕として付加された。これは、アッシリア王が属王と結んだ条約に必ずつけた厳しい呪いと比較することができる。「申命記」が、当時の条約文の文型によって著作されたことは明らかである。

申命記改革の三五年後に、ユダ王国は滅亡し、その指導者たちは全員捕囚された。この時、申命記改革の精神が王国滅亡とともに消滅せず、かえって滅亡と捕囚という未曽有の苦難の意味を説明する原動力になることができたのは、「申命法典」を締めくくった呪いが、滅亡と捕囚を先取りしていたからであった。実際、申命記改革の精神を継承する人々が、王国末期から捕囚期にかけて活動した民の指導者のなかにいた。彼らは学者が「申命記派」と名付けた「歴史家」であった(一三〇頁以下参照)。

王国の滅亡

ユダにおいて申命記改革が進展している間に、オリエント世界においては、アッシリア帝国の没落後に生じた権力の空白を埋めるため、列強諸国間に激烈な覇権闘争が起こった。まずバビロニアはメディア人と同盟して、アッシリアの残存勢力の掃討を開始した。前六一二年にアッシリアの首都ニネベは陥落し、アッシリアの最後の防衛線はハランからカルケミシュへ後退した。この覇権闘争において、長い間宿敵関係であったエジプトとアッシリアは同盟を結び、バビロニアに対抗した。ユダ王国は、パレスチナ地方からアッシリアの勢力を駆逐するために、バビロニアと同盟関係を樹立したらしい。

前六〇九年に、エジプト王ネコは、カルケミシュに追いつめられたアッシリア軍を援けるため、大軍を率いて北上した。ユダ王ヨシヤは、無謀にも、このエジプトの大軍をメギドで迎撃して戦死した。北イスラエルを併合し、申命記改革を断行して、ダビデ・ソロモン時代以来の民族精神の高揚に成功したヨシヤの治世は、あまりにも短いエピソードで終ったのである。ユダの人々の挫折感は深かった。しかも、メギドの敗戦によって、ユダ王国は再び属国の地位に転落した。

その後二三年間、前五八六年に滅亡するまで、ユダ王国は、覇権闘争を続けるバビロニアとエジプトの間を右往左往する哀れな弱小国であった。ユダの指導者たちは、バビロニア派とエジプト派に分裂し、その間をぬって、ヨシヤ時代以来強い発言権をもった国粋主義者の一団、「地の民《アム・ハアレツ》」が、国政を左右する勢力になった。

そもそも、ヨシヤの父アモンが暗殺された時に、ヨシヤを擁立した勢力が「地の民《アム・ハアレツ》」であった。彼らが、申命記改革の推進力であったことは十分に想像することができる。ヨシヤが戦死すると、「地の民《アム・ハアレツ》」はヨシヤの子ヨアハズを立てて王としたが、三カ月後にエジプト王はヨアハズを廃位し、彼の異母兄、エルヤキムをヨヤキムと改名して王に任命した。ヨヤキムはエジプトの忠実な属王として、「地の民《アム・ハアレツ》」を弾圧した。

ヨヤキムは、ネブカドネツァルがフィリスティアを征服した時、致し方なくバビロニア王の属王になったが、前六〇一年にエジプト軍がバビロニア軍を破ると、直ちにバビロニアに対する反乱を宣言した。三年かかって軍を整備したネブカドネツァルは、前五九八年に再び西方遠征を開始すると破竹の勢いで前進し、エルサレムを包囲した。その直前にヨヤキムは死に、その子ヨヤキンが代って王になったが、即位三カ月後、前五九七年春に、バビロニア王に降伏した。ネブカドネツァルは、ヨヤキンとその家族、政治家、軍人、技術者など、エルサレムの指導者階級一万人を捕虜としてバビロニアへ連行した。これが第一次バビロン捕囚と呼ばれる事件である。

バビロニア王は、ヨヤキンの叔父で、一一年前にエジプト王によって廃位されたヨアハズの実弟ゼデキヤをユダの支配者に任命したが、捕囚されたヨヤキンにも「ユダ王」の称号を保持することを許した。

ゼデキヤの周囲に集った人々は、捕囚された旧指導者層に代った成り上り者たちであった。そのなかには、かつてヨアハズ擁立に失敗した「地の民《アム・ハアレツ》」もいた。これらの未熟な指導者たちは、国際情勢を正しく判断する能力をもっていなかっただけではなく、バビロニアの滅亡とユダの回復の日は近いという狂信に基づく好戦主義者であった。そのうえ、エジプトにそそのかされて密約を結んだゼデキヤは、その治世第九年に、バビロニアに対する不幸な反乱を決定した。

ネブカドネツァルは直ちにユダに進軍し、エルサレムを包囲した。籠城した人々は半年以上も英雄的抗戦を続けたが、ついに糧食が尽きたため、前五八六年夏にエルサレムは落城した。属王の誓いを破ったゼデキヤは、バビロニア王の前に引き立てられ、眼前で子供を処刑されたうえ、両眼をえぐり出され、鎖につながれてバビロンに捕囚されるという厳しい処罰を受けた。エルサレムは徹底的に破壊され、廃墟と化した。生存者は殺されるか、捕囚されて、ユダには少数の貧民が残されただけであった(第二次バビロン捕囚)。こうして、ユダ王国は文字通り破滅したのである。

新しい契約

エレミヤの預言活動は、申命記改革直前に始まり、改革の高揚とヨシヤ王戦死後の失望と混乱の時代を経て、王国の滅亡と捕囚に至る激動と悲劇の五〇年間に及んだ。滅亡に向かって転落して行く王国を、何とか救おうとした彼のすべての努力は無益に終った。この苦い経験を通して、ヤハウェの言葉と、それを語る者に対する人々の敵意の間で板挟みになる苦痛を、彼ほど鋭く感じた預言者はいなかった。

彼は、エルサレムの北東約一〇キロメートルの地点にある小村、ベニヤミン領のアナトトの祭司の家に生まれたが、申命記改革が始まる五年前(前六二六年)に、預言者になれというヤハウェの召命を経験した。その時、自分はまだ満足なしゃべり方すら知らない若者にすぎない、と抗議したエレミヤに対し、ヤハウェは、母の胎内に造る前から彼に目をつけ、生まれる前に預言者にすると決めてあるのだ、と答えたという。エレミヤは、一生の間、ヤハウェの無理強いにあって、致し方なくヤハウェの言葉を語った、という自意識をもつ預言者であった。

彼の初期の預言は、ヤハウェを裏切って悔い改めないユダに対する非難で始まった。ホセアの思想の影響下に、北イスラエルと南ユダの両王国は、ヤハウェの二人の不貞な妻にたとえられた。怒ったヤハウェは、まずイスラエルを離縁した（すなわち、滅ぼした）。ユダはそれを見たのに、いまだに姦淫を続けているのである〔「エレミヤ書」3章6～10節〕。その結果、ユダを滅ぼすために、ヤハウェは北方の諸民族を派遣しようとしている。このような危機意識の下に、エレミヤは、北方から来襲する外敵とユダの滅亡を、真に迫った調子で描写した。

彼が、誰をこの北方からの外敵と考えていたのかよくわからないが、政治状況は、彼の予想とは全く逆の展開をした。この頃、アッシリア帝国の勢力が急速に衰えたため、ヨシヤ王はユダ王国の政治的独立を回復しただけではなく、ソロモンの死後ダビデ家の支配から離脱していた北イスラエルを、再びユダ王国に併合することに成功したのである（一〇八頁以下参照）。面目を失った預言者は、その後しばらく沈黙せざるをえなかったが、その間に、彼はヤハウェとの対話を深め、沈黙しているとヤハウェの言葉が彼の内側で今にも沸騰しそうになるのを感じていた〔20章7～18節〕。

申命記改革が起こると、彼は改革運動に参加した。しかし、すべての地方聖所を閉鎖してエルサレム神殿に祭儀を集中する運動方針に、彼の一族であるアナトトの祭司たちが抵抗したのは当然である。彼は一族の裏切り者とみなされ、ついには親族から命を狙われたため、故郷から逃亡しなければならなかった〔11章21～23節〕。しかし、その後、官僚化していった改革運動にも、彼は幻滅したらしい。ヨシヤ治世の最後の一〇年間、彼は全く沈黙する。

ヨシヤの戦死とともに、ユダ王国は滅亡へ向かって急速に転落し始めた。ヨヤキムがエジプトの属王として任命されると、エレミヤは長い沈黙を破って預言活動を再開した。この時、彼の批判は、申命記改革による祭儀集中の結果、王国の唯一の聖所として政治権力と結合したエルサレム神殿に向けられた。

諸君は、これはヤハウェの神殿だ、ヤハウェの神殿だ、ヤハウェの神殿だ、という虚偽の言葉を信頼してはならない。

［7章4節］

これは、たとえ異教の神々を礼拝し、不正を行なっていても、エルサレムにヤハウェの神殿が建っている限り、ヤハウェはユダとエルサレムを滅ぼすようなことはしないだろう、という安易な考え方に対する痛烈な批判であった。かつてシロにあったヤハウェの神殿が滅亡したように（四六頁参照）、このエルサレム神殿も必ず破滅する、とエレミヤが言い切ると、神殿の祭司や預言者たちは彼を逮捕した。彼らは彼を死刑にしようとしたが、心ある廷臣たちが彼を救い出した。

公開の場で活動することが困難になったエレミヤは、弟子のバルクに口述して、彼が受けたヤハウェの言葉を一巻の巻物にまとめさせた。エルサレム神殿の庭でバルクがこの巻物を読み上げるのを聞いた廷臣たちは、その巻物を宮殿にもっていき、王の面前で朗読させた。しかし、ヨヤキム王は、巻頭の数段を聞くと、小刀で巻物を切り裂き、これを暖炉に投げ込んで焼いてしまった。エレミヤとバルクは反逆罪に問われたが、身を隠して逮捕をまぬかれた。

ヨヤキムを怒らせたエレミヤの言葉は、バビロニアの勝利の預言であった。エジプトの傀儡《かいらい》として王位についていた王は、この預言に我慢することができなかった。しかし、エレミヤの預言は適中し、エジプトはユダを助けることができなかった。反乱したユダに対して本国を出発したバビロニア軍が到着する前に、ヨヤキムは病死したが、彼の子ヨヤキンは、エルサレムを包囲したバビロニア王に降伏し、多数の人々とともにバビロニアへ捕囚されていった（前五九七年）。

この第一次バビロン捕囚後に、バビロニア王によって王位につけられたゼデキヤに向かっても、エレミヤは一貫してバビロニア王に服従するよう忠告した。しかし、熱狂的な国粋主義者たちは、エレミヤを敗北主義者として憎んだ。このような状況の下に、第一次バビロン捕囚後数年したエルサレムにおいて、二年以内にバビロニア王の支配は終り、捕囚民は帰ってくる、という無責任な預言をする者が現われた。エレミヤは彼を偽預言者ときめつけ、年内に彼が死ぬと予告したが、その通りになった。

バビロニアの捕囚民の間でも、間もなく帰国できるという根拠のない楽観的預言が流行した。これを憂えたエレミヤは、捕囚民に手紙を書き、バビロニアにおいて家を建て、畑を作り、子供たちを結婚させ、じっとヤハウェの救いを待つならば、七〇年たてば帰国できる、と言い送った。この「七〇年」によって、彼が実際の年数を表わしたのではなく、一つの時代を意味したことは明らかである。実際には、第一次バビロン捕囚が行なわれてから、ペルシア王キュロスが捕囚民解放令を発布するまでは、六〇年であった。

結局、エレミヤを代表者とする親バビロニア派の努力は効果なく、好戦主義者の主張に負けたゼデキヤは、治世第九年に、バビロニアに対して反乱した。バビロニア軍に包囲されたエルサレムのなかにとどまったエレミヤが、なお降伏を勧めたため、彼は好戦主義者に投獄され、危うく殺されるところであった。しかし、彼がヤハウェの預言者であることに恐れを抱いていたゼデキヤは、密かに彼を救出させ、王宮の庭にかくまった。

バビロニア人は、エルサレムを占領すると、これを徹底的に破壊した。また、主だった人々を殺すか、捕囚して連れ去ったが、残った人々のうえに、親バビロニア派の廷臣であったゲダルヤを知事として任命した（前五八六年）。彼を助けて荒廃した郷土を再建しようとする人々が、エルサレム北方のミツパに集まってきた。もちろん、エレミヤもミツパにきた。しかし、間もなくゲダルヤが反バビロニアの過激派に暗殺されると、バビロニア人の報復を恐れた人々は、エレミヤの制止も聞かずにエジプトへ逃亡した。すでに老人になっていたエレミヤは、意志に反してエジプトへ連行され、そこで死んだと伝えられる。

　このように、王国滅亡後に残された民族再建の最後の小さな望みも無残に絶たれた時、エレミヤは、シナイ契約によって成立した伝統と民族が断絶したことを認めないわけにはいかなかった。それにもかかわらず、ヤハウェに対する彼の信仰はゆるがなかった。もしヤハウェが全能の神ならば、その民の滅亡を放置するであろうか。ここに、断絶を突き抜けて「終りの日」に成立する「新しい契約」の希望が生み出された。この驚くべき思想的展開のうえに、王国滅亡によっていったん死んだ古代イスラエル民族が、バビロン捕囚を通してユダヤ民族に再生するという奇蹟が起こったのである。


見よ、このような日がくるであろう。

　とヤハウェの言葉。

わたしはイスラエルの家、およびユダの家と新しい契約を結ぶ。

それは、彼らの先祖の手をとって、エジプトの地から連れ出した日に結んだような契約ではない。

彼らはわたしの契約を破ってしまったのだ。

…………

これが、これらの日の後に、イスラエルの家とわたしが結ぶ契約である。
　とヤハウェの言葉。
わたしの律法《トーラー》を彼らのなかに与え
彼らの心の上に書きつける。
わたしは彼らにとって神となり
彼らはわたしにとって民となる。
そうなったら、誰も、友人や兄弟を教えて
「ヤハウェを知れ」とはいわない。
小さい者から大きい者に至るまで
すべての人がわたしを知るようになるからである。
　とヤハウェの言葉。
わたしが彼らの咎《とが》を許し
彼らの罪をもう想い起こさないからである。

［31章31〜34節］

2　バビロン捕囚

亡国の苦悩

王国の滅亡と大量捕囚、それに続いて起こった騒乱の結果、ユダの山河は荒廃し、多くの町や村は放棄された。しかし、なおごく少数の人々が、エルサレムの廃墟にしがみつくようにして住んでいた。エルサレムでは、住居も食糧も極度に欠乏し、強盗や殺人が横行していた。それにもかかわらず、これらの人々は、かつてヤハウェの神殿が建っていたシオンの丘を、どうしても見棄てることができなかったのである。

おそらく滅亡後間もなく、このようなエルサレムとユダの残留民が、今は瓦礫の山と化した神殿跡に三々五々と集まり、嘆きの祈りをささげるようになったらしい。後に、この嘆きの祈りは、年四回の断食を伴った記念祭となった。すなわち、第四月（六〜七月）にエルサレムの陥落、第五月（七〜八月）にエルサレム神殿の破壊、第七月（九〜十月）にゲダルヤの暗殺、第十月（十二〜一月）にエルサレムの包囲の開始を記念して行なわれていた断食に、バビロニアからの帰還民が参加したと伝えられている〔「ゼカリヤ書」8章19節〕。

王国滅亡のショックがまだ生々しい頃、シオンの廃墟に集まってささげられた嘆きの祈りは、後に「哀歌」としてまとめられた。

ああ
かつて民が溢れていた都は

ひとり淋しく坐る。
もろもろの民のなかでも大いなるものであった彼女が
やもめのようになった。
国々の王女であった彼女が
奴隷になった。
夜ごとに彼女は激しく泣き
彼女の頬には涙が伝わる。
彼女の愛人のなかに
彼女を慰めるものは誰もいない。
彼女の友はみな彼女を裏切り
彼女の敵となった。
［1章1～2節］

もちろん、「彼女」とは、擬人化されたエルサレムのことである。この詩人は、滅亡前のエルサレムの繁栄を知っている。そのため、今、荒れ果てたエルサレムの悲惨をひしひしと感じるのである。突然、彼はあの恐ろしい滅亡の日を思い出す。

ああ
ヤハウェは怒って

シオンの娘を黒雲で覆われ
イスラエルの栄光を
天から地へ投げ落とされた。
彼の怒りの日に
彼はその足台を思い起こされなかった。〔2章1節〕

ここで明白に表現されていることは、エルサレムの滅亡が、ヤハウェ自身の怒りによって引き起こされたという認識である。言い換えるならば、シオンの神殿が破壊されたことは、決して、征服者バビロニア人の神々にヤハウェが敗北したことを意味しない。これは、それまで二〇〇年間、預言者たちが繰り返し警告してきた「滅亡預言」——民の背信に怒ったヤハウェは、あえて彼の民を滅ぼすこともいとわない、という思想の継承であった。このような滅亡を先取りした伝統のゆえに、実際に滅亡に直面した時、人々のヤハウェ信仰は、失われるどころかかえって深くなったのである。実際、「哀歌」の詩人は「わたしは彼（ヤハウェ）の怒りの杖によって災いを見た男である」〔3章1節〕と告白している。

それにしても、現実の苦悩は深かった。当時のエルサレムでは、幼児はばたばたと飢え死にし、祭司や長老まで行き倒れとなり、人々は食物を得るためにすべての財宝を売り払ったあげく、ついには自分の子供を食べた親までいたらしい。城壁は崩れ、宮殿や聖所は荒れ果て、シオンの丘のうえを山犬が歩いていた。支配者のいなくなったエルサレムを横行する無法者は、女を犯し、祭司や預言者を殺し、長老たちを処刑した。歌と踊りは消え失せ、人々は地に坐り込んでじっと涙を流している……。このような描写が、「哀歌」には充満している。

打ちひしがれた詩人は、必死になってヤハウェの憐みを信じる。これはどん底だ。これ以上落ちようがない。ここまで苦しみにじっと耐えたのだから、ヤハウェは必ず憐れんで下さる——絶対に、そのはずだ……。

重荷を負う人は
ひとりじっと坐っているがよい。
塵に口をつけてみたらよい。
まだ、希望があるかもしれない。
打つ者に頬を向け
辱しめを十分に味わったらよい。
主は永遠に捨ておかれはしない。
たとえ激怒されても
彼は豊かな慈愛によって憐れみたもう。
人の子らを心から悩まし
罰する方ではないのだから。

［3章28〜33節］

ヤハウェの憐みを信じよう、と他人にも自分にもいいきかせてはみたが、彼自身はヤハウェの救いを実際に見ることができなかった。いつまでも続く苦悩の極限状況のなかから、彼は神に向かって叫ぶ。

なぜ、あなたはいつまでもわたしたちを忘れておられるのですか。
なぜ、あなたは長い間わたしたちを捨てておかれるのですか。
ヤハウェよ。
あなたにわたしたちを帰らせて下さい。
そうしたら、わたしたちは帰れます。
わたしたちの日を新しくして昔のようにして下さい。
あなたはわたしたちをそんなにひどく嫌っておられるのですか。
あなたはわたしたちをそんなにひどく怒っておられるのですか。
〔5章20～22節〕

この悲痛な問いかけをもって「哀歌」は終る。この終結は、「哀歌」の詩人たちが、全く希望の光明をみいだせない暗闇に閉ざされたまま、深い苦悩のなかに死んでいったことを示している。しかし、彼らは見なかったが、彼らの死後五〇年もたたないうちに、民族回生の奇蹟は起こった。その時、彼らが苦しんだ苦悩は、回生したユダヤ民族に、その後いかなる苦難にも耐え抜く力を与える慰めとなったのである。

民族再生の希望

第一次バビロン捕囚（前五九七年）が行なわれた時に、バビロニアへ捕囚された人々のなかに、祭司エゼキエルもいた。その五年後に、彼はバビロニアの捕囚民の間でヤハウェの召命を受け、その後二十数年間、捕囚民の預言者として活動した。

彼は怪奇な幻を見る人であった。四つの顔と四つの翼をもつ四つの生き物が、風と雲と火を伴って飛んでくると、天空をぐるぐる飛び回っていた。彼らのうえには、水晶のように輝く大空があり、そのまたうえにサファイアのような玉座があって、そこからヤハウェが彼に語りかけた。ヤハウェは、彼を反逆の民イスラエルに派遣するといって、悲しみと嘆きと災いの言葉が書いてある巻物を突きつけ、それを食べるように命じた。彼が恐る恐る食べてみると、その巻物は蜜のように甘かった、という［「エゼキエル書」1〜3章］。

いうまでもなく、この幻は象徴的である。確かに、ヤハウェがイスラエルの地方神ではなく、世界の支配者であるという認識は、すでに前八世紀の記述預言者の間で確立していた。彼らの理解によれば、アッシリア王のオリエント世界征服は、ヤハウェの計画に従って実行されたのである。しかし、郷土から遥か遠方の異郷に捕囚された人々が感じていたことは、自分たちがヤハウェの支配圏の外に連れてこられたのではないか、という恐れであった。この恐れを打ち消し、彼が世界の支配者であることを示すため、ヤハウェはバビロニアの捕囚民の所へ「飛来」したのである。

エゼキエルに最初に与えられたヤハウェの言葉は、エルサレムの滅亡を予告する苦い言葉であった。しかし、神命に従ってこの苦い言葉を呑み込んでみると、彼の口には真理の甘さが溢れたのである。

第一次バビロン捕囚からエルサレムの滅亡（前五八六年）までの一一年間、捕囚民のすべての希望はエルサレムにかかっていた。それは、奇蹟が起こって、間もなくエルサレムに帰れるかもしれないという空しい期待であった（一一六頁参照）。しかし、ヤハウェはエゼキエルに、エルサレムに残留している人々の驚くべき堕落のゆえに、エルサレムが滅亡に定められていることを教えた。彼が幻のなかでエルサレムの現状を見ると、エルサレムの人々は、ヤハウェはユダを捨てたといって他の神々を礼拝していた。しかも、現在の苦しみは親が犯した罪のためであって、自分たちの責任ではないといっている。そのうえ、捕囚民は帰ってこないからこの土地は自分たちのものになった、といって喜んでいる人々すらいた。

ところが、彼はヤハウェに命令されて、エルサレム滅亡の日まで、一切、口がきけなくなった。その代りに、象徴的行為によってエルサレムに対するヤハウェの審判を告げる。まず、包囲されたエルサレムの模型を作って見つめる。次に左脇を下にして三九〇日、右脇を下にして四〇日じっと寝る（一日を一年と数えたイスラエルとユダの受ける罰）。この間、包囲下のエルサレムの飢餓状態と同じわずかな食糧と水しか取らない。それから人糞で焼いた菓子を食べる（やがてエルサレムの人々が捕囚地で食べる汚れた食糧）。最後に、頭とひげをそって、その毛の三分の一を焼き（エルサレム城内の死者）、三分の一を剣で打ち（城外の戦死者）、三分の一を風に散らす（捕囚民）［4章1節～5章4節］。

完全な「無言の行」を含むこれらの象徴的な行為は、彼が捕囚地において、包囲されたエルサレムの苦しみを共に苦しんだことを示している。この共苦のクライマックスとして、彼の最愛の妻が急死した時に、ヤハウェは彼に泣くことを禁止した。最愛の妻にも比較されるエルサレムの滅亡が迫っていたからである。

実際、ついにエルサレムが滅亡したことを聞かされた時、人々は絶望のあまり泣くことすらできず、ただうめき声をあげながらやせ衰えていったのである［24章15〜24節］。

しかし、エルサレム滅亡の苦しみを六年間、誰よりも苦しみ抜いたエゼキエルは、滅亡の知らせを受け取ると同時に、長い「無言の行」を終えて口を開いた。今や最後の希望の拠り所が完全に破砕されて、「もう生きていかれない」とか、「絶望のあまりわたしたちの骨まで枯れてしまった」といい合う捕囚民に対して、彼は真の慰めの言葉を語り出したのである。

ある日、ヤハウェに導かれたエゼキエルは、町を出て谷に行った。そこには、殺されてから長い月日が経過したため、すでにからからに枯れた人骨が散乱していた。ヤハウェは、生き返る望みの全くないこの枯骨に向かって預言せよと命じた。神命通り預言すると、がさごそと音がして、骨と骨がつながり、そのうえを筋と肉と皮が覆った。さらに預言すると、四方から息が吹いてきてこれらの死体に入るや否や、大群衆が立ち上がったのである［37章1〜14節］。

ここでエゼキエルは、死者の復活の教理を説いているのではない。いったん、死んだ民族を生き返らせることを、ヤハウェはできるし、そうすることがヤハウェの意志だと、語っているのである。

それゆえ、イスラエルの民にいえ。主なるヤハウェはこういいたもう。イスラエルの家よ、わたしがするのはお前たちのためではない。お前たちがやってきて、諸民族の間で汚したわたしの聖なる名のためなのだ。……わたしは諸民族の間からお前たちを連れ出し、全地からお前たちを導いていく。わたしが清い水をお前たちの上に注ぐと、お前たちはお前たちのすべての汚れから清くなる。わたしはお前たちのすべての偶像からお前たちを清める。わたしはお前たちに新しい心を与え、お前たちのなかに新しい霊を授ける。わたしはお前たちの間から石の心を取り除き、肉の心を与える。またわたしの霊をお前たちのなかに与え、お前たちをわたしの「定め」に歩ませ、お前たちにわたしの法律を守らせ、これを行なわせる。こうして、わたしがお前たちの父祖に与えた地にお前たちは住み、お前たちはわたしにとって民となり、わたしはお前たちにとって神となる。
［36章22〜28節］

エゼキエルの民族再生の希望が、エレミヤの「新しい契約」（一一七頁参照）の思想と非常に近いことは明白である。ただ、民族再生が、いったん汚されたヤハウェの聖名を聖とするためであるという言葉から、異国に住まなければならなかった預言者が、異教の神々との厳しい対決を通して、ヤハウェのみが真の神であるという主張を強く意識していたことがわかる。「清め」の強調も、汚れた異国の地につながれていた捕囚民の関心を反映している。

このように、ヤハウェのために、いったん死滅した民族が必ず復活しなければならない、という確信に到達したエゼキエルは、再生するイスラエルを、神政共同体として描く。確かに指導者としてダビデの名もあげられるが、この共同体の中心はヤハウェの聖所である［37章24〜28節］。この考えは、イスラエル十二部族が、再建されたエルサレム神殿を中心として再植民する壮大なユートピアの青写真に展開する［40〜48章］。絶望の時代に、捕囚の地でエゼキエルが描いてみせた民族再生の希望は、その後、捕囚民の故国帰還、第二神殿建設、エルサレム神政共同体の形成へと発展したユダヤ民族史の根底を支える思想であった。

律法《トーラー》の収集

エレミヤの勧告(一一六頁参照)、エゼキエルの民族再生預言などに励まされて、バビロニアの捕囚民は、異国にしっかりと定着し、故国に帰還できる日がくるまで、民族の伝統のともし火を燃やし続ける覚悟をした。ところで、王国時代には、王国と神殿祭儀という二つの枠組が、民族共同体「イスラエル」を形成するために大きな役割を果たしていた。今、この二つの枠組を失った捕囚民は、ヤハウェ信仰に基づく民族共同体を持続するための新しい枠組を、イスラエル固有の伝統的慣習を遵守する生活に求めなければならなかった。このような生活のみが、自分たちと周囲の異教世界の相違を明確にし、周囲の世界に同化吸収されることから民族を守る方法であると考えられたからである。

こうして、イスラエルの伝統的慣習は、バビロニアの捕囚民の間で熱心に収集され、民族共同体を形成するための「定め」、あるいは「おきて」となった。後に、これらの「定め」と「おきて」が集大成されて、「律法《トーラー》」になる。もとより、この種の「律法集《トーラー》」は王国時代にも編纂されており、その代表的なものが、王国滅亡の一世代前に「発見」された「申命法典」(「申命記」12〜26章)であった。しかし、捕囚民が収集した「おきて」と「定め」は、「申命法典」よりもはるかに広範囲に及んだ。

律法《トーラー》を収集し、これを日常生活に適用することによって民族共同体「イスラエル」を異郷において形成していく努力のなかから、定期的に律法《トーラー》を「学ぶ」制度が発達した。これが、後代「シナゴグ」と呼ばれるユダヤ教独特の集会所の始まりである。この集会所においては、律法《トーラー》の解明のほかに、祈禱と讃美による礼拝が行なわれた。この頃から、エルサレムの方向を向いて集会が行なわれたことは疑いえない。シナゴグにおける礼拝は、エルサレム神殿における祭儀の代用として発達したからである。
シナゴグの礼拝が「安息日」(シャバット)に行なわれたため、安息日は、捕囚時代にいよいよ重要な「定め」となった。六日間労働して七日目に休息するというこの古い「定め」を、申命記派は「エジプト脱出」の記念と考え、民族の出発点としてのシナイ契約と結合した〔「申命記」5章15節〕。これに対して、バビロニアの捕囚民は、安息日は、ヤハウェが「天地創造」をした時に定めた制度であると説明した〔「創世記」2章1～4節、「出エジプト記」20章11節〕。ここには、ヤハウェは世界の創造者であるという異教世界に対する捕囚民の主張が反映している。

割礼(二一一頁参照)や適正食品規定《カシュルート》(二五一頁以下参照)のような伝統的慣習も、バビロニア人と自分たちをはっきり区別する重要な「おきて」であった。しかも、これらの「おきて」は、異国の汚れた地において、民族を「清く」保持するために不可欠な慣習と考えられた。このような考え方は、エゼキエルの預言のなかにも発見されるが、捕囚民が編纂した「神聖法典」〔「レビ記」17～26章〕においてはっきりと表現されている。「神聖法典」という名称は、これらの「おきて」を命じるヤハウェが、「お前たちは聖くなければならない。お前たちの神であるわたし、ヤハウェは聖であるから」〔19章2節〕と繰り返す言葉に由来する。この法典は、祭儀的清潔の「おきて」のほかに、多くの社会倫理的な「おきて」を含み、ヤハウェの聖なる共同体が、「お前は、お前自身のようにお前の友人を愛さなければならない」〔19章18節〕という同胞愛の精神に基づいて成立することを示している。さらにこの法典には、七年目ごとの休耕を定める安息年、四九年目ごとの借金返済を免除するヨベル年の「おきて」も含まれている〔25章〕。これらの「おきて」は、捕囚地で実行できないものであるから、いつの日か故国に設立する理想的民族共同体の計画であったと考えられる。捕囚民が編纂した「律法集《トーラー》」には、異郷において民族共同体を維持するための現実的な「定め」だけではなく、未来の理想の共同体に託した彼らの夢と希望をこめた「おきて」も含まれていたのである。

申命記派歴史家

ヤハウェがイスラエル民族の歴史を通して、その意志を啓示してきたという歴史観は、ヤハウェ信仰の特徴であった。従って、申命記改革がヤハウェ信仰の歴史に新時代を画した時、この改革を歴史のなかに位置づけるための民族史の著作が計画されたとしても、不思議ではない。事実、そのような試みがあったらしい。

しかし、それを完結する間もなく、歴史の流れは急変した。申命記改革のパトロンであったヨシヤ王が戦死をとげると、間もなく王国は滅亡し、指導者階級は捕囚され、残留民の多くも諸国に離散して民族は絶滅の危機に瀕した。歴史のなかに神の意志を読みとる伝統に従って、この危機的状況の原因はどうしても「歴史的」に説明されなければならなかった。バビロニアの捕囚地においてこの役目を果たした人々が、申命記改革の流れをくむ申命記派歴史家であった。

この民族史は、イスラエルがカナンに侵入する直前の時代(前十三世紀)から、バビロニア王エビル・メロダク(在位前五六一〜前五六〇)の第一年までの約八〇〇年に及ぶ。これは、カナン定着で終った「ヤハウィスト」の「民族史」(五七〜六〇頁参照)の続篇を形成する野心的歴史編纂であった。モーセによるシナイ契約の回想と更新〔「申命記」〕、カナン征服〔「ヨシュア記」〕、士師時代〔「士師記」〕、王国の樹立〔「サムエル記」〕、王国の歴史と滅亡、それに捕囚〔「列王記」〕という主題のはっきりした時代区分によって、収集された多くの史料が目的に従って取捨選択され、配列された。その際、申命記派歴史家は、目的と史料の性質上、画一的編集を避けた。彼らは、「申命記」の物語部分を「著作」し、「ヨシュア記」の史料には「加筆」したが、「サムエル記」の既存史料は「配列」するにとどめた。これに対して、「士師記」と「列王記」の諸史料には序論と結論を付け加えたのである。

　彼らの編集目的は、ヤハウェの民が建国した北イスラエルと南ユダの両王国が、なぜ滅亡したのか、という問いに「歴史的」解答を与えることであった。例えば、各士師物語の序論と結論のなかで、士師時代にイスラエル諸部族が外敵に苦しめられた原因は、イスラエルの背信を怒ったヤハウェの懲罰である、と説明された（四二頁以下参照）。ここで、士師時代に受けた侵略と王国滅亡が二重写しになっていることは明らかである。

　イスラエルとユダの諸王に対しては、一人一人、彼らがヤハウェに忠実であったかどうかという評定を下した。申命記改革の精神に従い、エルサレム神殿のみをヤハウェの聖所としたかどうかが評定の基準であった。この評定によると、ダビデ、ヒゼキヤ、ヨシヤの三人を除き、すべての王は罪を犯した。とくに、北王国の王たちは、エルサレム神殿に対抗してベテルとダンに王国の聖所を建てた「ヤロブアムの罪」（七二頁参照）を離れなかったため、全員が背信者であり、これが原因となって北王国は滅亡した、と説明する。

　このように、申命記派歴史家の主張は、彼らの編集した民族史を通じて一貫している。例えば、「申命法典」の結びにおいて、モーセは次のようにイスラエルをさとす。

もし、お前がお前の神ヤハウェの声によく聞き従い、今日、わたしがお前に命じるヤハウェの戒めをすべて守り行なうならば、お前の神ヤハウェは、お前を地のすべての民族より高くし、これらすべての祝福がお前にのぞむであろう。……しかし、もし、お前がお前の神ヤハウェの声に聞き従わず、今日、わたしがお前に命じるヤハウェの戒めと「定め」すべてを守り行なわないならば、これらすべての呪いがお前にのぞむであろう……。

〔「申命記」28章1、2、15節〕

律法《トーラー》を守れば祝福を受け、破れば呪いを受ける、という教義が、あまりにも単純であることに、後で人々は気付く(一六四頁参照)。しかし、バビロニアの捕囚民にとって、この教義は励ましであり、慰めであった。なぜなら、このような歴史解釈によって、滅亡と捕囚はイスラエルの背信の結果であり、決してヤハウェがバビロニアの神々に敗北したことを表わさないという確信をもつことができたからである。また、律法《トーラー》を守る者には祝福を与えるというヤハウェの約束は、捕囚の苦境にある人々に律法《トーラー》遵守を勧める力となり、希望となった。バビロニア王がユダ王ヨヤキンを捕囚の牢獄から解放したという記事〔「列王記」下25章27〜30節〕で終結する申命記派の民族史には、王国滅亡のショックから立ち直った捕囚民が、再びヤハウェの祝福を受ける日を待望して立ち上がった姿が反映しているのである。

超越神の思想

申命記派の民族史よりややおくれて、バビロニアの捕囚民の間でもう一つの民族史が編纂された。この民族史の中心的関心が祭儀律法であるところから、学者はこれを「祭司典」と名付けた。事実、このなかには、エルサレム神殿の祭司が伝承してきた多くの祭儀律法が含まれている。

天地創造からカナン征服まで〔「創世記」～「ヨシュア記」〕を物語る祭司典の民族史の範囲と大筋は、ほぼ「ヤハウィスト」に従っている。しかし、祭司典編集者は、膨大な祭儀律法の起源を、シナイにおいてモーセが受けたヤハウェの命令に結びつけた。これは、シナイ契約を、カナン定着以前の民族史のクライマックスと認め、シナイ契約への回帰を民族共同体再建の原点とする考え方に基づいている。このような考え方は、「神聖法典」や「申命法典」にも共通する時代精神であった。これに対して、イスラエルの神を、世界を超越した世界の創造者として把握した点に祭司典編集者の思想的独自性があった。

初めに神が天と地を創造した時、地は空漠混沌としていて、闇が大水《テホーム》のうえにあった。また強風が水面を吹きまくっていた。神が、光あれ、というと光があった。神は光をよしと認め、光と闇を分割した。神は光を日、闇を夜と名付けた。夕となり、朝となった。これが最初の日である。

〔「創世記」1章1～5節〕

このような書き出しの天地創造物語を祭司典編集者が著作した頃、バビロニア人は、次のような世界の始原を考えていた。

上では天がまだ名付けられず、下では地がまだ名前によって呼ばれていなかった時、神々の親、アプ

スー（淡水）、ムンム、それに神々全員を生んだティアマト（塩水）の水が混合していた。……その時、
神々が水のなかで創造された。

［「エヌマ・エリシュ」1欄1〜5、9行］

創造以前の世界の状況について、両者は非常に類似した考えをもっている。どちらも、原始の世界を混沌とした液体状と考える。それを表わすヘブライ語「大水《テホーム》」とアッカド語「ティアマト」が同語源語であることも、両者の考え方が近似していたことを示す。それにもかかわらず、両者間の決定的相違は明白である。イスラエルの神は大水《テホーム》の外に立っているのに対して、バビロニアの神々はティアマトのなかから生まれた。バビロニア人が、カオスの世界のなかに最初に「創造された」ものとして神々を描いたのに対して、祭司典編集者は、世界を超越した神が世界を「創造した」と主張したのである。

神が世界の創造者であるという考えは、決して祭司典編集者の「発明」ではない。イスラエルの諸部族がカナンに侵入した頃、ヤハウェは創造者という属性をカナンの最高神エルから引き継いだと推定される（四三頁参照）。従って、ヤハウェが創造神であるという信仰は、王国時代以前からの古いイスラエルの伝統であった。この創造神ヤハウェを、世界を超越した神として把握したところに、祭司典編集者の独自性があった。

この超越神の思想は、ヤハウェ一神教が、バビロニア文化と対決して展開した思想闘争の帰結である。軍事、政治、経済面のみか、文化的にも圧倒的に優勢なバビロニア人の間にいた捕囚民にとって、ヤハウェが唯一の神であるという信仰を、バビロニア人を説得できる主張にするためには、厳しい思想闘争が必

要であった。もし、ヤハウェが唯一の神であるならば、彼はバビロニアの神々とは異なった次元の存在でなければならないという認識から、バビロニアの神々がそのなかで生まれたこの世界を超越した所に、ヤハウェは位置づけられたのである。

超越神の思想形成は、決して思想的遊戯ではなかった。この思想から派生した人間理解は、超越神信仰の革命的意義を示している。バビロニアの創造譚「エヌマ・エリシュ」によると、人間は神々の代りに労役に服すものとして、謀叛の罪で殺された神の血によって創造された。これは、人間は恐ろしい自然力をなだめる奴隷にすぎない、と考える悲観的な人間理解である。このバビロニアの人間観と対照的に、祭司典の物語は、人間がいかに尊厳な存在であり、その生きる目的がいかに希望に溢れたものであるか、ということを説明する。

神はいった。われらの姿に、われらに似せて人間を造ろう。そして、彼らに海の魚、空の鳥、家畜、地のすべての獣、地上をはうすべてのものを治めさせよう。神は人間を彼の姿、すなわち神の姿に創造し、彼らを男と女に創造した。

〔「創世記」1章26～27節〕

イスラエルの神は超越神であるから、奴隷を必要としない。しかし、世界創造を完成するために、神はパートナーとして、自分の厳かな姿に似せて人間を創造したのである。

イスラエルとバビロニアの天地創造物語に現われた神概念と人間理解を比較してみると、バビロニア人に対する思想闘争において、捕囚民が勝利を収めたことは明らかである。確かに、当時のバビロニア人が、自分たちの思想的敗北を認めたとは考えられない。しかし、捕囚民にとって、勝利の自意識は重大な意味をもっていた。それによって、やがてバビロニアの支配は終り、ヤハウェの民イスラエルが必ず再生するという彼らの確信は、いよいよ強固なものになったからである。

ヤハウェのしもべ

新バビロニア帝国の最後の王となったナボニドゥス（在位前五五五〜前五三九）は、北メソポタミアのハランに本山をもつ月神スィンの礼拝を帝国の国教にしようとしたため、有史以来マルドゥクを礼拝するバビロン市民と衝突した。彼は国政を皇太子に任せて、一〇年間も北アラビアのテイマに隠遁した。このような内政の混乱によってバビロニア帝国が内側から解体し始めた頃、ペルシア帝国を興《おこ》したキュロス（在位前五五九〜前五三〇）が破竹の進撃を開始した。

ナボニドゥスをバビロニアの伝統の破壊者とみなしたバビロン市民は、キュロスをバビロニアの「解放者」として歓迎したが、それ以上にこの解放者に熱い視線を注いでいたのは、バビロニアに捕らわれていたユダからの捕囚民の子孫であった。そのなかに、一五〇年前の預言者イザヤの後継者の流れ（一〇六頁参照）をくむ詩人がいた。彼の預言詩は、現在「イザヤ書」40〜55章に収められているが、不思議なことにその実名が伝えられなかったため、「第二イザヤ」という仮名が彼に与えられている。

彼の第一の務めは、捕囚生活に疲れ果てて、民族再生の希望を見失っている同胞を、慰め励ますことであった。イスラエルは、捕囚という処罰を十分受け終ったから、今は解放される時なのである。

慰めよ、慰めよ、わたしの民を
と、あなたがたの神がいう。
エルサレムの心に語り
彼女に向かって叫べ。
彼女の服役は満期となり
彼女の罪は許されたと。
彼女はヤハウェの手より
彼女のすべての罪の二倍の罰を受けたと。
［40章1～2節］

希望の源泉は世界の創造者、歴史の支配者、ヤハウェである［40章21～26節］。従って、ヤハウェを信頼して元気を出せ、と第二イザヤは勧める。

ヤコブよ、なぜお前は
わたしの道はヤハウェに隠れている
というのか。
イスラエルよ、なぜお前は
わたしの訴えをわたしの神は顧みない
というのか。

お前は知らなかったのか。
本当に聞かなかったのか。
ヤハウェは永遠の神
地の果ての創造者
弱ることなく、疲れることなく
その悟りは計りしれない方だ、ということを。
彼は弱った者に力を与え
勢いのない者の強さを増したもう。

［40章27〜29節］

第二イザヤの眼前で、今、バビロニア帝国が崩壊し、ペルシア帝国の支配が始まろうとしていた。この大きく転換する歴史の動きのなかに、彼はヤハウェの計画を見ないわけにはいかなかった。彼の理解によれば、ペルシア王キュロスを選び出して勝利を与えたものも、ヤハウェにほかならない。たとえ自覚していなくても、イスラエルを捕囚から解放し、荒廃したままになっているエルサレムを再建するというヤハウェの目的を果たすため、キュロスはバビロンに向かって進撃しているのである［44章26節〜45章5節］。このような状況判断は、他の民族からみれば手前勝手な幻想であった。しかし、これは、ヤハウェ以外に神はいないという確信に基づく歴史解釈の必然的帰結なのであった。

他の神々の存在を一切認めないこの「絶対的一神教」は、祭司典編集者の超越神の思想と同じように、バビロニア宗教に対する思想闘争の産物であった（一三五頁参照）。この闘争において、第二イザヤは、バビロニアの神々の実体が、有限な人間が一片の木材から造った偶像にすぎないことを暴露する。燃料として日常生活に使っているものと同じ木材の一部で神を造って拝むばかばかしさを、彼は辛辣な口調で指摘した［44章9〜20節］。

　ベルはかがみ
　ネボはうずくまる。
　彼らの神像を獣と家畜が背負う。
　お前たちを運搬するものの重荷
　疲れたものの荷物だ。
　彼らは共にうずくまり、かがみこむ。
　彼らは重荷を救えず
　自分たち自身捕囚されていく。
［46章1〜2節］

ベルはバビロンの主神マルドゥクの別称、ネボは新バビロニア王朝の守護神ナブーのことである。バビロニア帝国の最も重要なこれらの神像が神殿から運び出されて、ろばや馬の背に積まれている。おそらく、帝国滅亡直前に起こった混乱のなかで実際にあったことであろう。これはバビロニアの神々が全く無力な存在であることを、はっきりと示した事件であった。

しかし、前五三九年にバビロン市民の歓呼のなかに、バビロンに無血入城したキュロスは、早速バビロンの主神マルドゥクの礼拝者となり、バビロニアの王位についた。これは当然の成り行きであった。こうして、バビロニア帝国は滅亡したが、ヤハウェが世界の唯一の神であることを告知することはできなかった。確かに、キュロスがヤハウェから与えられた使命を自覚していないことを、第二イザヤは知っていた。それにもかかわらず、彼は深い幻滅を味わった。ヤハウェが世界を創造し、歴史を支配する唯一の神であることを世界中に知らせる役目を、キュロスは果たすことができなかったのである。では誰がするのか。この問いかけのなかから、「ヤハウェのしもべの歌」が作られた。

見よ、わたしのしもべ。
わたしは彼をささえ
わたしの魂はわたしの選んだ者を欲する。
わたしはわたしの霊を彼に与えた。
彼は諸国民に正義を示す。
彼は叫ばず
声をあげず
ちまたでその声を聞かせない。
彼はつぶされた葦を折らず
ほの暗い灯心も消さない。

ただ真実をもって正義を示す。
地に正義を確立するまでは
落胆することなく
つぶれることもない。
海沿いの地の住民は
彼の教えを待望している。
〔42章1～4節〕

「ヤハウェのしもべ」の姿は、キュロスのような征服者、力による支配者とは対照的である。彼は大声もあげず、弱い人々を踏みつけることもしない。黙々と辛抱強くヤハウェの正義を諸国民に教え続ける。

彼はみ前に若木のように
乾いた地から出た根のように育った。
彼には、わたしたちが認める容姿も威厳もなく
わたしたちが慕う容貌もない。
彼は侮られ、人々に見捨てられ
痛みを負い病いを知る人。
人々は彼から顔をそむけて侮り
わたしたちも彼をかえりみなかった。

しかし本当は
わたしたちの病いを彼が負い
わたしたちの痛みを彼が背負った。
それなのに、わたしたちは思った。
彼は神に打ちたたかれ
苦しめられたと。
彼はわたしたちの罪のためにさし貫かれ
わたしたちの咎のために打ちひしがれた。
彼の上に下されたこらしめは
わたしたちの平安となり
彼が受けた打ち傷によって
わたしたちはいやされた。
わたしたちは皆羊のようにさ迷い
おのおの自分の道に向かっていったが
わたしたちのすべての咎のため
ヤハウェは彼を打った。
彼はしいたげられ、苦しめられたが

その口を開かなかった。
屠所に引かれていく羊のように
毛を切る者の前で黙している雌羊のように
彼はその口を開かなかった。
抑圧と裁判により、彼は取り去られた。
彼の世代の誰が考えたか。
彼はわたしの民の罪のために打たれ
生ける者の地から断たれたのだと。
彼は暴力をふるわず
その口に偽りはなかったが
人は彼の墓を悪人とともに
彼の塚を悪者とともにもうけた。

［53章2～9節］

他人の罪を負ったため、「ヤハウェのしもべ」は一身に苦しみと悲しみを背負った。彼は病気になり、容姿はみにくく、まるで自分の罪のために神罰を受けた人のようにみえた。人々は彼を軽蔑し虐待したが、彼は黙って苦しみに耐え、終《つい》には悪人の一人として殺された。しかし、本当は、彼が背負った苦難のおかげで、人々の罪は許されたのだ。

これが、征服王キュロスの対極として描かれた「ヤハウェのしもべ」の極限の姿である。ヤハウェが唯一の神であることを世界に告知できる者は、他人の罪を負って苦しむ「ヤハウェのしもべ」であるという思想によって、ヤハウェ信仰は完全に民族的エゴイズムを脱却し、本当の意味で世界宗教になったといえる。後に、キリスト教徒は、「ヤハウェのしもべ」はナザレのイエスであると主張したが、ユダヤ人は、他人の罪を背負って苦しむ「しもべ」の姿に、ユダヤ民族の苦難の歴史の意味を発見したのである。

王国滅亡に続くバビロニアへの捕囚は、古代イスラエルの伝統を継承したユダの人々にとって、民族絶滅の危機であった。しかし、捕囚地でヤハウェ信仰を守り、民族の独自性を維持するために彼らが闘ったた闘いのなかで、律法《トーラー》と民族史が編纂され、超越神と代償苦の思想が生まれた。イスラエルの本性とイスラエル民族の使命は、世界的広がりのなかで再解釈され、ヤハウェ信仰に普遍性が与えられた。イスラエルの神ヤハウェのバビロン捕囚を耐え抜いて回生した民族は、以後どのような試練にも耐えることができる強靱な信仰をもつ民族共同体を確立していたのである。

3　シオン帰還

シオン憧憬

バビロニア人は、ユダからの捕囚民を、アッシリアとの戦争で破壊されたバビロニアの町々へ送り込み、その復興作業に当たらせた。バビロニア王ネブカドネツァルが始めた王都バビロンの建設作業にも、多くの捕囚民技術者が従事していたことがわかっている。要するに、バビロニアの捕囚政策は、長い戦乱のため荒廃したバビロニア本土を復興するための、労働力の調達を主目的としていたようである。

これは、征服した民族の反乱防止を目指して、各民族の民族的結合を根底から破壊するため、諸民族の混淆を強制したアッシリアの捕囚政策とは根本的に相違していた。前八世紀後半に、アッシリア人によって捕囚された北イスラエルの人々が、その後歴史から姿を消した最大の理由を、アッシリアの無慈悲な捕囚政策に求めることは間違っていない。

ともかく、バビロニアの捕囚政策は、二重の意味で、ユダからの捕囚民が、バビロニア帝国滅亡後、故国へ帰還することを容易にした。第一に、バビロニア人は荒廃したユダとエルサレムをそのまま放置して、アッシリア人が征服後のサマリアに種々雑多な諸民族を入植させたようなことは行なわなかった。このため、ユダには捕囚民の帰還する空間が残されていた。第二に、捕囚民は、バビロニアにおいて、民族集団として居住することが許された。このため、彼らがユダからもってきた社会組織は、捕囚地においてそのまま保存され、民族の分散消滅を防止するのに役立った。六〇年間に及んだ捕囚から解放されて故国に帰還した人々が、家族単位の系図を所有していたことは(「エズラ記」2章、「ネヘミヤ記」7章)、捕囚民が強固な伝統的組織を維持していたことを示している。

このように、バビロニアに捕囚されたユダの人々は、アッシリアに捕囚された北イスラエルの人々と比較するならば、民族の独自性を守るための条件に恵まれていたといえる。しかし、ユダからの捕囚民がバビロニア社会に同化吸収されてしまわなかった理由を、バビロニアの捕囚政策が許容した「好条件」に求めることはできない。同じ条件下に捕囚された諸民族は、結局消滅してしまったからである。

ユダからの捕囚民が、長い捕囚生活を耐え抜いて民族の独自性を守り切ることができたのは、律法集《トーラー》の編纂、民族史の再解釈などの活動によって民族の伝統を維持し、ヤハウェ信仰に固着した結果であった。これらの活動は、もとより高度に精神的性格を帯びていたが、同時に、いつの日か故国に必ず帰還する、という具体的な行動目標をもっていた。民族の消滅を救ったものは、このような精神性と具体性を兼ねそなえたヤハウェ信仰であった。従って、故国帰還の願いも、単なる望郷ではなかった。それは、ヤハウェがその名を置くと約束した地上唯一の場所であるシオンの丘に対する宗教的憧憬であった。

バビロンの川のほとりに
わたしたちは坐り
シオンを想い出して泣いた。
わたしたちは
そこのポプラに琴をかけた。
わたしたちを捕らえた者が歌を求め
わたしたちを苦しめる者が
なぐさみにシオンの歌を一つ歌え
といったからだ。
異郷にあって

どうしてヤハウェの歌を歌えようか。
エルサレムよ
もし、わたしがあなたを忘れるようなことがあったなら
どうか、わたしの右の手はなえるように。
もし、あなたを想い出さなかったなら
もし、エルサレムを
わたしの至上の喜びとしなかったなら
どうか、わたしの舌は
上あごにはりつくように。

［「詩篇」137篇1～6節］

前六世紀中葉に、バビロンの川のほとりで結晶したシオンに対する憧憬は、その後二五〇〇年間、世界中に離散したユダヤ人を結合する最も重要なきずなの役割を果たしてきた。それは、ミシュナ・タルムード時代までに、過越祭の晩餐会終了に当たって唱える「来年はエルサレムで」という祈願となり、十九世紀末には、シオニズムという名の民族主義政治運動のイデオロギーを生み出す原動力となった。

しかし、これらすべての歴史的展開に先立って、前五三八年に、ペルシア王キュロスの捕囚民解放令公布とともに起こったシオンへ帰還する運動は、シオン憧憬が生み出した最初の歴史的結果であった。

神殿再建

バビロニアの覇権を継承してペルシア帝国を建設したキュロスの急務は、帝国全域の秩序を回復することであった。この政策に基づき、彼は荒廃していた各地の聖所を再建した。前五三八年に勅令を発布して、ユダヤ人捕囚民がバビロニアから、今はペルシア帝国の属州となったユダヤに帰還することを勧めたのも、彼らにエルサレム神殿を再建させるためであった[『エズラ記』1章2〜4節]。

この時キュロスの勅令に応じてただちにユダヤに帰還した人々は、四万二三六〇人いたと伝えられている[2章64節]。第一次バビロン捕囚から数えて五八年目の出来事であるから、大部分の帰還民がバビロニア生まれの二世、三世であったことは疑いえない。事実、帰還民の指導者として、ユダヤ州の初代知事《ペハ》に任命されたシェシュバツァルは、第一次バビロン捕囚の時に十八歳でバビロニアへ連行されたユダ王ヨヤキンの第四子であり、第二代知事になったシェシュバツァルの甥ゼルバベルは、ヨヤキンの孫であった。ゼルバベルという名は「バビロンの種」、すなわち「バビロン生まれ」という意味で、帰還民の素性を象徴している。

帰還民は、廃墟と化していた旧エルサレム神殿の祭壇があった場所に、早速新しい祭壇を築き、毎日そこで燔祭《オーラー》をささげて、捕囚時代を通じて途絶えていた神殿祭儀を再開した。その翌年になると、感激して泣き叫ぶ民衆の大声のなかで、新しい神殿の土台が据えられた[3章10〜13節]。しかし、神殿の再建工事は、その後二〇年間も中断された。再建に反対する敵対者が現われ、工事を妨害したからである。

「ユダとベニヤミンの敵」と呼ばれるこれらの人々は、かつてアッシリア人が諸国から捕囚してサマリ

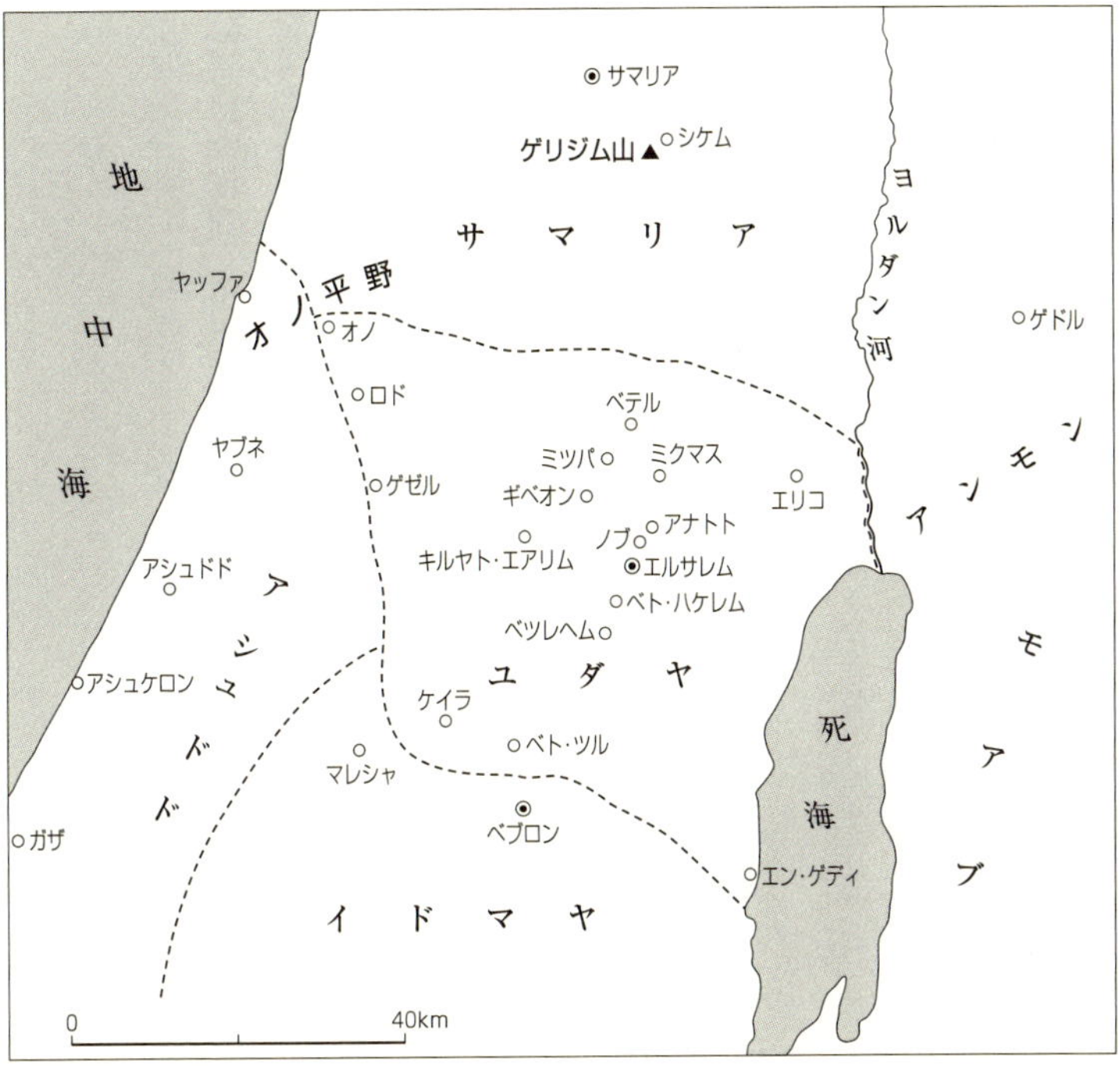
サマリア
ゲリジム山
シケム
地中海
サマリア
ヨルダン河
ヤッファ
オノ平野
オノ
ゲドル
ロド
ベテル
ヤブネ
ミツパ
ミクマス
ゲゼル
ギベオン
エリコ
アンモン
ノブ
アナトト
アシュドド
キルヤト・エアリム
エルサレム
ベト・ハケレム
アシュドド
ベツレヘム
モアブ
アシュケロン
ユダヤ
ケイラ
死海
ベト・ツル
マレシャ
ヘブロン
ガザ
エン・ゲディ
イドマヤ
0
40km
帰還時代のユダヤ

アとその周辺に入植させた諸民族の子孫であった(八六頁参照)。彼らは「土地の神」ヤハウェの礼拝者になっていた。そこで、エルサレム神殿の再建工事が始まると、工事に参加を申し込んだ。しかし、帰還民に参加を拒否されると、彼らはペルシア人地方官吏を味方につけて神殿の再建工事を妨害した。この衝突は、その後長く続くユダヤ人とサマリア人の間の敵対関係の発端となったが、その原因は、宗教的であると同時に政治的であった。帰還民は、サマリア人のヤハウェ礼拝は純粋でないと考えていたし、サマリア人は、エルサレムが自分たちと対抗する政治的・宗教的中心になることを好まなかったのである。

このように、シオン帰還は実現したが、神殿再建の夢は早くも挫折した。長い捕囚生活の間に育まれた希望が大きかっただけに、帰還民の挫折感は深かった。この失意の時代に、エルサレムの未来の栄光を高らかに歌って、人々にヤハウェの大能を指し示した預言者が現われた。彼の実名はわかっていないが、その預言詩が「イザヤ書」56〜66章に収録されているところから、彼を「第三イザヤ」と呼ぶ。その思想と文体からみて、彼が第二イザヤの後継者であることは疑いえない。

シオンのため
わたしは黙さず
エルサレムのため
わたしは静まらない。
その義が
輝く光のように現われ

その救いが
たいまつが燃えるようになるまで。
……
エルサレムよ
あなたの城壁の上に
わたしは見張人を立てた。
一日中、一晩中
彼らは決して黙っていない。
ヤハウェに想い起こさせようとする者たちよ、
君らは休んではならない。
ヤハウェを休ませてもいけない。
彼がエルサレムを確立し
エルサレムを地の讃美とするまで。

［「イザヤ書」62章1、6～7節］

これは、ヤハウェに対する強請である。しかし、第三イザヤは、エルサレムの再建がヤハウェの意志であることを信じて疑わない。この信仰によって、彼は栄光に輝く未来のエルサレムを描くことができる。その時、世界の中心となったエルサレムに捕囚地に残留しているすべてのユダヤ人が集まってくるだけではなく、諸国の支配者たちも、金銀財宝をたずさえて朝貢にくる。このような幻想を、女性に擬人化したシオンに向かって、彼は語る。

立ち上り、光り輝け。
あなたの光が到来し
ヤハウェの栄光が
あなたの上に照り輝くから。
………
あなたの眼を上げて見まわせ。
彼らは集まり、あなたにくる。
あなたの息子たちは遠方から
あなたの娘たちは腕に抱かれてくる。
そこであなたは見て輝き
あなたの心は驚き広がる。
海の幸があなたに向かい
諸国民の富があなたにくるから。
………
異国の人々はあなたの城壁を建て

彼らの王はあなたに仕える。
わたしは怒ってあなたを打ったが
恵みによってあなたを憐れんだから。
……
あなたを苦しめた人々は
身をかがめてあなたに来《き》
あなたをさげすんだすべての者は
あなたの足下にひれ伏す。
そして彼らはあなたを呼ぶ。
ヤハウェの町
イスラエルの聖者のシオン、と。
〔60章1、4～5、10、14節〕

第三イザヤが描いてみせた栄光のエルサレムのモデルは、当時の世界最大の都、バビロンであったらしい。彼の幻想と現実のエルサレムの姿は、もちろん、全くかけ離れていた。それは、捕囚の終結とシオン帰還によって高揚したヤハウェ信仰が、惨めな現実から飛躍して、将来再建されるエルサレムにおいて現わされるヤハウェの栄光を描いた表現であった。このような、未来の栄光に対する信仰は、理想と現実の食い違いに苦しみ抜いた捕囚後の時代を通じて展開された。これが、ユダヤ教思想の重要な要素となる「終末論」の原動力である(一六七頁以下参照)。

第三イザヤの預言が、意気消沈していた帰還民を励ましたことは疑いえないが、二〇年間中断されていた神殿の再建工事を実際に再開させたきっかけは、キュロスの子カンビセスが死に、ダレイオス一世(在位前五二二~前四八六)が即位すると同時に、ペルシア全土を巻き込んだ動乱であった。この政治的事件は、サマリア人と結託していたペルシア人地方官吏の権力を弱めただけではなく、エルサレムのユダヤ人共同体に、ヤハウェの栄光の現われる時が到来した、と思わせたのである。この時、二人の預言者ハガイとゼカリヤは、知事ゼルバベルと大祭司ヨシュアを指導者として結束し、神殿完成を急ぐよう民衆を激励した。その後、ペルシア人地方官吏が、この工事の合法性について中央政府に問い合わせたところ、王都の古文書記録のなかからキュロス王の勅令が発見され、かえって再建工事を援助せよという命令を受けた。こうして、ダレイオス王の第六年アダル月三日(前五一五年三月十二日)に、エルサレム神殿は再建された。これを、ソロモンが建てた神殿に対して、「第二神殿」と呼ぶ。

エルサレム神政共同体

第二神殿は、バビロニア王ネブカドネツァルがソロモン神殿を破壊した年(前五八六年)から数えて、ちょうど七一年目に再建された。この年数は、捕囚が七〇年続くと預言したエレミヤの言葉(一一六頁参照)に基づいて解釈され、第二神殿の再建は、神の怒りの時代の終結と新しい恵みの時代の開始の象徴となった。しかも、再建工事の完成に貢献した二人の預言者、ハガイとゼカリヤは、神殿の完成を、ダビデ家出身の知事ゼルバベルが王国を再興してヤハウェの栄光が現わされる時と理解したのである。

その月の二十四日に、ヤハウェの言葉が再びハガイにあった。いわく、ユダの知事ゼルバベルに告げていえ。わたしは天と地を震う。わたしは諸国の王位をくつがえし、諸民族の王国の力を打ち砕く。わたしは兵車とその乗り手を倒し、馬とその乗り手は互いの剣で倒れる。わがしもべ、シェアルティエルの子ゼルバベルよ、とヤハウェの言葉、その日わたしはお前を取り、お前を印章のようにしよう。お前をわたしは選んだのであるからと、ヤハウェの言葉。

［「ハガイ書」2章20～23節］

しかし、ダレイオスは治世第三年初頭までに各地の反乱を鎮圧し、帝国の秩序回復に成功した。彼はエルサレム神殿の再建を援助したが、ユダヤの独立は許さなかった。危険分子として、ゼルバベルは直ちに解任され、バビロンに召還されたと思われるが、記録が全く残っていないため確実なことはわからない。ともかく、帰還民が再建工事を再開して四年目に神殿を完成した時に、すでにゼルバベルはエルサレムにいなかった。

この時以来、第二神殿時代を通じて、エルサレムのユダヤ人は、祭司によって指導される神政共同体を形成した。これは、政治的規制は厳しく、宗教的には寛容なペルシア帝国の政策に従って成立した体制であった。この結果、ハガイとゼカリヤに代表された民族主義的終末論は後退し、神殿祭儀を中心とする「開放」的空気がエルサレムを支配した。かつて神殿の再建工事に参加することを拒否されたサマリア人をはじめ、エルサレム周辺の諸民族も、ヤハウェ礼拝者であるならば受け入れられた。このため、とくにサマリア貴族とエルサレムの祭司家族の間には密接な関係が生じ、その関係は婚姻によって強化された。

異邦人に対して開かれたヤハウェ信仰を強調する「ヨナ書」と「ルツ記」には、おそらく、この頃の時代精神が反映しているのであろう。背徳の都ニネベの人々が悔い改めたため、これを滅ぼすことを思いとどまったヤハウェの決定を不愉快に思うヨナの姿には、偏狭な国粋主義者に対する揶揄がこめられている。モアブの女ルツが、ダビデ王の祖父オベドを生んだという「ルツ記」の物語は、ヤハウェ信仰者であるならば、異邦人の女を娶《めと》ることもヤハウェの意にかなっているという大胆な主張である。

しかし、このような祭儀を中心とする「開放」された共同体は、いったん堕落すると、ヤハウェ信仰そのものが消滅する危険性をもっていた。この頃、「わが使者」、すなわち「マラキ」と仮りに呼ばれている預言者が批判したのは、まさにこの点であった。彼の告発によると、人々は傷ついた獣、病気の獣をヤハウェにささげ、保身のために離婚して異邦人の女を娶った。これらの堕落した人々を裁くためにヤハウェが突然来臨する日について、マラキは切迫した調子で語る。

見よ、わたしはわが使者《マラキ》を派遣する。
彼はわたしの前に道を開くであろう。
お前たちが求める主は
突然、彼の宮にこられるであろう。
お前たちが喜ぶ契約の使者が
見よ、来る

と万軍のヤハウェはいわれた。
彼がこられる日を誰が耐えられよう。
彼が現われる時に誰が立てるだろう。
彼は精錬者の火
布さらしの灰汁《あく》のようだ。
彼は坐り
銀を精錬して清める。
（そのように）彼はレビ人を清め
金銀のように彼らを清める。
そこで彼らはヤハウェに対し
正しくささげ物をする者となる。

〔「マラキ書」3章1〜3節〕

マラキの終末待望は成就しなかったが、その後間もなくバビロニア出身のエズラとネヘミヤにより、エルサレムの神政共同体は徹底的に「浄化」された。

「聖なる種」の勝利

第一次バビロン捕囚以来約六〇年続いた捕囚生活の間に、ユダからの捕囚民はバビロニアの土地にしっかり定着していた。そのため、前五三八年にキュロスの勅令が発布された時にも、多数の捕囚民はそのままバビロニア地方に残留したが、たとえシオン帰還に直接参加しなくても、エルサレムに対する熱い思いは帰還民と変らなかった。かえって、エルサレムで異邦人に対する「開放」的空気が支配的であった時代にも、彼らは、捕囚時代に成立した律法《トーラー》を中心とする排他的共同体を堅持していた。しかし、同時に、ペルシア帝国の寛容政策の恩恵を蒙り、彼らのなかからは帝国政府の高官になる者も現われた。このように、物心両面において繁栄したバビロニアのユダヤ人共同体において蓄積された「純粋な」ヤハウェ信仰のエネルギーが、エルサレム神政共同体を覚醒させる原動力となった。一〇〇年前のシオン帰還に続いて、ユダヤ民族史のコースは、再びバビロニアのユダヤ人によって決定されたのである。

　ペルシア王アルタクセルクセス一世(在位前四六四〜前四二四)の第七年五月に「書記《ソーフェール》」(律法学者)という称号をもつエズラが、バビロニアからエルサレムへきた。彼は免税特権を与えられており、ユダヤを含むユーフラテス河西部州の住民に、神の律法《トーラー》と王の法律を教える公務を帯びていた。

　エルサレムに到着したエズラが衝撃を受けたことは、かつて捕囚から帰還した人々の子孫が、周辺の諸民族と婚姻関係を結んでいることであった。彼は五カ月間準備した後に、エルサレム神殿の前の広場に共同体の代表者全員を集め、異邦人妻を離別するよう要求した(「エズラ記」10章)。この時エズラはエルサレム共同体を説得することに失敗して、いったんエルサレムから引き揚げたらしい。このような徹底的なパージを断行する権力を、彼はもっていなかったのである。ここで記録は一三年間中断する。

　異邦人妻の離別という思い切った勧告を、エズラは単に偏狭な国粋主義的立場から行なったのではない。

諸異邦人、とくにサマリア貴族と婚姻関係を結んでいた人々は、大祭司のエルヤシブの家を筆頭とするエルサレムの支配階級であった。これらの政略結婚によって、サマリア人、アンモン人、アラブ人など周辺諸地域の有力者たちはエルサレムに乗り込み、ユダヤ人共同体のうえに強い影響力をふるっていた。その結果、律法《トーラー》の遵守はおろそかにされ、貧民は搾取され、共同体は崩壊の危機に瀕していたのである。支配階級と癒着した異邦人勢力を一掃する大手術によってのみ、エルサレムのユダヤ人コミュニティーをヤハウェ信仰に基づく共同体として確立することができる、とエズラは考えたのであった。従って、「聖なる種」が諸国民と混淆してはならないという彼の主張〔「エズラ記」9章2節〕は、宗教的であると同時に政治的性格を帯びており、これを実現するためには、強力な政治家が必要であった。

エズラがエルサレムを去ってから一三年後、アルタクセルクセス一世の第二〇年（前四四五年）に、ネヘミヤがユダヤ州知事としてエルサレムに着任した。彼はペルシア宮廷に仕える捕囚民出身の高官であったが、エルサレムの窮状を聞くと矢も楯もたまらなくなり、王に直訴してユダヤ州知事の任命を受けたのである。

着任すると、彼は直ちにエルサレムの城壁の修復にとりかかった。約一五〇年前にバビロニア人に破壊された城壁がそのまま放置されていたことは、当時のエルサレムが政治的に無力であったことを示している。事実、ネヘミヤが城壁の修復工事を開始すると、エルサレムの支配階級と密接な関係をもっていたサマリア人、アンモン人、アラブ人などの有力者がそれを妨害しようとした。城壁をもって政治的に強力となったエルサレムが、彼らの影響圏から離脱することを恐れたからである。

優れた行政官であったネヘミヤは、民衆を組織して工事と防衛に当たらせ、内外の妨害を排除して五二日の突貫工事によりエルサレムの城壁修復を完成した。城壁によって、外部者がエルサレムに武力介入する危険を防止した後、ネヘミヤはユダヤ人共同体の改革に着手した。まず厳しい抵当権の設定によって小農を農奴化していた少数の富裕階級に対し、彼は全負債の抹消を要求した。知事の報酬を一切返上して共同体のために働く彼の模範的な姿勢と、ペルシア王に任命された知事職の権威のゆえに、彼らはネヘミヤの要求を承諾せざるをえなかった。

ネヘミヤは一二年間エルサレムに在職した後、いったんペルシア宮廷に帰ったが、その後しばらくして、再びエルサレムに戻ってきた。この間に、彼は、安息日《シャバット》の厳格な遵守、十分の一税の納入による神政共同体の維持、強制移住によるエルサレムの人口の確保、下級祭司とレビ人の職務と給料の保全などについて改革を行なったが、一連の改革のクライマックスとして、かつてエズラが失敗した異邦人妻の離別を断行して、エルサレムの異邦人勢力の一掃を図った。

ネヘミヤはこの改革を、政治権力によって押しつけるのではなく、宗教的覚醒運動として、共同体が自発的に行なうことを期待した。そこで、彼はこの頃再びエルサレムにきたエズラの協力を仰いだ。エズラはバビロニアから携えてきた「モーセの律法」を、水の門の前の広場に集まった群衆に朗読し、その意味を説明する集会を開催した。「書記《ソーフェール》」(律法学者)というエズラの称号が示す通り、この頃までにバビロニアにおいては、「モーセの律法」――おそらく、後の「五書《トーラー》」の相当部分――が編纂され、その朗読と解説を行なう「学者」がいた。この種の律法《トーラー》の解説は、後のユダヤ教における「ミドラシュ」(聖書注解)の始まりであった(二三九頁参照)。

仮庵祭《かりいお》の期間中続けられたエズラの律法《トーラー》朗読と解説は、エルサレムのユダヤ人共同体に深い感銘を与えた。その結果、この月(第七月)の二十四日に、知事ネヘミヤを先頭とする共同体の代表者全員は、ヤハウェ信仰に基づく共同体の確立を誓って契約を結び、署名捺印した。これは、シナイ契約の更新であり、第二の申命記改革であった。この誓約には、重要条項として、異邦人妻の離別と追放が含まれていた。

この時エルサレムから追放されたサマリア人は、ゲリジム山上にヤハウェの聖所を建て、自分たちこそ正統なモーセの伝統の継承者であると主張した。古代イスラエルの信仰の正統な相続者は、ユダヤ人ではなくて自分たちである、というサマリア人の主張は、のちに形を変えて、キリスト教徒とイスラム教徒によって繰り返された。この特異な現象は、古代イスラエルの信仰が本質的に人類の共通遺産になる普遍性と、正統と異端という対立を生み出す排他性を兼ね備えていることを示している。

他方、エルサレムにおいては、バビロニアのユダヤ人が育成した「聖なる種」のイデオロギーによって浄化された神政共同体が確立された。以後、エルサレムは、第二神殿時代を通じて、バビロニア、エジプト、その他の地域に離散して住むユダヤ人(ディアスポラ)を純粋なヤハウェ信仰によって結合する中心となった。これが、厳密な意味で「ユダヤ教徒」と呼ぶ民族・信仰集団の始まりである。この意味で、エズラとネヘミヤの改革は、古代イスラエルの信仰の継承者として成立した「ラビのユダヤ教」の出発点であった。

応報主義と知恵文学

エズラ・ネヘミヤ時代(前五世紀中葉)以後アレクサンドロスの東征によるペルシア帝国の滅亡(前三三一年)まで、エルサレム神政共同体の歴史はほとんどわかっていない。しかし、この時代にユダヤ人共同体内に生じた思想的展開は、ラビのユダヤ教とその後のユダヤ思想に重大な影響を及ぼした。

まず、聖書時代最後の「民族史」として、「歴代誌」と、その続きとして「エズラ記」と「ネヘミヤ記」が著作された。「歴代誌」は、それまでに編纂された他のすべての「民族史」と相違して、アブラハム契約とシナイ契約を省略し、民族の歴史の始まりを最初の人間アダムに直結する。これは、捕囚時代にバビロニア宗教に対する論争のなかで明示された「超越神」(一三三頁以下参照)、あるいは「絶対的唯一神」(一三八頁参照)の信仰が、もはや論じる必要のない自明の「公理」になっていたことを示す。この史観によると、イスラエルは、最初の人間アダムから分岐した世界の諸民族のなかで、天地創造以来神を礼拝してきたアダム「直系」の民族である。従って、神は族長やモーセを通してイスラエルを選び出す必要がなかったのである。

「歴代誌」は、ユダ族とレビ族がイスラエル諸部族のなかから選ばれたことを強調する。これは、ユダヤ人とレビ族の祭司たちによって形成されたエルサレム神政共同体が、古代イスラエルの信仰の正統な相続者であるという主張にほかならない。この主張の背後には、エズラとネヘミヤの改革の結果、ユダヤ人に敵対して成立したサマリア教団に対するエルサレムの論争的姿勢がうかがわれる。事実、「歴代誌」は、北王国(サマリア)の諸王を、全イスラエルの正統な支配権をもつダビデ家(エルサレム)に対する反逆者であるときめつけ、それは神に対する背信であると断定する。

しかし、「歴代誌」の主題はサマリア教団に対する論争ではなく、歴史記述によって、エルサレム神政共同体の目標を指し示すことであった。それによると、ダビデとソロモンがエルサレム神殿を建設し、レビ族の祭司たちがそこで正しい祭儀を執行していた時代に、理想のイスラエルが存在した。ユダヤ人共同体の目標は、民族の罪のゆえに失われたこの理想のイスラエルを回復することである。そのため、共同体は、唯一の神を信じ律法《トーラー》を遵守しながら、神の大能と正義が現われる時を待望している。このイスラエルの回復は、終末論において展開される超歴史的希望（一六七頁以下参照）ではなく、歴史の枠内で実現される事柄である。このように、神の大能と正義が現世に現われることを信じる「歴代誌」の歴史記述は、応報主義によって貫かれている。

正しい人には良い報いが、悪い人には悪い報いが現世において与えられるという応報主義は、知恵文学の教義でもあった。知恵文学とは、古代オリエントで古くから発達した文学のジャンルで、イスラエルにおいても、とくにソロモン時代以後、種々の形で文学的・思想的影響を及ぼしてきた。本来、「知恵」とは、学問的・実際的知識の集積であったが〔「列王記」上5章9〜14節参照〕、後に、天地創造の最初に造られ、創造の際に神のかたわらに存在した一種の天的存在と考えられるようになった〔「箴言」8章22〜31節〕。このような「知恵」が、人間界と自然界を含む全宇宙を、不変の規則で支配している。従って、知恵を知る者は栄え、これをおろそかにする者は滅びる、と知恵文学は説く。知恵文学において、知恵を知る人は「正しい人」、知らない人は「悪人」と呼ばれ、両者は対照的な運命をたどる。

悪人は偽りの利益をえるが
正義を播く者は確かな報いを刈りとる。
正義を確立する者は生命に至り
悪を追求する者は死に至る。
ヤハウェは心の曲った者を嫌い
正しい者を喜ぶ。
絶対に、悪人が罰をまぬかれることはない。
しかし、正しい人の子孫は罰をのがれる。

〔「箴言」11章18〜21節〕

おそらく、王国時代に成立したと思われるこの種の応報主義が、エルサレム神政共同体の思想的主流派を形成し、ヤハウェ信仰による共同体確立のために基礎的役割を果たしたことは疑いえない。本来、これは、神の大能と正義に対する信仰から出発した教義であった。しかし、応報主義には、無限の神の働きを、人間の有限な知恵によって説明し尽くそうとする危険性が、常に内包されている。この時代に、この危険性を指摘し、応報主義の教義の破綻を勇敢に宣言する新しい型の知恵文学が著作されたことは、捕囚前の預言者たちが王国の滅亡を予告し、神殿の祭儀を批判した姿勢と比較しうるヤハウェ信仰独特の弁証法的な思想の展開であった。

正しい者が受ける苦難の原因は、応報主義によっては説明できない、という主張を、「ヨブ記」の詩文の著者は徹底的に追求した。紋切型の応報主義によって彼の苦難の意味を説明しようとした三人の友人を論破した後で、ヨブは神に対話をいどむ。しかし、神は、ヨブの苦難の原因について答える代りに、神が世界の創造者でありヨブは被造者にすぎないという「事実」を指摘する。それまで自分の正しさを主張してやまなかったヨブは、この「事実」を突きつけられ、初めて口をつぐむ。このように、「ヨブ記」の詩文の著者は、神の大能のなかに隠されている正しい者の苦難の原因を、人間の知恵によって説明しようとする応報主義の誤りを鋭くえぐり出してみせる。

応報主義と真向から対決した「コヘレトの言葉」には、一見、虚無的雰囲気がただよっている。彼はすべてが空しいという。

わたしの空しい日々に、わたしはすべてを見た。正しい者がその正しさのゆえに滅び、悪い者がその邪悪のゆえに長生きすることがある。〔7章15節〕

空しい。すべての者に同じことが起こるからである。正しい者にも、悪い者にも、善い者にも邪悪な者にも、清い者にも、汚れた者にも、犠牲をささげる者にもささげない者にも同じことが起こる。善人も罪人のようなものであるし、誓いをする者も誓いを恐れる者のようなものである。太陽の下で行なわれる事すべての事柄のなかで、すべての者に起こる同じこと、それは悪である。〔9章2～3節〕

要するに、正しい者も悪い者も、人間は皆死ぬ。死ねば人間も獣もかわりはない〔3章18～21節〕とまでいい切る「コヘレトの言葉」の著者は、透徹した現実主義者である。それにもかかわらず、彼は無神論者でも虚無主義者でもない。彼が本当に主張していることは、有限な人間は無限な神から与えられた人生を喜んで受けとればよいのであって、それを応報主義という人間の理屈で説明しようとしてみても空しい、ということなのである。

神がなさるすべてのことは、その時にかなっている。それに神は人の心に永遠を思う思いを与えたもうた。しかし人には、神がなさることを始めから終りまで知ることはできない。人が生きている間、楽しくよい生活を送るよりよいことはない、ということをわたしは知っている。すべての人はそのすべての労働により、飲み食いして楽しむ。これは神の贈り物なのである。

〔3章11～13節〕

このような過激な応報主義批判は当然反発を受けた。一世紀末にヤブネで開かれた正典結集会議(二二〇頁参照)において、「コヘレトの言葉」を正典に入れることに疑義が表明されている。しかし、結局、「ヨブ記」も「コヘレトの言葉」も正典に入れられた。これは、聖書時代末期からラビのユダヤ教時代にかけて、「知恵」がイスラエルの伝統のなかに重要な位置を占めるようになった一つの証拠である。元来、知恵文学の興味の中心は宇宙の秩序に即した個人の生き方であって、選民イスラエルの歴史的運命ではない。この点、歴史のなかでヤハウェとイスラエルが結んだ契約を土台とするヤハウェ信仰にとって、「知恵」は異質な要素であった。しかし、律法《トーラー》研究を共同体指導体制の基礎に据えたエズラ以後のユダヤ人共同体において、律法《トーラー》はイスラエル独特の知恵であると理解されたことから、契約信仰と「知恵」の融合が起こった。ラビのユダヤ教時代の指導者であった律法《トーラー》学者が「ハハミーム」(「知恵者」、すなわち「賢者」)と呼ばれたのはこのためである。

終末論

厳密な意味で「終末論」と呼ばれる思想は、捕囚時代末期の、間近に迫った解放を待望する精神的高揚のなかから生じた。「終末」によって「旧時代」の終りを指すこの思想の主題は、「終末」のかなたに始まる「新時代」の待望であった。捕囚前の預言者たちも「終りの日」の審判と希望について語ったが、歴史の流れを截然と二つの時代に分割する終末論は、捕囚時代末期に活動した第二イザヤに始まったのである。

エルサレムの心に語り
彼女に向かって叫べ。
彼女の服役は満期となり
彼女の罪は許されたと。

[「イザヤ書」40章2節]

このように、イスラエルが神罰を受けた「旧時代」の終焉を宣言した第二イザヤは、今から始まる終末の歴史が、バビロニア帝国の滅亡(旧時代の終結)、イスラエルの解放と救済(新時代の開始)、ヤハウェのシオン帰還、シオン再建、ヤハウェの世界支配という順に展開すると予告した。これは、その後発展した終末論の基本的プログラムとなった。

シオン帰還は実現したが、第二イザヤが待望した終末の事件は起こらなかった。しかし、第二神殿時代を通じてこの種の終末待望と幻滅の繰り返しは、終末論の破綻とはならず、かえって終末の延期による終末思想の念入りな形成に役立った。例えば、終末を新しい天と新しい地の創造と考える第三イザヤの預言には、明らかに、第二イザヤの幻滅に終わった終末期待の克服と新しい発展が見られるのである。

見よ、わたしは新しい天と
新しい地を創造する。
以前のことは記憶されず
心にのぼることもない。
しかし、お前たちはわたしの創造するものを
永遠に喜び楽しめ。
見よ、わたしが楽しみのためエルサレムを創造し
その民を喜びとするゆえに。

［「イザヤ書」65章17〜18節］

同様に、第二神殿の建設を「旧時代」と「新時代」の境界線と考えたハガイとゼカリヤの終末期待も、結局幻滅に終わった。しかし、彼らの終末期待は、前四〜前三世紀に著作された「ヨエル書」「第二ゼカリヤ」［「ゼカリヤ書」9〜14章］などにおいて、より詳細な終末論として展開された。これらの終末論によると、終末の時に、世界を支配する帝国と諸民族が滅亡し、イスラエルが解放、救済されると、ユダヤ人のエルサレ

ム神政共同体は清められ、エルサレムに離散《ディアスポラ》ユダヤ人が集合する。この間に旧宇宙は滅び、新宇宙が創造され、神の支配が始まる。そして、諸国民はヤハウェを礼拝するようになる。

このように、聖書時代末期に展開した終末論は、明らかに、歴史の支配者であるヤハウェの大能を信じる古いヤハウェ信仰の延長線上に成立した思想であった。ただ、それは世界帝国の支配に対する敵意に満ちた時代精神を背景として展開したため、その主潮において、普遍主義的性格よりも民族主義的色彩が濃厚になった。この民族主義的傾向は、ヘレニズム・ローマ時代にいよいよ先鋭化され、そのなかから終末時にイスラエルを救済し、新しい世界を支配するメシアの姿が浮かび上がってくる。終末論とメシアニズムは、聖書時代に続くラビのユダヤ教時代にユダヤ宗教思想の重要な主題として展開するのである。

第3章　ラビのユダヤ教時代

1　ヘレニズムとの対決

パレスチナのヘレニズム化

マケドニアのアレクサンドロス(在位前三三六〜前三二三)の東征は、それまで古代世界が経験したことのない根底的変化を、オリエントの政治・社会・文化全領域にわたって引き起こした。この変化は、マケドニア人がペルシア人に代ってオリエントの支配者になると同時に、ギリシア文化とギリシア風生活様式を信奉する人々が、オリエント各地に植民した結果起こった現象であった。これらギリシア系植民者たちが推進したギリシア文化とオリエント文化の融合運動のなかから生じた独特の文化「ヘレニズム」は、またたく間にオリエント世界に広まり、やがてヘレニズムに基づいてオリエントと地中海世界を統合する大文化圏が成立した。この文化の担い手をヘレニストと呼ぶ。

パレスチナのヘレニズム化は、前三三二年のアレクサンドロスの征服とともに始まった。彼の死後、エジプトとシリアのヘレニスト王朝、プトレマイオス家とセレウコス家がパレスチナの支配をめぐって争ったが、結局、前三世紀を通じてプトレマイオス王朝が支配権を確立した。この間に、パレスチナに入植した多数のギリシア系植民者は、各地の都市を、ギリシア都市《ポリス》の統治形態と生活様式をもつヘレニズム都市に変え、その都市名まで、アコをプトレマイス、ベト・シェアンをスキュトポリス、ラバト・ブネ・アンモンをフィラデルフィアというように、ギリシア名に改名した。原住民のなかでは、海岸地方のフェニキア人がとくにヘレニズム文化の吸収に熱心であり、各地方においては、一般に上層階級がヘレニズム化の推進者であった。

当時パレスチナは、「全《コエレ》シリアとフェニキア」と呼ばれる属州の一部であり、その主要な住民は、各地の拠点に住むギリシア系植民者のほかに、海岸平野のフェニキア人、中部のサマリア人、南部のイドマヤ人(聖書時代のエドム人の子孫)、東ヨルダン南部とネゲブのナバテア人、そして、ユダヤ、ガリラヤ、東ヨルダンに居住するユダヤ人であった。

ユダヤ人は、ペルシア時代に成立した神政共同体の継続であるエルサレムを中心とする自治体を組織していた。この自治体を統治する長老会議は、ヘレニズム世界各地の長老会議同様、ギリシア語で「ゲルースィア」と呼ばれたが、その内容はユダヤ人自治体独特のものであった。このゲルースィアは有力な祭司たちと各地方の代表者たちによって構成されており、その議長はエルサレム神殿の大祭司が務めた。大祭司職は、第二神殿建設当時の大祭司、ヨシュア(一五四頁参照)以来世襲されてきた職務であった。祭司は各地方に住んでいたが、二四組に組分けされ、交替でエルサレムに上《のぼ》って神殿の奉仕に当たった。このように、エルサレム神殿の大祭司を頂点とするユダヤ民族神政共同体は、長い伝統に根差す保守的な自治体であった。しかし、ここにもヘレニズム文化が浸透してきた結果、共同体内に文化的・社会的分裂が生じ、それに権力闘争もからんで、政治的緊張が高まった。

当時、大祭司家の権威に挑戦して、事実上ユダヤ民族神政共同体を支配する実力者にのし上がったのは、東ヨルダン出身の豪族トビヤ家であった。とくにトビヤ家のヨセフは、プトレマイオス宮廷の信任を後ろ楯にして強大な権力を掌握し、巨富を築いた。ヨセフは、ユダヤとユダヤ外の地方を管轄する王の徴税官として辣腕をふるい、ユダヤに多くの資本を持ち込んだが、同時にヘレニズム的生活様式も導入した。ヨセフを中心とする上級祭司、大商人らの上層階級は、ユダヤのヘレニズム化に熱心であった。前二〇〇年頃までに、大祭司の家族を含む上層階級の人々の間で、ヘブライ名に代ってギリシア名が用いられ始めたのは、彼ら上層階級のヘレニズム化の深さをあらわしている。

このような上層階級に対して、下級祭司を含む中・下層階級は反発した。上層階級による富の独占により、いよいよ尖鋭化した貧富の差が中・下層階級の不満を増大しただけではなかった。彼らは、エズラとネヘミヤの改革以来培われてきた民族の信仰と伝統に忠実な人々であったのである。この階級的分裂抗争が、次の世代にヘレニズム化政策に反抗して爆発したマカバイ反乱の社会的背景であった。

マカバイ反乱

前二〇〇年に、セレウコス家のアンティオコス三世(在位前二二三〜前一八七)は、ヨルダン河水源付近のパニウムにおいてプトレマイオス軍を撃破し、パレスチナの支配権をエジプトから奪回した。最初、アンティオコスは、新たに支配下に入った諸民族に対して、それまでプトレマイオス家が彼らに与えていた特権をそのまま承認したうえ、免税措置などによって、彼らをセレウコス家の味方にする努力を払った。しかし、前一九〇年に共和政ローマに敗れ、多額の賠償金の支払いに窮すると、アンティオコスはそれまでの政策を放棄して支配民の搾取を始めた。それでも不足して、彼は各地の神殿を略奪したが、エラム神殿略奪中に暗殺された。

彼の子セレウコス四世は、エルサレム神殿を略奪しようとしたが、成功しなかった。一一年の治世の後、セレウコス四世も暗殺されると、その弟アンティオコス四世エピファネス(在位前一七五～前一六四)が王位を継承した。彼はローマに対抗して国力の充実を図り、帝国内各地方のヘレニズム化を強力に推進した。このヘレニズム化政策はユダヤにも波及し、ユダヤ民族神政共同体はそれまで経験したことのない露骨な干渉を受けた。アンティオコスはまず大祭司オニアス三世を廃位してその弟ヤソンに代え、彼にエルサレムをアンティオキアと呼ぶヘレニズム都市に建て変えるよう命じた。こうして、ヘレニズム都市の中心的制度である競技場がエルサレムに建設されると、ユダヤ教徒の聖都は急速に異教化した。アンティオコスは間もなくヤソンも廃位して、彼よりさらに過激なヘレニズム主義者で大祭司家とは無関係なメネラオスという男を大祭司に任命した。メネラオスが、ユダヤ民族神政共同体の代表者としての役割を放棄して、セレウコス帝国の官僚のような態度でユダヤ人民衆を搾取し、神殿を略奪したことは驚くに当たらない。

前一六八年に、プトレマイオス家がパレスチナ奪回を目指して挑戦したが、かえってアンティオコスはエジプトに深く攻め込んだ。しかし、エジプトの首都アレクサンドリアの征服を目前にしたアンティオコスに対し、共和政ローマが介入してきて、彼に征服地からの撤退を命じた。この間、アンティオコス戦死の誤報が伝わったため、ユダヤ各地で反乱が起こり、メネラオスは追放された。しかし、怒りに燃えてエジプトから撤退してきたアンティオコスは、ただちにエルサレムを再征服し、メネラオスを大祭司に復帰させ、エルサレム神殿を見下ろす場所に要塞アクラを建設して守備隊を駐屯させた。マカバイ反乱の全時代を通じてこの要塞はユダヤ人を苦しめた。

その翌年（前一六七年）に、アンティオコスはユダヤ教禁止令を公布した。その目的は、ヘレニズム化政策に対するユダヤ人民衆の頑固な抵抗の根を断ち切り、ユダヤにセレウコス家の支配を確立することであった。安息日《シャバット》、割礼などのユダヤ教の戒律を守ることは禁止され、エルサレム神殿には、アンティオコスが信心していたオリュンポスのゼウスが祭られた。

王の官吏がユダヤ人の間を巡回して背教を強要した。その一人がモディインにきて、そこの祭司であるハスモン家のマタティアに異教の犠牲奉献をするよう勧告すると、マタティアは彼に答えていった。

たとえ王の領内にいる全諸民族が彼に従い、父祖の礼拝を捨てて王の命令に従う道を選んだとしても、わたしとわたしの息子たちとわたしの兄弟は、わたしたちの父祖の契約に従って歩むであろう。わたしたちが律法《トーラー》と「定め」を捨てるようなことは絶対にないように。

［旧約外典「第一マカバイ記」2章19～22節］

その場で異教の犠牲をささげようとして進み出たユダヤ人と、それを強要した王の官吏をマタティアは切り殺し、五人の息子たちと支持者を引き連れて荒野に逃げ込んだ。これがマカバイ反乱の始まりである。マタティアの支持者は「ハシディーム」(敬虔主義者)と呼ばれ、ユダヤ教禁止令に抵抗して律法《トーラー》を遵守していた人々であった。彼らのなかには、安息日に王の軍隊に攻められた時、安息日を汚すことを拒んで無抵抗のまま殺された人々もいた。この知らせを受けたマタティアは、安息日であっても信仰を守るための戦いは許されるという法規改正を行なった。

マタティアの指導の下に、敬虔主義者《ハシディーム》はゲリラ戦により、セレウコス家の支配をパレスチナの諸都市と軍事基地に閉じ込めることに成功した。間もなくマタティアが病死すると、彼の三男ユダが代って反乱を指導した。ユダは「マカバイ」(ハンマーの意)という渾名をもつ優れた戦略家であった。後に、「マカバイ」は、ハスモン家とハスモン家が指導した反乱の渾名にもなった。ユダヤ情勢が深刻であることを悟ったセレウコス家の支配者は、前一六七年から四年間に次々に四回、大軍を派遣して反乱を鎮定しようと試みたが、マカバイのユダは四回ともこの遠征軍を撃破した。前一六四年にアンティオコスが死ぬと、その年のキスレヴ月(十二月)にエルサレムに軍を進めたユダは、アクラ要塞を除く全エルサレムを解放し、この月の二十五日に、アンティオコスによって汚されたエルサレム神殿の「宮清め」(ハヌカ)を行なった。その後、ユダヤ教徒は、この時の「宮清め」を記念して宮清め祭(ハヌカ)を祝うようになった。

しかし、ユダのエルサレム解放は短期間で終った。前一六二年に、アンティオコス五世の摂政リシアスの大軍とベト・ザカリアで戦ったが、弟のエルアザルは戦死し、ユダは再び荒野に撤退した。リシアスはエルサレムに入城したが、王国の別の場所で内乱が起こったため、ユダヤ人と和議を結んだ。彼はアンテイオコス・エピファネスのユダヤ教禁止令を撤回し、大祭司メネラオスを処刑してアルキムスに代えた。
デメトリオス一世(在位前一六二〜前一五〇)が即位すると再び強硬策に転じたセレウコス家は、前一六一年にニカノールを指揮官とする大軍をユダヤに派遣したが、マカバイのユダはこれをエルサレム北方のアダサで撃破し、ニカノールは敗死した。ユダは再びエルサレムに入城した。この間に共和政ローマと同盟を結んでユダヤの事実上の独立を宣言したユダヤ人反乱者を、セレウコス家はいよいよ放置しておくわけにはいかなくなった。そこで、将軍バッキデスを司令官とするセレウコス最強の軍隊が派遣された。ユダはエルサレムから撤退したが、間もなくバッキデスの軍隊とエルサレム北方のエレアサで会戦し、戦死した。

ただちに、ユダの兄弟ヨナタンとシメオンが反乱軍の指揮権を継承したが、この頃になると、かつて信教の自由を求めて反乱に参加した敬虔主義者《ハシディーム》たちは、あくまでも政治的独立を求めるハスモン家の兄弟たちとともに戦うことを拒否した。ヨナタンとシメオンは再び荒野に撤退して苦しい戦いを続行しなければならなかった。この苦境を救ったのは、セレウコス家の王位継承争いであった。デメトリオス一世に対抗して、プトレマイス(アコ)に首都を定めたアレクサンドロス・バラスは、前一五二年にヨナタンをエルサレム神殿の大祭司に任命した。こうして、一五年前に少数の反乱者を率いて立ち上ったハスモン家は、ユダヤ民族神政共同体の首長となったのである。

ユダヤ教禁止令を発布したアンティオコス・エピファネスはもとより、一五年前にマカバイ反乱の成功を予想した人はいなかったに違いない。予想に反した反乱の成功は、多くの要因が複合的に作用した結果

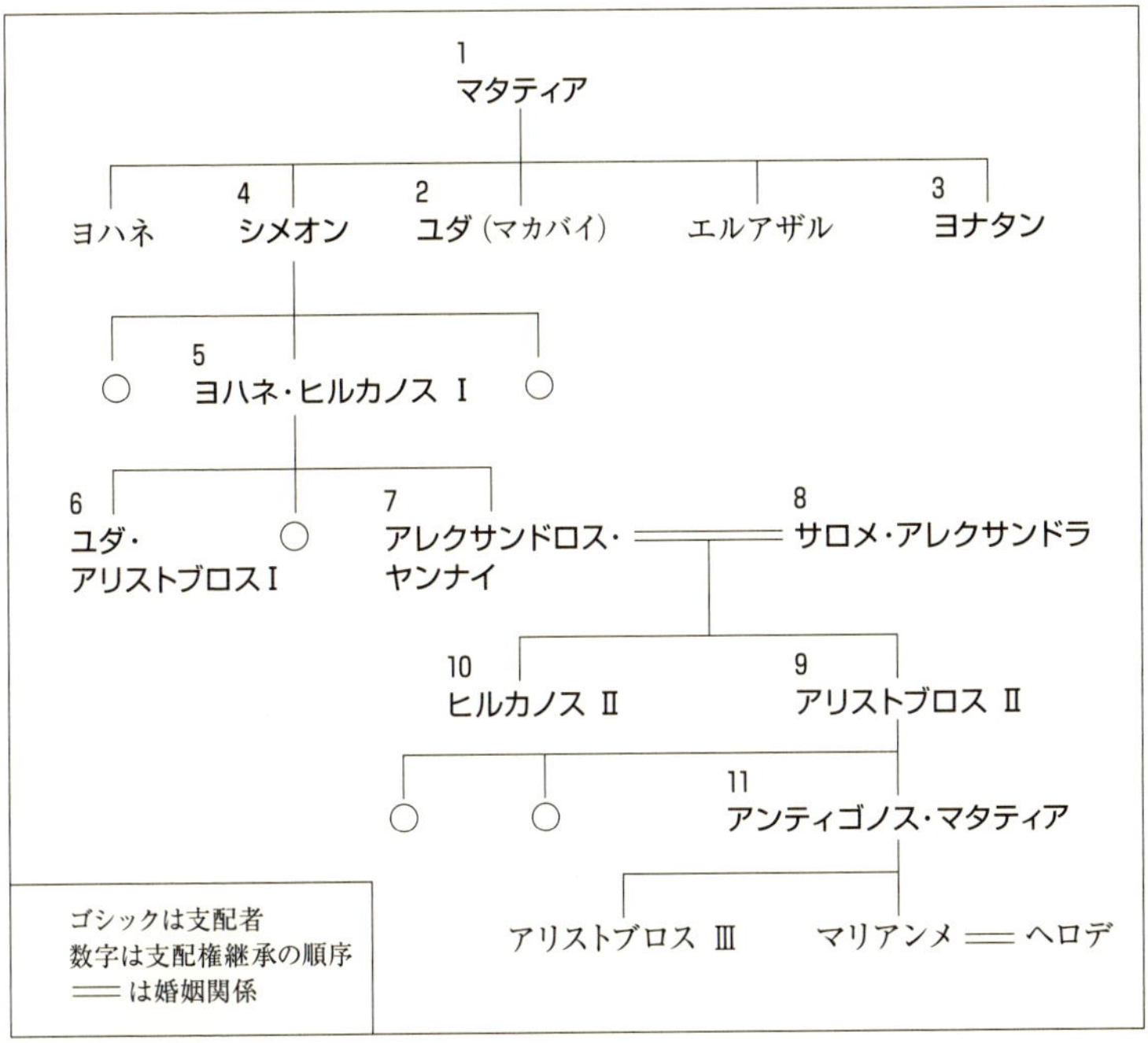
1
マタティア
ヨハネ
4
シメオン
2
ユダ（マカバイ）
エルアザル
3
ヨナタン
○
5
ヨハネ・ヒルカノス Ⅰ
○
6
ユダ・
アリストブロスⅠ
○
7
アレクサンドロス・
ヤンナイ
8
サロメ・アレクサンドラ
10
ヒルカノス Ⅱ
9
アリストブロス Ⅱ
○
○
11
アンティゴノス・マタティア
アリストブロス Ⅲ
マリアンメ
ヘロデ
ゴシックは支配者
数字は支配権継承の順序
══ は婚姻関係

ハスモン家系図

であった。すなわち、セレウコス帝国は、当時、共和政ローマに次ぐ世界最強の軍事力を誇っていたが、王国内各地の防衛に追われていたため、全軍事力をユダヤの反乱鎮圧に投入することができなかった。それ以上にユダヤ人反乱者を助けた要因は、セレウコス家の王位継承をめぐる内紛であった。同時に、共和政ローマとエジプトのプトレマイオス家が反乱者を支援した。ただしこの支援は、直接的介入ではなく、外交的援助にとどまった。マタティアと、その息子たちユダ、ヨナタン、シメオンが、軍事的才能と行政能力を兼備した傑出した指導者であったことも、反乱成功の重要な要因に数えなければならない。しかし、これらすべての条件にまさる最も重要な要因は、ユダヤ人民衆の殉教精神であった。人類史上初めて起こった民衆の殉教は、ユダヤ民族・宗教共同体が、律法《トーラー》の遵守により排他的一神教を命がけで守る姿勢を、それまでに確立していたことを示している。

ハスモン王国

ヨナタンは、セレウコス家の内紛を利用して着々とユダヤ人自治体の勢力を拡大し、一〇年間でこれをパレスチナにおける最強の民族集団に育成したが、彼の成功を妬《ねた》んだ同盟者の裏切りにあい、プトレマイス訪問中に投獄され処刑された。しかし、前一四二年に彼の後を継いだシメオンに対し、セレウコス家のデメトリオス二世は朝貢の義務を免除してユダヤの独立を認めた。その翌年、シメオンは、エルサレムのなかに孤立していたセレウコス家の要塞アクラを征服した。これは、二五年前に始まったマカバイ反乱の最終的勝利を象徴する軍事行動であった。前一四〇年にエルサレムに召集された「大集会」(ハクネセット・

ハグドーラー）は、シメオンが「大祭司・民族支配者《エトナルケス》・ユダヤ軍最高司令官」であることを確認し、この職務が「真の預言者（メシア）が起こるまで」ハスモン家に世襲されることを宣言した。こうして、ユダ王国が滅亡して以来、約四五〇年の中断の後に、ユダヤ人はハスモン家の下に独立国家を回復したのである。

シメオンが二人の息子とともにエリコで暗殺されると、彼の次男ヨハネ・ヒルカノス（在位前一三五～前

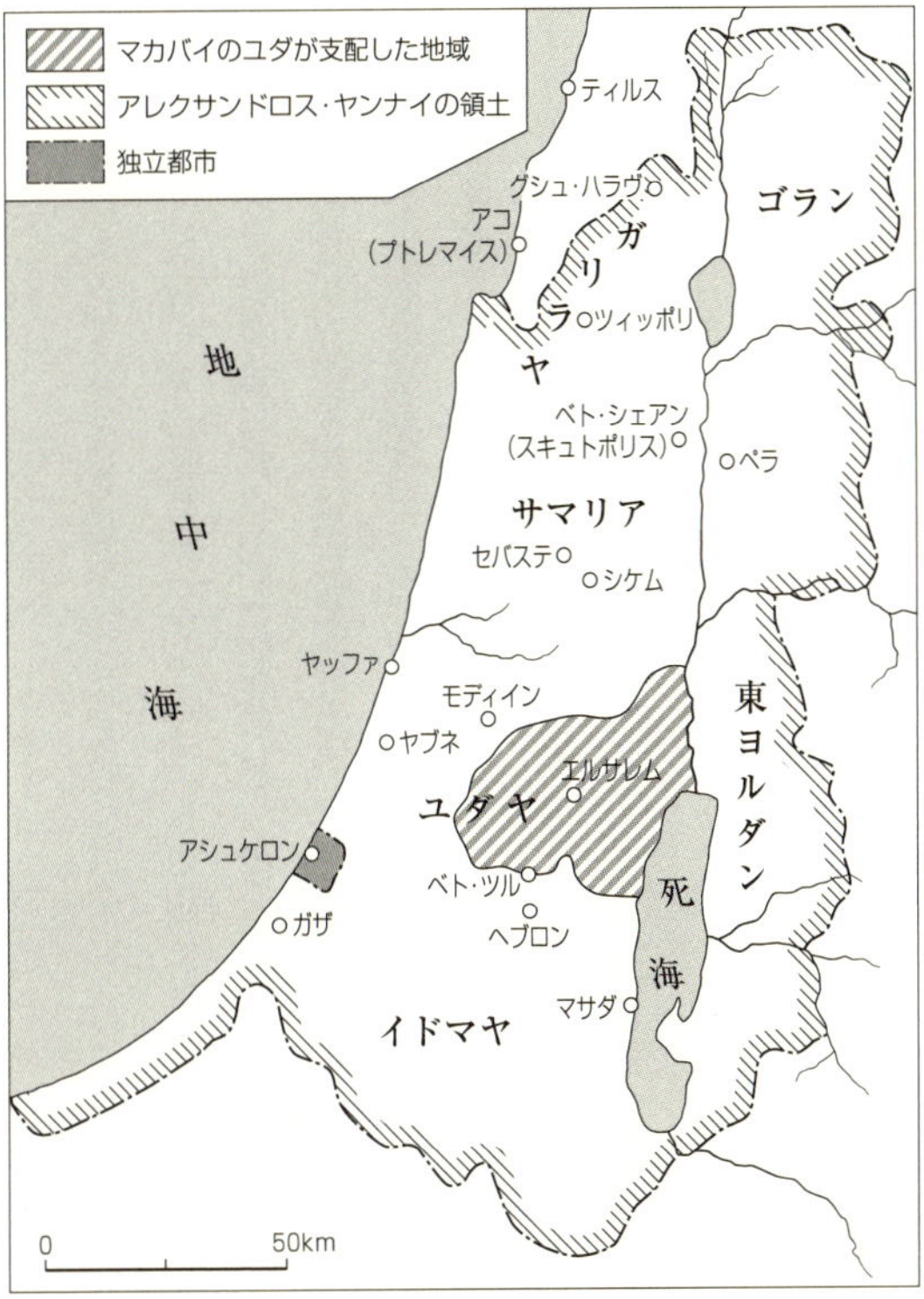

ハスモン王国

一〇四)が「大祭司・民族支配者《エトナルケス》・ユダヤ軍最高司令官」の地位を継いだ。彼は、治世初期にセレウコス家の軍隊にエルサレムを包囲されて苦戦したが、パルティア人に敗れたセレウコス帝国が事実上解体した前一二九年以降、精力的にハスモン王国の領土を拡大した。これは単なる征服戦争ではなく、パレスチナ全土は神がユダヤ人に約束した嗣業の地であるという信仰に基づく拡大政策であったが、敬虔主義者の後継者であるファリサイ派は批判的であった。彼が、ゲリジム山上のサマリア教徒の聖所を破壊し、征服したイドマヤ人をユダヤ教に強制的に改宗させたことは、「聖地」から異教を排除するというハスモン王国のイデオロギーに基づく努力であった。

ユダ・アリストブロス(在位前一〇四~前一〇三)は、父ヒルカノス一世が彼を大祭司に任命し、彼の母に民族支配者《エトナルケス》の位を与えようとしたことに不満であった。彼は母と兄弟を投獄して支配権を一手に掌握したが、わずか二年の治世の後死んだ。アリストブロスが死ぬと、彼の妻サロメ・アレクサンドラは、彼の末弟アレクサンドロス・ヤンナイを牢獄から救け出し、レヴィレイト法(「申命記」25章5~10節)に従って彼と結婚した。

ヤンナイ(在位前一〇三~前七六)は、父ヒルカノス一世と兄アリストブロス一世の外交政策を受け継ぎ、領土拡大のための戦争を続行した。しかし、彼の治世中期に、ファリサイ派を指導者とするユダヤ人民衆の間にヤンナイの支配に対する反乱が起こった。彼らは彼の軍事政策に不満であったばかりではなく、彼が「王」の称号を用い、オリエント諸国の絶対君主のように振舞いだしたことに反感を抱いたのである。前八九年に、反乱派と同盟したセレウコス家の残党にシケムで大敗を喫した時、ヤンナイは破滅寸前の状態であった。しかし、ヤンナイの敗戦がユダヤ人の独立王国の滅亡につながる危機であることを悟った民衆は、一部の強硬派を除いて、ヤンナイに対する反乱を中止した。民衆と和解したヤンナイは征服戦争を再開し、治世最後の五年間に東ヨルダンを含む全パレスチナの大部分を支配下に収め、ハスモン王国最大の版図を達成した。

ヤンナイの死後、彼の妻サロメ・アレクサンドラ(在位前七六～前六七)が女王としてハスモン王国に君臨した。彼女はファリサイ派(一九三頁以下参照)と協調して内政に成功する一方、亡夫ヤンナイの外交・軍事政策を継承し、傭兵による大軍を維持した。彼女の治世末期に、彼女の二人の息子、ヒルカノス二世とアリストブロス二世の間に、王位継承をめぐる不幸な兄弟争いが始まった。彼女が死ぬと、まず王位を奪ったのは弟アリストブロスであった。これに対して、兄ヒルカノスはナバテア人の援助を得てアリストブロスをエルサレムに包囲したが、ここで、ダマスコを占領していた共和政ローマの将軍ポンペイウスが介入してきた。アリストブロスはローマ人の捕虜となり、ヒルカノスはエルサレムの城門を開いてポンペイウスを迎え入れた。アリストブロス派は神殿の丘に立てこもってローマ人に抵抗したが、結局制圧された。こうして、前六三年に、ユダヤ人は再び独立王国を失い、共和政ローマの属国になった。

ポンペイウスは、ヒルカノス二世に「民族支配者《エトナルケス》・大祭司」の称号を許し、ユダヤ人自治体の支配者であることは認めたが、共和政ローマに対する朝貢を義務づけた。また、シメオン、ヨハネ・ヒルカノス、アレクサンドロス・ヤンナイらが征服、併合した領土をほとんどすべて取り上げ、ユダヤ人自治体の領域をほぼマカバイ反乱前の状態に戻した。しかし、八〇年間にわたるハスモン王国のパレスチナ支配の結果、その後も長期間、ユダヤ人はユダヤとガリラヤの領域を越えてパレスチナ各地に居住するパレスチナの最も強力な民族共同体であった。とくに、ヨハネ・ヒルカノスの時代にユダヤ教に改宗したイドマヤ人は、それまでにユダヤ民族・宗教共同体の一員になっていた。ハスモン王国は、アレクサンドロスの征服以来急激に推進されたパレスチナのヘレニズム化に対するユダヤ人側からの反撃であった。

ヘロデとその子供たち

ヒルカノス二世とアリストブロス二世の兄弟が王位を争っている間隙をついて、イドマヤ人アンティパテルの一家が台頭し、彼の次男ヘロデとその子孫は、その後約八〇年間にわたってユダヤ民族共同体を支配した。前四八年にポンペイウスを破ったカイサルは、ヒルカノスの「民族支配者《エトナルケス》・大祭司」の地位を承認すると同時に、アンティパテルの長男、ファサエルをエルサレム知事、次男ヘロデをガリラヤ知事に任命した。前四四年にカイサルが暗殺された後、東方のローマ人支配者は、次々に代ったが、パレスチナの支配体制に変化はなかった。しかし、アリストブロスの末子アンティゴノス・マタティアは前四〇年にローマ人の敵パルティア人の援助を得てガリラヤとエルサレムを奪回し、ハスモン家を再興した。ユダヤ人は、ローマ人に任命され、ローマの利益に従ってユダヤ人を弾圧したファサエルとヘロデの統治を嫌悪していたため、ハスモン王朝の正統な王として、アンティゴノスを支持した。ヒルカノスはパルティア人の捕虜となり、耳を切り取られて大祭司に復職できない不具者にされた。ファサエルは自殺し、ヘロデはローマに逃げた。

しかし、アンティゴノスによるハスモン家の再興は、わずか四年で終った。ローマ人からユダヤ王の称号を与えられたヘロデは、アンティオキアに滞在していたアントニウスから援軍を授けられると、前三七年に、五カ月の包囲の後、エルサレムを奪回してアンティゴノスを捕虜にした。アンティゴノスは処刑され、ハスモン王朝は滅亡した。

ヘロデの基本的政策は、ローマの忠実な属王としてパレスチナを支配することであった。他方、ローマ人は、ローマの勢力圏の東端を守るためにヘロデの軍事的・行政的才能を利用した。事実、ユダヤ人民衆はヘロデを憎悪していたが、彼の治世中は一度も大きな反乱を起こすことができなかった。そのうえ、パレスチナにはユダヤ人以外の雑多な民族が居住していたため、その支配者がユダヤ教の大祭司とは別の世俗的属王であることは、ローマ人にとって好都合であった。ヘロデは、ローマの有力者と個人的な友好関係を結ぶことによって保身に成功した。とくに、前二七年にアウグストゥスの称号を与えられてローマ元首政《プリンキパトゥス》を確立したオクタウィアヌスに取り入り、次々と領土を与えられた結果、前二〇年までにはほとんど全パレスチナがヘロデの領土になっていた。

ヘロデの支配は冷酷、かつ巧妙であった。ハスモン王国時代に、王権が強くなるに従い、伝統的な長老会議《ゲルースィア》は、「サンヘドリン」(議会)と呼ばれる王室諮問機関に改組されたが、なおそこには民意が反映していた。しかし、ヘロデは議会《サンヘドリン》を自分の親族と彼が任命した地方長官によって構成し、これを完全に王直属の機関に変えた。また、アレクサンドリアやバビロニア出身の祭司を大祭司に任命して、ハスモン系祭司を排除し、エルサレム神殿の運営を掌握した。彼は表面的にはユダヤ教の戒律を守ったが、その宮廷は

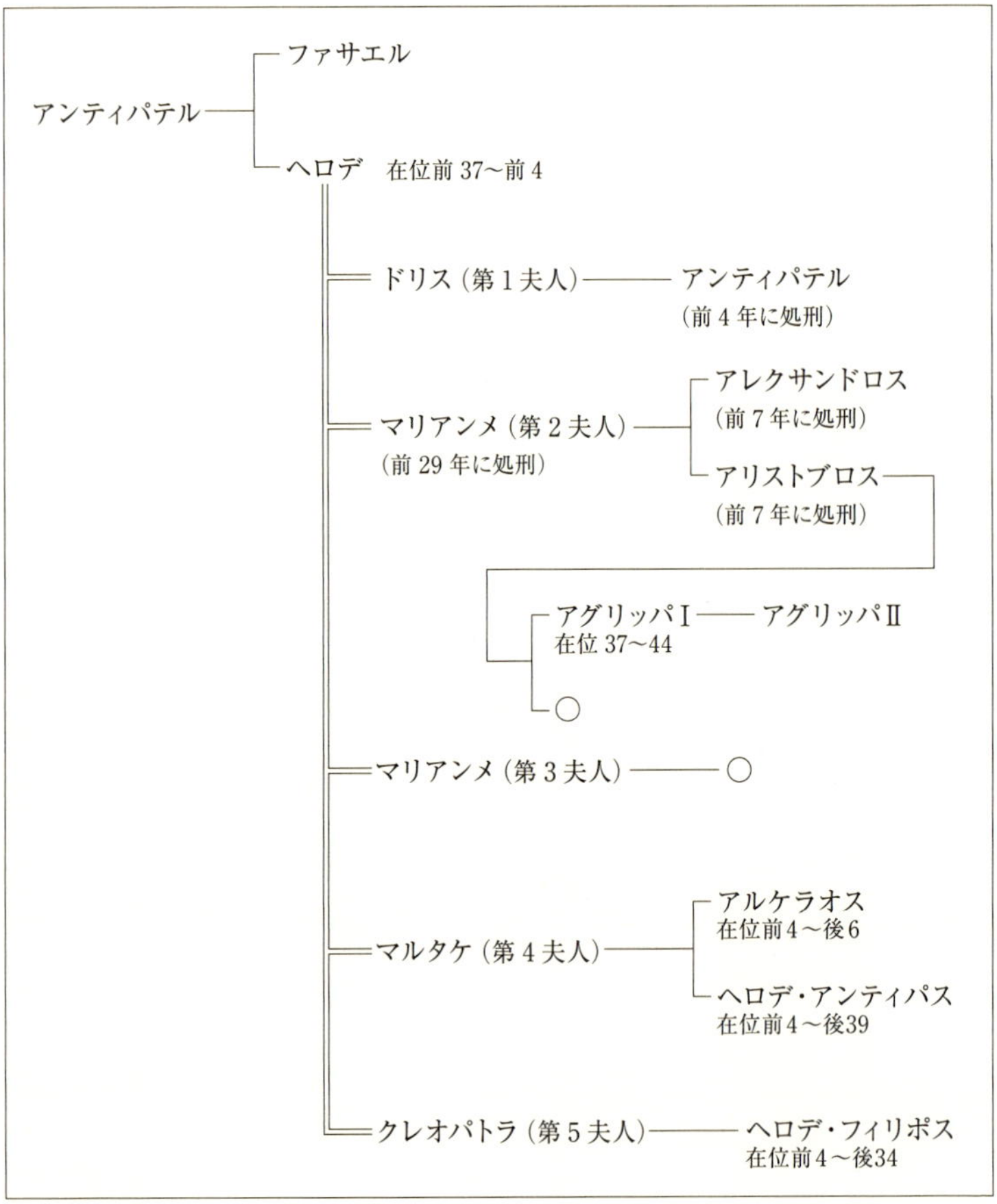
ファサエル
アンティパテル
ヘロデ　在位前37〜前4
ドリス（第1夫人）
アンティパテル
（前4年に処刑）
アレクサンドロス
（前7年に処刑）
マリアンメ（第2夫人）
（前29年に処刑）
アリストブロス
（前7年に処刑）
アグリッパⅠ
在位37〜44
アグリッパⅡ
○
マリアンメ（第3夫人）
○
アルケラオス
在位前4〜後6
マルタケ（第4夫人）
ヘロデ・アンティパス
在位前4〜後39
クレオパトラ（第5夫人）
ヘロデ・フィリポス
在位前4〜後34

ヘロデ家系図

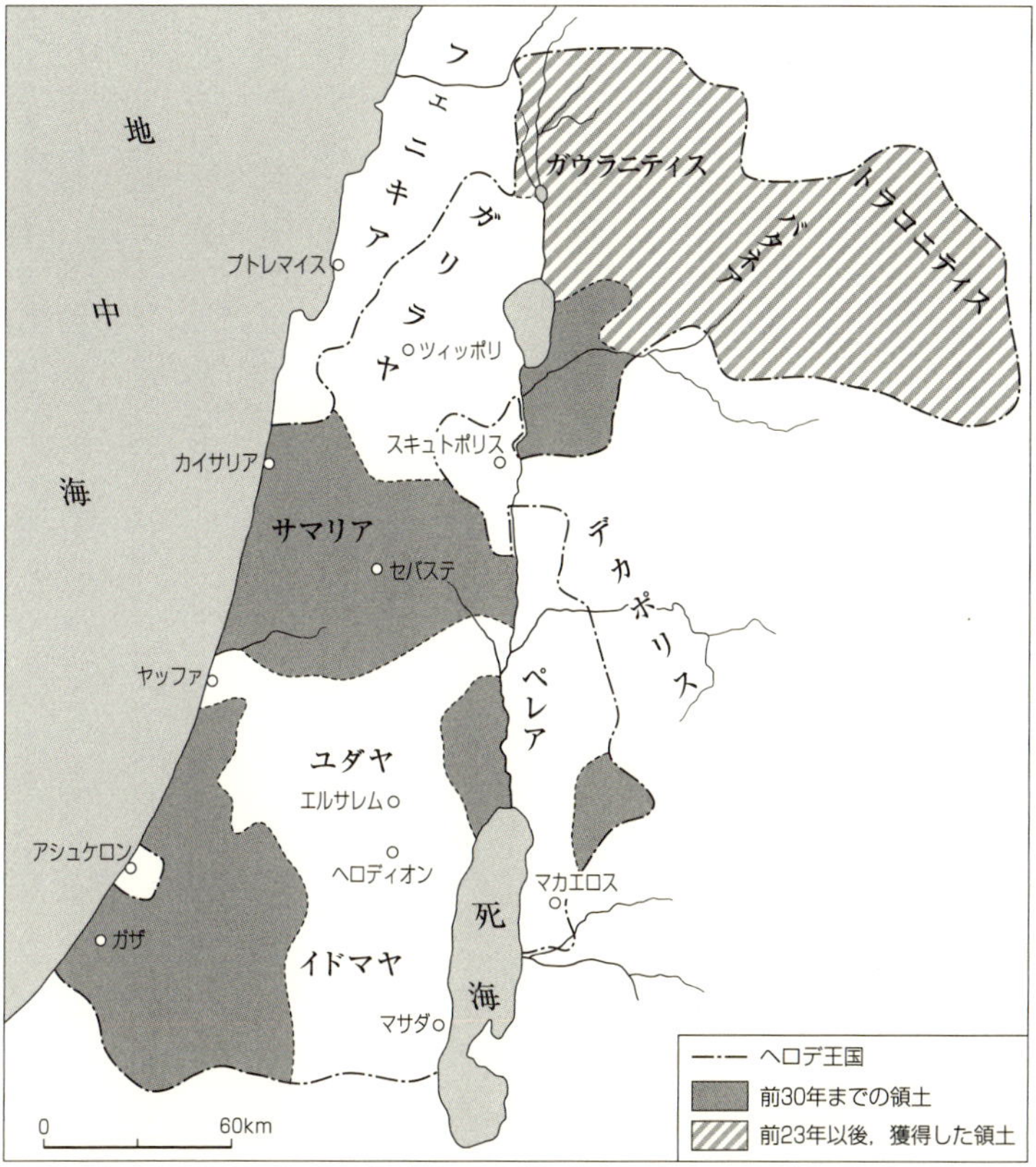
地中海
フェニキア
ガリラヤ
ガウラニティス
トラコニティス
バタネア
プトレマイス
ツィッポリ
スキュトポリス
カイサリア
サマリア
セバステ
デカポリス
ヤッファ
ペレア
ユダヤ
エルサレム
アシュケロン
ヘロディオン
マカエロス
ガザ
死海
イドマヤ
マサダ
ヘロデ王国
前30年までの領土
前23年以後，獲得した領土
0
60km

ヘロデ王国

完全にヘレニスト的であり、一歩ユダヤの外に出ると、ヘレニストとして振舞った。事実、彼が造営したカイサリア、セバステ(サマリア)などの大都市はヘレニズム都市であった。彼は大建設事業に情熱を傾け、ヘロディオン、マサダなどの離宮要塞を建てたほか、神殿を含むエルサレムの大改修を行なった。

ヘロデはユダヤ人民衆を懐柔しようとして、エルサレム神殿を当時の世界で最も壮麗な神殿に改築し、飢饉の時には食糧を配給したり、時には減税をするという「善政」をほどこしたが、彼に対するユダヤ人民衆の憎悪を変えることはできなかった。ユダヤ人は、ヘロデがローマ帝国の軍事力を背景とする冷酷な統治者であることを知っていただけではなく、彼を、ユダヤ人の王朝ハスモン家を滅ぼした裏切り者とみなしていた。これに対して、ヘロデは、自分がハスモン家の支配権の継承者であることを誇示するため、アリストブロス二世の孫娘マリアンメを第二夫人に迎えた。しかし、彼の本心はハスモン家を絶滅することであった。ヘロデは、エジプト女王クレオパトラの干渉を受け、不承不承マリアンメの兄弟アリストブロス三世を大祭司に任命したが、彼が民衆に人気があることがわかると、ただちに暗殺させた。マリアンメはヘロデを憎み、ヘロデは狂的な愛憎の共存した態度で彼女を取り扱ったが、結局、前二九年に反逆罪によって彼女を処刑した。

ヘロデは一〇人の妻を娶《めと》り、一五人の息子と娘をもった。彼の晩年、彼の王位継承をめぐって激しく争う異母兄弟の宮廷陰謀が渦巻くなかで、病的な猜疑心のとりこになったヘロデは、子供たちが自分を暗殺しようとしていると考え、前七年にマリアンメの生んだ二人の息子を処刑し、前四年には自分の死の五日前に、長子アンティパテルの処刑を執行させた。

ヘロデの死とともに、ヘロデの王国は、第四夫人の二人の子、アルケラオスとヘロデ・アンティパス、それに第五夫人の子、ヘロデ・フィリポスの三人によって分割相続された。アルケラオスはユダヤ、イドマヤ、サマリアの民族支配者《エトナルケス》になったが、ヘロデ家の支配を嫌悪するユダヤ人民衆と衝突を繰り返したため、六年に、ローマ皇帝アウグストゥスは彼を追放し、その領土をローマ人総督に統治させた。ヘロデ・アンティパスはガリラヤとペレアの四分領太守《テトラルケス》となったが、三九年に、ローマ皇帝カリグラによって追放され、その領土はヘロデとマリアンメの孫、アグリッパ一世(在位三七〜四四)に与えられた。バタネア、トラコニティス、ガウラニティスなどの地域の四分領太守《テトラルケス》になったヘロデ・フィリポスのみが、三四年に死ぬまで自分の領土を所有していた。

ローマ帝国の直接支配

六年にアルケラオスを追放した後、ローマ皇帝アウグストゥスは、ユダヤを帝国の属州に編入して帝国の直接支配下に置いた。これは、ヘロデ家の圧政を嫌悪したユダヤ人の希望に従った措置であった。そこで、最初のうちは、人口調査の際に起きた騒乱以外、ユダヤは比較的平穏であった。しかし、ピラトの総督時代(在任二六〜三六)以後、ローマ人支配者に対するユダヤ人の敵意は表面化した。

ローマ人は、ユダヤ州の総督府をカイサリアに設置し、カイサリア、セバステなどのヘレニズム都市で募集した兵士を主体とする守備隊を、エルサレムをはじめ要衝に駐屯させ、整備された徴税組織によって、重い租税と関税を厳しく徴収した。しかし、最初のうち、少数の過激派を除き、ユダヤ人民衆はこれらの政治的屈辱と経済的重圧を甘受した。最終的に六六～七〇年の大反乱に彼らを駆り立てたものは、モーセ一神教に対するユダヤ人の忠誠心に無理解なローマ人が、ユダヤ人の宗教感情に繰り返し加えた侮辱であった。

初期のローマ人総督は、偶像を禁止するユダヤ教の戒めを配慮して、画像のエルサレム搬入を禁止した。この宥和政策を最初に放棄して挑発的政策に転じた総督がピラトであった。彼は皇帝の肖像を描いた軍旗や、彼がティベリウス帝にささげた楯をエルサレムへ持ち込ませようとしたが、いずれの場合にも決起したユダヤ人民衆が大騒乱を起こしそうになったため、命令を撤回せざるをえなかった。しかし、彼はエルサレムの給水のためという口実の下に、エルサレム神殿の宝庫から強制的に徴収したり、鋳造貨幣にあえて肖像や異教的シンボルを用いてユダヤ人の宗教感情に挑戦することをやめなかった。

ピラトが失脚してローマに召還された翌年、カリグラ(在位三七～四一)がローマ皇帝になった。皇帝礼拝を臣下に強要したカリグラの治世に、ユダヤ人は初めてローマ皇帝と直接対決した。事件は、ヤブネのヘレニスト市民の挑発に端を発した。彼らがヤブネに皇帝礼拝の祭壇を築くと、信仰深いユダヤ人はただちにこれを破壊した。この事件を聞いたカリグラは、エルサレム神殿に皇帝像を建てることを命じた。この命令を受けたシリア総督ペトロニウスは、ユダヤ人の抵抗を予想し、大軍を率いてパレスチナへ向かった。しかしプトレマイスとティベリアスにおいてユダヤ人大群衆の嘆願を受け、命令の実行が大騒乱を引き起こすことを悟ったペトロニウスは、口実をもうけて実施を引き延ばしながら、皇帝に命令の撤回を勧めた。カリグラの親友であったヘロデ家のアグリッパも、ローマに行って皇帝に嘆願した。その結果、皇帝像をエルサレムに建てる命令は一応撤回されたが、エルサレムの外で皇帝礼拝のための神殿や祭壇を建設することに誰も反対してはならない、という条件がつけられた。この時、大騒乱が回避されたのは、パレスチナのヘレニストがこの条件を実行する前にカリグラが暗殺されたためであった。

ユダヤ人に、ローマ帝国の支配の異教的性格をはっきりと知らせたカリグラは、同時に、パレスチナのユダヤ人共同体に恩恵もほどこした。それは、彼が皇帝になると、青年時代の親友アグリッパに、ヘロデ・フィリポスの旧領土を与えて王に任じたことである。その後、アグリッパはヘロデ・アンティパスの領土も加えられたうえ、次の皇帝クラウディウスからはアルケラオスの旧領土であったユダヤとサマリアまで与えられ、祖父ヘロデの王国を回復した。

アグリッパの支配はわずか七年間（ユダヤ王としては四年間）であったが、その間、ローマ皇帝に対する個人的影響力を利用してユダヤ人を擁護したため、彼はユダヤ人民衆から深く敬愛された。彼らは彼を、ヘロデ家の一員としてよりは、彼の祖母マリアンメによってハスモン家の子孫とみなした。

四一年にユダヤ王に任じられたアグリッパは、その年の仮庵祭に、恒例に従って民衆の前で「申命記」を朗読したが、「汝の兄弟ならざる異邦人を汝の上に立てて王とするべからず」［17章15節］というくだりにくると泣きだした。イドマヤ出身のヘロデ家の一員である自分は、ユダヤ王にふさわしくないと考えたのである。すると民衆は彼に向かって、「アグリッパ王よ、悲しまないで下さい。あなたはわたしたちの兄弟です」と叫んだと伝えられている。

アグリッパの治世はあまりにも短期間で終り、彼の死とともに、ユダヤは再びローマ人総督の直接支配下に置かれた。その後六六年に大反乱が勃発するまでの二二年間に着任した七人の総督が失政と暴政を繰り返したため、ローマ帝国の支配に対するユダヤ人の闘争は年とともに激化していった。こうして、この時代の末期までに、パレスチナにおけるローマ帝国の支配体制は、ユダヤ人過激派グループのゲリラ活動を統制する力を失い、事実上崩壊していた。

2　諸党派と宗教思想の分裂

サドカイ派

ユダヤ民族・宗教共同体の支配者が、ペルシア帝国からプトレマイオス家、セレウコス家、ハスモン家、ヘロデ家、そしてローマ帝国へと次々に交替したヘレニズム・ローマ時代に、共同体の指導原理をめぐって生じた階級的・思想的対立のなかから諸党派が結成された。一世紀のユダヤ人歴史家ヨセフスが、これらの諸党派をギリシア哲学の諸学派になぞらえて紹介して以来、サドカイ派、ファリサイ派、エッセネ派、熱心党などの名称によって、それらは一定の宗派、ないしは政党のような存在として知られてきたが、実際には、各党派の枠組そのものはかなり流動的で、同一党派内にもさまざまの分派があった。史料不足のため、これら諸党派の説明は図式的になる傾向があるが、その実体ははるかに複雑であったらしい。

支配者が交替するたびに、共同体の指導階級は再編成された。その際に最も問題となった地位は、エルサレム神殿の大祭司職であった。ハスモン王朝の成立と同時に、それまで地方祭司であったハスモン家が

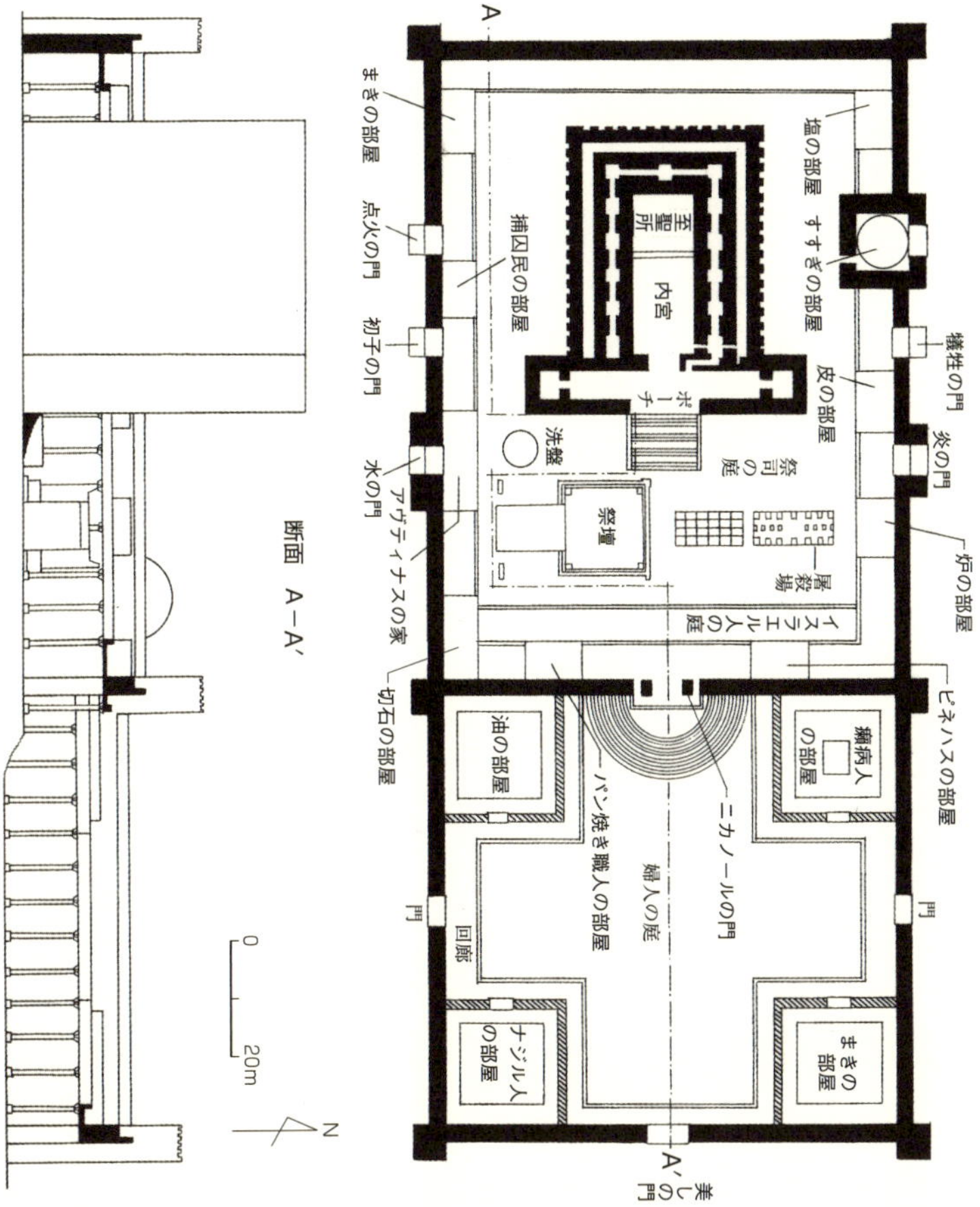

ヘロデが修築した第二神殿平面図と断面図

大祭司職を掌握したが、ハスモン家の支配権を簒奪したヘロデは、それを離散《ディアスポラ》ユダヤ人出身の祭司に与えた。しかし、ハスモン時代以前には、ダビデ・ソロモン時代の祭司ツァドクの子孫であると称する一家が大祭司職を世襲し、ハスモン時代以後も、このツァドク家の祭司たちは、常に神殿を中心とする神政共同体の寡頭政指導体制の担い手であった。ヘブライ語で「ツェドゥーキーム」(ツァドク家の人々)という「サドカイ派」は、ツァドク家の祭司を中核とする上級祭司と貴族、商人などの富裕階級が、前二世紀初頭に結成した党派に始まる。

この社会階層的背景が、サドカイ派の思想と信条を決定した。彼らは、神殿の犠牲祭儀を最も重要な宗教行為と考え、律法《トーラー》解釈については保守的であり、常に権力志向的であった。彼らの主要なライヴァルであったファリサイ派との相違は、とくに律法《トーラー》の理解において顕著であった。サドカイ派は「モーセの律法」(「成文律法」、すなわち、聖書巻頭の五書)のみに権威を認め、「モーセの律法」の成立後に生じた変化に応じて発達してきた「口伝律法」の拘束力を拒否した。「律法《トーラー》」に書かれていることしか信じない立場から、彼らは天使や悪霊の存在、霊魂の不滅、肉体の復活などファリサイ派が受け入れていた来世信仰を否定し、また現状維持を目指す基本的姿勢のゆえに、終末の到来を期待する黙示的諸宗派の思想とメシア待望(一九八頁以下参照)に対して冷淡であった。

「ファリサイ派はこの世で自分自身を苦しめているが、来世でも何ももたないであろう」〔「アボット・デラビ・ナタン」5・1〕というファリサイ派に対するサドカイ派の嘲笑は、来世を信じないサドカイ派が、現世において富と権力を追究する思想的根拠を示している。共同体内における自分たちの権力の維持を第一の目的としたサドカイ派は、共同体の自治権が侵害されない限り、異邦人支配者と妥協した。共同体の自治議会(サンヘドリン)においても、常に政治的グループを形成して、共同体の指導権の掌握に努めたが、宗教的な事柄に関しては、民衆の圧倒的支持を受けていたファリサイ派の意見を無視することはできなかった。

ヘロデが、エルサレム寡頭政体制の既存勢力に対抗する目的で、大祭司に任命したシメオン・ベン・ボエトスはエジプトのアレクサンドリアの出身であり、その後何人かの大祭司がボエトス家から出た。彼らはヘロデ家に忠実なボエトス派を結成して別名ヘロデ党と呼ばれたが、その思想傾向から判断して、サドカイ派の一分派であったと思われる。

ローマ人支配者に対して、本来サドカイ派は協調的で、ローマ人に対して反乱を起こそうとする民衆を宥《なだ》め、不穏な動きを自己規制することによって、支配当局との摩擦を極力避けた。しかし、大反乱が勃発して彼らの権力の基盤であった共同体の存立が危機に陥ると、サドカイ派のなかからも大祭司アナン・ベン・アナンのような戦闘的指導者が現われた。それにもかかわらず、エルサレム神殿の滅亡によって大反乱が終結すると、サドカイ派は消滅した。

ファリサイ派

バビロン捕囚を通じて、神殿の祭儀を失ったユダヤ人は、民衆共同体の基盤を律法《トーラー》に求めた。この時以来、律法《トーラー》を研究する平信徒の権威は祭司の権威と拮抗するようになった。帰還民が第二神殿を建設して祭儀を復活した後もこの状況は変化せず、かえって、エズラとネヘミヤの改革以後、共同体の司法問題を取り扱い、会堂《シナゴグ》において律法《トーラー》の解釈と発展にたずさわった律法《トーラー》学者たちは、民衆の間に大きな権威と影響力をもつようになった。アンティオコス・エピファネスのユダヤ教禁止令に反抗してマカバイ反乱に参加した敬虔主義者《ハシディーム》たちは、これらの律法《トーラー》学者に指導された民衆であった。

彼らは純粋に信教の自由を求めて反乱に参加した人々であったから、一旦、セレウコス家がユダヤ教禁止令を撤回すると、マカバイのユダに率いられたハスモン家の兄弟たちが、政治的独立を求めて戦闘を続行することに批判的な態度を示した。ハスモン時代に出現したファリサイ派は、この敬虔主義者の後継者であった。

ファリサイ派を表わすヘブライ語「ペルーシーム」は、「分離主義者」という意味である。後に彼らに批判的な人々が、この名称は律法《トーラー》に定められた潔・不潔を厳格に守るために世俗から自分たちを分離している人々という意味であると説明したが、元来は彼らがヨハネ・ヒルカノスの議会《サンヘドリン》から分離派として追放された時につけられた渾名であったらしい。ファリサイ派自身は「ペルーシーム」を同音異語の「解釈者」という意味に理解し、この名称は自分たちが律法《トーラー》の解釈者であることを表現していると考えた。

ヒルカノスは最初ファリサイ派の意見を重んじたが、彼の領土拡大戦争とヘレニスト王朝的な強大な王権の確立に対してファリサイ派は批判的になっていった。彼らがとくに我慢できなかったのは、ハスモン家の王が世俗的支配権とともに宗教的権威を掌握していることであった。ヒルカノスがファリサイ派の人々に、彼の行動で律法《トーラー》に従っていないことがあるなら指摘せよといった時に、ファリサイ派は、大祭司職を辞任して民政の指導者で満足せよと答えた。これを聞いたヒルカノスはファリサイ派を追放してサドカイ派と提携するようになった。

アレクサンドロス・ヤンナイの時代に、ハスモン家の王に対するファリサイ派の抵抗はいよいよ激しくなった。ヤンナイの治世中期に、仮庵祭を祝うため棕梠《しゅろ》の枝とシトロンをもって神殿に集まった民衆が、祭壇に犠牲をささげていたヤンナイを見つけると、彼にシトロンを投げつけて大祭司を辞任せよと叫ぶ事件が起こった。怒ったヤンナイは傭兵を派遣して六〇〇〇人を殺した。その後起こった内乱は六年間続き、五万人のユダヤ人が殺された。ついにファリサイ派はセレウコス家の残党と手を結んでヤンナイを攻め、シケムで彼を撃ち破ったが、ここでユダヤ人の独立国家の滅亡を恐れた民衆がヤンナイに味方したため形勢は逆転した。ヤンナイは、最後まで反抗を続けたファリサイ派八〇〇人をエルサレムで処刑して反乱を鎮圧した。

しかし、民衆の真の指導者であるファリサイ派と和解することが国内に平和を確立するためには絶対に必要であった。結局、ヤンナイは、ファリサイ派と親しい彼の妻アレクサンドラが彼の後を継いで支配者になるよう遺言して死んだ。アレクサンドラは女王の位につくと、エジプトに亡命していたファリサイ派の指導者、シメオン・ベン・シェタハを呼び戻して、議会《サンヘドリン》の議長《ナスィ》に任命した。ラビ伝承はこのことを、「シメオン・ベン・シェタハがきて律法《トーラー》を再確立するまで、世界は荒れ果てていた」［バビロニア・タルムード「キドゥシン」66ａ］と表現する。こうしてヒルカノスが無効にしたファリサイ派の律法《トーラー》解釈が再びユダヤ人共同体を支配する法規になると、国は平和になった。

シメオン・ベン・シェタハが定めた法規のなかで、その後のユダヤ人共同体の発展に最も大きな影響を及ぼしたものは「義務教育制度」であった。それまで子供の教育は両親の責任であったが、シメオンは各地に学校を建てて、子供を学校に送ることを両親に義務づけた。これは、教育がユダヤ人共同体形成の基礎であるというファリサイ派の主張の制度化であったが、この主張に、教育による人格の完成を目指すギリシア思想の影響があったことを見逃すことはできない。ファリサイ派は、ヘレニズムの異教的要素を拒否したが、その優れた点は積極的に吸収したのである。

ハスモン王朝末期の王位継承争いと、それに乗じてローマ人がユダヤを征服し、ローマの属王としてヘロデが台頭するまでの一連の政変の間、ファリサイ派は局外にとどまっていた。信教の自由が保障される限り、この世の権力闘争に興味を示さないのが、彼らの伝統であったからである。狡猾な政治家であったヘロデは、このようなファリサイ派の伝統と民衆に対する彼らの大きな影響力を利用するため、宗教問題に関する限りファリサイ派の意見を尊重して無用な衝突をさけた。ファリサイ派が宗教的理由から彼に忠節の誓いを拒否した時ですら、ヘロデは彼らを処罰しなかった。しかし、神殿の正面に彼がつるした金の鷲を取り除かせたファリサイ派の二人の賢者を、ヘロデは火刑に処した。この事件は、彼の死後、ヘロデ家の支配を民衆が拒否した直接の原因となった。

この時代のファリサイ派の指導者ヒレルとシャンマイは、後世に大きな影響を残した。ヒレルはバビロニア出身の貧しい人であったが、シャンマイは富裕な家の出身であった。二人とも優れた律法《トーラー》学者であり、彼らの律法《トーラー》解釈を継承した弟子たちがヒレル学派とシャンマイ学派を形成した。一般に、ヒレル学派の解釈の方がゆるやかであるのに対して、シャンマイ学派の解釈は厳格であった。しかし、シャンマイ自身が定めた法規は必ずしも厳格ではない。「あなたは律法《トーラー》研究を一定の習慣にせよ。言葉は少なく、多くを行なえ。すべての人々を機嫌のいい顔で迎えよ」〔ミシュナ「父祖」1・15〕という彼の言葉からも、彼が単に気難しい人物ではなかったことがわかる。

ヒレルはラビのユダヤ教時代最大の律法《トーラー》学者であった。彼はヘロデ時代末期から約二〇年間、議会《サンヘドリン》の議長《ナスイ》であった。彼の家系はその後四〇〇年以上、律法《トーラー》解釈の権威としてユダヤ人共同体を支配した。ヒレル学派とシャンマイ学派の間には律法《トーラー》解釈について意見の相違があったが、徐々にヒレル学派の解釈が一般に受け入れられるようになっていった。ヒレル学派の開祖である老ヒレルは、非常に謙虚な人で、何よりも平和を愛した。異邦人がユダヤ教に改宗することに関しても、彼は寛大な態度をとった。ある異邦人が、一本足で立っている間に全律法《トーラー》を教えてくれたら改宗するとヒレルにいったことがある。彼に対してヒレルは、「あなたにとって嫌なことをあなたの隣人にしてはならない。これが全律法《トーラー》であり、その他すべては(律法《トーラー》の)注解である」と答えたという。「平和を愛し、平和を追い求め、人を愛し、彼らを律法《トーラー》に近づけよ」〔ミシュナ「父祖」1・12〕という彼の言葉から、彼が最大の律法《トーラー》学者として当時の人々から敬愛された理由を知ることができる。

また「もしわたしがわたしのために存在しないなら、誰がわたしのために存在するのか。しかし、わたしがわたし自身のために存在するなら、わたしは何ものか」〔ミシュナ「父祖」1・14〕という彼の言葉は、人間が人間として生きる道を見事に示している。解説すると、「人間は誰しも、自分で自分の人生に責任をとって生きなければならない。誰も自分には代わってくれないのだから。しかし、自分のためにだけ生きているとしたら、何のために生きているのかわからない。そのような人生は無意味だ」というような意味だろう。

一世紀半ばに議会《サンヘドリン》の議長《ナスイ》としてユダヤ民族共同体を指導した人物は、ヒレルの孫、ラバン・ガマリエルであった。彼も祖父と同様に寛容な人で、初代キリスト教徒がサドカイ派によって迫害された時には、この新興宗派の運命は神の御手にまかせるべきである、と議会《サンヘドリン》で演説して彼らの自由な活動を認めてやった〔新約聖書「使徒言行録」5章34〜39節〕。のちにキリスト教の使徒になったパウロも、最初はこのガマリエルの門下生であった。

ローマの帝国支配に対する民衆の抵抗運動が日増しに激しくなっていった時代に、ファリサイ派の指導者たちは破局的対決を回避しようと努めたが、熱心党(二一三頁以下参照)の指導の下に燃え上がった民衆の熱狂的好戦主義を静めることはできなかった。しかし、大反乱がエルサレムの悲劇的破滅によって終結したのちに、焦土のなかからユダヤ民族・宗教共同体を再建したのは、ヤブネに集まったファリサイ派の賢者たちであった。

黙示思想

ヘレニズム・ローマ時代を通じて苛酷な外国支配を受けたユダヤ人共同体には、どんなに大きな犠牲を払っても、支配勢力に対する闘争をやめようとしない抵抗精神がみなぎっていた。彼らの信念によれば、これは単なる民族解放闘争ではなく、世界の支配者である唯一の神の選民が、異教徒の邪悪な支配を打破するために戦う正義の戦いであった。しかし、ハスモン家が支配した短期間を除き、この戦いはユダヤ人側の惨憺たる敗北に終わった。しかも信仰的党派はハスモン家の統治すら悪の支配とみなして、これと戦ったのである（一九五頁参照）。要するに、当時のユダヤ人共同体は、悪政の重圧に対する反発として、神の正義の支配の実現を希求する反体制精神に支配されていたのである。

しかし、現実は彼らの希求する方向とは全く逆方向に動いていった。神の全能に対する信仰が絶対的であればあるほど、敗北は不可解であり挫折感は深かった。この厳しい現実に直面して、虚無の深淵に落ち込むか、それでもなお全能の神を信じるかという二者択一を迫られた時に、彼らはあえて、歴史の支配者である神の計画を問いたださずにはいられなかった。前二世紀から後二世紀の約四〇〇年間に著作された多数の「黙示書」は、神に対するこの問いかけを動機として生み出されたユダヤ人共同体独特の思想的展開の結晶であった。

黙示思想の源流は、聖書時代の預言者の終末論である（一六七頁以下参照）。たしかに、預言文学から黙示文学への思想的移行は漸進的であるため、すでに捕囚後の預言書のなかに黙示文学と呼ぶべき箇所が発見される。しかし、マカバイ反乱を背景として著作された「ダニエル書」（7〜12章）以後の黙示書が、ヘレニズム・ローマ時代独特の歴史的要請から生じた特殊なジャンルであることは否定できない。

黙示思想は決して組織化された神学ではないから、黙示書と呼ばれるさまざまの文書相互間にも細部に関してかなりの相違がある。これは、黙示思想の歴史的発展を示すと同時に、黙示思想のなかにも意見の相違があったことを表わしている。しかし、全体として黙示思想に共通する特徴をあげることは間違いなく可能である。

その第一は、聖書の思想にはなかった濃厚な「二元論」的色彩である。この二元論は、宇宙を善神と悪神の闘争の舞台とみなすペルシア思想の影響の下に発達したと考えられている。しかし、唯一神信仰を基盤とするユダヤ黙示思想において、悪神（サタン）の位置は精々堕落天使であり、サタンが神と拮抗するような厳密な意味での二元論は成立しなかった。それにもかかわらず、黙示思想によれば、全宇宙は善悪二陣営に分れて闘争している。現世は、神に忠実な聖徒（ユダヤ人共同体）を暴力的に支配するサタンの勢力がますます強大になっていく時代である。しかし近い将来極限に達するサタンの支配を神は滅ぼし、永遠の神の王国を聖徒に与える。

サタンが支配する旧時代と神の支配が確立する新時代の間で「歴史」が断絶するという考え方は、捕囚時代以後の預言者の「終末論」の直接的継承であるが、終末時における善悪の闘争を「黙示的」表象によって克明に描く点に、疑似二元論に基づく黙示思想の特徴がある。同時に、サタンの滅亡と聖徒の救済がすでに決定されているという「予定論」を強調する黙示思想では、罪人の悔い改めをうながす預言者的伝統は後退する。黙示思想の直接的目的が、終末の勝利を得るまで現世においてサタンの迫害に耐え忍ぶよう聖徒を激励することであったからである。

黙示書の設定によると、黙示書のなかで明らかにされる終末の事件は一般に昔の有名な賢者や預言者が、夢ないしは幻のなかで啓示された宇宙の秘儀である。従って、黙示書のなかで幻を見たと称するダニエル、エノク、エズラなどの名前は偽名にすぎない。このように著者が偽名を用いる文学形式を「偽書」と呼ぶ（多数の黙示書は偽書であるが、すべてが偽書ではないし、もちろん、すべての偽書が黙示書ではない）。偽書形式は、有名な昔の賢者や預言者の名によって黙示に正統性を与え、黙示書を権威づけるために役立っただけではなく、神が太古に決定したコースに従って「歴史」は進行しているという予定論を表現するためにも有効であった。

黙示書は、地上界だけではなく、天上界と冥界を含む全宇宙を舞台として展開する「歴史」を描写するが、その際に、古代オリエントの神話や占星術の影響下に発達した詳細な天使論と悪魔論、奇怪な動物や鳥のシンボリズム、日数や年数の計算を主体とする数秘論などを駆使して神秘的な雰囲気をかもし出す。これらがいわゆる「黙示的」表象の内容である。このような神秘的表現は、聖書時代のイスラエルの伝統にはほとんどなかったが、現在隠されている終末の秘密をあえて聖徒に知らせる使命をもつ黙示書にとって、これは秘儀を秘儀として提示するための重要な表現方法であった。

黙示書の終末劇は、サタンの支配から神の支配に転換する時点で最も重要な場面を迎えるが、ここで起こる諸事件に関しては、各黙示書の間でとくに大きな差異があるため、「平均的状況」を抽出することは難しい。それがイスラエル（ユダヤ人共同体）の救済の時であることについては一致しているが、その救済の内容と実現方法に関しては相互に矛盾するさまざまの思潮があったからである。

大別すると、民族主義的関心の強い政治的終末論と、個人の運命に関して深い興味を抱く宇宙的終末論の二方向に従って別々の救済観が生じた。民族主義的・政治的終末論においては、ダビデの子孫に生まれたメシアが偉大な軍事的指導者となって悪の支配を撃破し、離散しているユダヤ人を世界中からエルサレムに集めてメシアの王国を確立する。そうすると、世界の諸民族はエルサレムに集まって真の神を礼拝するようになる。他方、個人的・宇宙的終末論によると、天変地異によってサタンの王国が破滅する。それと同時にすべての死者は復活して、生きている者とともに、彼らのすべての行為が記録されている「生命の書」に従って「最後の審判」を受ける。その結果、永遠の生命を与えられた義人は神の王国に入るが、罪人は地獄に落ちて火とウジに悩まされる。

黙示思想の救済論が多様であるように、そのメシア像も一定していなかった。メシアが全く欠如している黙示書もあれば、メシアの代りに天的存在である「人の子」〔「ダニエル書」7章13節参照〕が登場する場合もあった。メシアはダビデの子孫の王であるとは限らず、レビ族出身の祭司であったり、祭司と王の二人のメシアが並立するという主張もあった。しかし、ローマ帝国に対する抵抗運動のなかで、偉大な軍事的指導者として神から派遣されるダビデの子のメシアの姿が、最も一般的なメシア像として受け入れられるようになっていった。

終末に直接神の支配が確立するという宇宙的終末論と、イスラエルの解放者であるメシアを期待する政治的終末論の間には矛盾があったが、これはメシアの王国が現世の最後に(四〇〇年、一〇〇〇年、二〇〇〇年などの)一定期間続いたのちに、神の永遠の王国が新時代とともに始まるという説明によって解決された。この場合、メシアの王国の最後の日にメシアは死に、新時代に復活するのである。

この時代に多数著作された黙示書のなかで、アンティオコス・エピファネスの迫害の最中に成立した

「ダニエル書」だけが聖書正典に入れられた。しかし、ハスモン時代に書かれた「エノク書」「ヨベル書」「十二族長の遺訓」「第一マカバイ記」、七〇年のエルサレム神殿破滅後に著わされた「シリア語バルク書」「第四エズラ書」など、その他すべての黙示書は正典から除外された。しかも正典結集後のユダヤ教正統派はこれらの黙示書を異端の書物とみなして焼き捨てた。そのため、これらを「旧約外典」「旧約偽典」として後世に伝えたのはキリスト教徒であった。しかし、それまでにラビのユダヤ教のなかに深く浸透していた黙示思想自体は、ユダヤ教の教義の重要な要素となり、中世以後発達したユダヤ神秘主義（二七三頁以下参照）の源泉となった。とくに黙示思想のなかで確立したメシアニズムは、その後のユダヤ教発展の活力として重大な役割を果たしたのである。

黙示的セクト

常に体制側と密着して権力維持に汲々としていたサドカイ派は、本質的に反体制的性格をもつ黙示思想を全面的に否定したが、ユダヤ人共同体の中核を形成していたファリサイ派の教義のなかには、黙示的終末論が深く浸透していた。しかし、中産階級的常識性を重んじるファリサイ派は、黙示思想に基づく熱狂主義には同調しなかった。

七〇年にエルサレムを中心とするユダヤ人共同体が潰滅した時に、ヤブネに逃れて共同体を再建したヨハナン・ベン・ザッカイは、「もし諸君が苗木を手にしているときにメシアがそこにいると誰かがいうなら、まず苗木を植えてからメシアを歓迎せよ」といったと伝えられている。この言葉は、熱狂的メシア待望とは一線を画した覚めた精神をよく表わしている。

しかし、黙示思想を生み出した当時の時代精神は、このような常識性には我慢できない危機意識をはらんでいた。この時代的雰囲気のなかから、多種多様の「過激派」が生まれたのである。これら「過激派」のうち、政治的熱狂主義に基づいてローマ人に対する大反乱を指導した熱心党については次節で取り扱う（二一三頁以下参照）。熱心党が武装蜂起によって終末の到来を早めようとしたのに対して、宗教的熱狂主義者たちは、ファリサイ派よりもさらに厳格な律法《トーラー》の遵守が、終末とメシアの到来促進に効果があると信じていた。

ヨセフス、老プリニウスら一世紀の著作家が伝えるエッセネ派は、このような宗教的過激派の一派であったが、一九四七年にいわゆる「死海写本」が発見されるまで、その組織と信仰の全容は不明であった。このセンセーショナルな発見に続いて、約一〇年間行なわれた発掘調査の結果、エッセネ派が、死海西岸のクムランに本部を置く「契約共同体」であったことが明らかにされた。

クムランで発見された多数の文書のなかに「エッセネ派」という名称が全く見当たらないことから、一応このセクトを「クムラン宗団」と呼ぶことになっているが、発見以来、熱心に続けられた研究の結果、クムラン宗団がエッセネ派であったことを疑う学者はほとんどいなくなった。おそらく「エッセネ派」という名称は外部者がつけた渾名であって、セクト内部では使用されなかったらしい。しかも、「エッセネ」という名称の語源は不明である。多くの提案がなされてきたが、そのなかで、アラム語の「イッスィーン」（治癒者）を語源とする説が有力であると考えられる。一世紀にエジプトに存在したエッセネ派の分派、ないしは同種の宗派と考えられるセクトは、同義のギリシア語で「テラペウタイ」と呼ばれていた。彼らの神学に従えば、「罪の病《やまい》から治癒された者」という意味らしい。

クムラン宗団が書き残した「死海写本」と総称される写本群のなかには、聖書写本のほかに、このセクトが著作した多数の文書が含まれていた。「宗規要覧」「戦いの書」「感謝の詩篇」「ハバクク書注解」「外典創世記」「ダマスコ文書」「神殿の書」などである。これらの著作は、「ダマスコ文書」を除き、それまで全く知られていなかった。この画期的な発見によって、クムラン宗団(エッセネ派)の組織と信仰は、同時代のすべてのユダヤ教諸宗派にまさって明らかになったのである。

このセクトの自覚によると、彼らもファリサイ派と同じように、アンティオコス・エピファネスによるユダヤ教迫害に反抗してマカバイ反乱に参加した敬虔主義者《ハシディーム》の後継者であった。しかし、エルサレムにおける支配権を確立したハスモン家に最初協力したファリサイ派とはちがって、クムラン宗団の創立者は、ハスモン家のヨナタンがエルサレム神殿の大祭司に任命されたこと(一七六頁参照)に反対して荒野に追放された「義の教師」であったということを、宗団の文書が暗示している。この「義の教師」が誰であったかは依然として謎であるが、エルサレムの「悪しき祭司」に対立して荒野において「真のイスラエル」を導いた人物であったということは、彼も祭司であったことを示している。

この宗団創立の事情からわかる通り、これはエルサレム神殿を中心とするユダヤ人共同体の支配体制を批判して創立された過激派セクトであった。彼らは、この種のセクト特有の強固な組織と独自の教義をもっていた。エッセネ派の一般メンバーは町々に住んでいたが、中心メンバーはクムランの本部に集まって、完全な共有財産制度と独身主義を守る契約共同体を形成していた。組織は、基本的には全メンバーが参加する民主的な総会に基づいて運営されていたが、祭司と平信徒の間には明確な身分差があり、メンバー間にも厳格な席次が定められていた。

入団志願者は、二年間の修業期間に毎年行なわれる試験を二度受けて、これに合格しなければならなかった。宗団は独自の法規と法廷をもち、各種の違反は定められた罰則によって処罰されたが、最も重い処罰は宗団からの追放であった。

クムラン宗団のメンバーは、モーセと預言者の教えに基づき、義の教師に啓示された奥義に従って、神と「新しい契約」を結んだ人々であった。これは、「古い契約」によって形成されているイスラエル（ユダヤ人共同体）のなかから、とくに選ばれた自分たちが、「真のイスラエル」にほかならないという主張である。キリスト教徒がこれと全く同じ主張をしたことについては、後で考察する。

このセクトの目的は、律法《トーラー》を厳格に守り、絶えず礼拝をささげて終末が早く到来するよう祈る生活に没頭することであった。このため、彼らは月日と曜日が常に一致する独自の暦を用いた。この暦によると、例えば、新年祭を祝う一月一日は、毎年、水曜日になるよう工夫されていた。これは、太陽と月が一週の第四日（水曜日）に創造されたという聖書の記事〔「創世記」1章14〜19節〕を厳密に再現しようとする努力であった。しかし、宗団独自の暦をもつことは、ユダヤ暦（二四六頁参照）を決定していたエルサレム支配体制の権威の否定も意味していた。

クムラン宗団の終末論は、大筋において一般的黙示思想と一致していたが、もちろん多くはセクト独自のものであった。それによると、終末時代は義の教師とともに始まった。彼の死後四〇年すると、悪魔べリアルの率いる闇の子らと天使ミカエルが指揮する光の子らの間で戦われる終末の決戦は最高潮に達する。そこで、預言者に先導された「アロンとイスラエルの二人のメシア」が闇の子らを撃破して神の王国建設の準備をするが、大祭司の役割を果たす「アロンのメシア」は「イスラエルのメシア」のうえに立って光の子らを指導する。最後に神の偉大な御手があげられ、闇の子らは滅ぼしつくされるのである。

「戦いの書」において終末戦争の状況を詳細に描いているが、エッセネ派は元来平和主義者であり、熱心党が指導した対ローマ武装反乱は、本来彼らが目指していたことではなかった。それにもかかわらず、六六年に始まった大反乱に彼らは参加して戦った。その結果、クムランの本部は破壊され、エッセネ派は消滅した。

この時代には、多種多様の反体制的セクトが存在した。エッセネ派と類似した宗教的セクトとして、すでに述べた「テラペウタイ」や、新約聖書のなかで言及される「洗礼者ヨハネ」のグループなどがあったことがわかっている。これらの黙示的セクトは、エッセネ派同様、結局消滅してしまったが、ガリラヤのナザレのイエスをメシアと信じるセクトだけは消滅しなかったのみか、ユダヤ人共同体の外に出て世界宗教になるという驚くべき展開をとげたのである。

原始キリスト教会が、ヘレニズム・ローマ時代のユダヤ人共同体のなかに発生した黙示的セクトの一派であったことは明らかである。彼らの終末論の大筋はユダヤ黙示思想にほかならず、「新しい契約」を結んだ「真のイスラエル」であるという自覚もエッセネ派の主張と外形的には全く同一であるし、イエスの姿にすでに到来したメシアを認める態度は、熱心党の派閥の領袖に党員がよせたメシアニズム信仰と同じ時代的背景から生じたものである(二一五頁参照)。

それにもかかわらず、原始キリスト教会は他の黙示的セクトとちがう道を歩む原因を最初から内包していた。それは、ナザレのイエスが律法《トーラー》に対してとった「自由な」態度であった。それでも彼自身はなおユダヤ民族・宗教共同体のなかにとどまっていたが、彼をメシア(ギリシア語でキリスト)と認めたパウロは、律法《トーラー》を否定することによってユダヤ人共同体の外にキリスト教会を建設した。こうして、ユダヤ人共同体を離れてローマ世界へ浸透していったキリスト教は、結局、ローマ人の宗教になったのである。

離散ユダヤ人

前六世紀前半に起こったバビロン捕囚が、前五三八年に発布されたペルシア王キュロスの勅令(一四八頁参照)によって終結して以来、捕囚されたユダヤ人の祖国帰還は法的には自由であったが、実際上は多くの困難を伴っていたため、一部の帰還民を除き、多数のユダヤ人がペルシア帝国各地に居住するようになった。強制的に外国に居住させられた「捕囚民」に対して、このような自由意志によって外国にとどまったユダヤ人を「離散民」(「ディアスポラ」——ギリシア語で「離散」の意)と呼ぶ。

このディアスポラ・ユダヤ人のコミュニティーは、ヘレニズム・ローマ時代に大発展をとげ、一世紀までにオリエント・地中海世界全域に拡散していた。彼らの人口は、祖国に居住するユダヤ人の数十倍に達したと推定される。パルティア人が支配するバビロニア地方に定着したユダヤ人を除き、大部分の離散ユダヤ人はローマ帝国の領域に居住していたが、その最大の中心地はアレクサンドリアを首都とするエジプトであった。

離散ユダヤ人は、世界中どこに居住していてもユダヤ人コミュニティーを形成し、律法《トーラー》を遵守することによってコミュニティーの独自性を維持した。しかも、離散の地が仮寓の地であり、自分たちがエルサレムを中心とする民族・宗教共同体の一員であることを彼らは自覚していた。彼らが過越祭《すぎこし》、週の祭、仮庵祭の三大祭に努めてエルサレム神殿に巡礼し、エルサレム神殿を維持するために毎年一人半シェケル（日雇い労働者の一日分の給料）を献金したのは、この自覚の表現であった。また律法《トーラー》を学ぶために母国の著名な学者の門をたたく多数の青年たちが、離散の地からエルサレムに集まってきた。後にキリスト教の使徒になったサウル（パウロ）も、小アジアのタルソに生まれ、エルサレムで律法《トーラー》を学んだ離散ユダヤ人であった。

このように、離散ユダヤ人と母国のユダヤ人の間は民族的・宗教的な強いきずなで結ばれていたが、文化的領域において、離散ユダヤ人は離散の地の影響の下に独自の活動をした。彼らの文化的創造の特徴は、自分たちの固有の伝統である一神教とモーセの律法を、ヘレニズム文化圏の思考様式によって説明することであった。そのために彼らが成しとげた最初の最も重要な仕事は、前三世紀に「律法《トーラー》」（「モーセ五書」）をヘブライ語原典からヘレニズム世界の共通語《コイネー》であるギリシア語に翻訳したことである。この間の事情を、前二世紀にアレクサンドリアで著わされた「アリステアスの手紙」が、伝説的粉飾をほどこした物語によって伝えている。

それによると、プトレマイオス二世フィラデルフォス（在位前二八三〜前二四五）は、エルサレムから七二人のユダヤ人の学者を招待して、彼の図書館のために「律法《トーラー》」のギリシア語訳を作製させたという。この物語に基づき、このギリシア語訳聖書は、ラテン語で「セプトゥアギンタ」(「七〇」の意)、すなわち「七十人訳聖書」と呼ばれるようになった(この際、端数の「二」は切り捨てられた)。七十人訳聖書の権威を擁護するこの伝説の歴史性は多くの点で疑問であるが、前三世紀にアレクサンドリアのユダヤ人コミュニティーが七十人訳聖書を生み出したことは史実であろう(後一世紀までに、七十人訳聖書は、「律法《トーラー》」だけではなく、ヘブライ語正典の範囲外の文書まで含むギリシア語訳聖書となった)。

七十人訳聖書は、元来、ギリシア語しか理解できないユダヤ人の礼拝と教育に用いるために作成されたのであるが、「翻訳」という作業が必然的に伴う「解釈」をかなり自由に下すことによって、ユダヤ思想をギリシア哲学の用語で表現する道を開いた。例えば、神を表わすヘブライ語聖書の擬人的表現は、理性的・道徳的概念をもつ用語に置き換えられたのである。

七十人訳聖書を媒介として、多数の異邦人がユダヤ教に改宗したり、「神を恐れる者」(ユダヤ教戒律の一部のみを守るユダヤ教の同調者)になったのも、この時代の特徴的風潮であった。結局、初代キリスト教はこれらの改宗者や同調者を手掛りとしてローマ世界に広がっていったが、その過程を通して、七十人訳聖書はキリスト教会の「旧約聖書」になった。

アレクサンドリアのフィロン(前二〇頃~後五〇)は、ヘレニスト系ディアスポラの代表的哲学者であった。「モーセ五書」に関する思索と注解を中心とする膨大な著作集のなかで、彼はプラトン学派の強い影響の下に、ストア学派の思考方法を援用してユダヤ思想の本質を説明しようとした。すなわち、肉体を離

ローマ帝国のディアスポラ

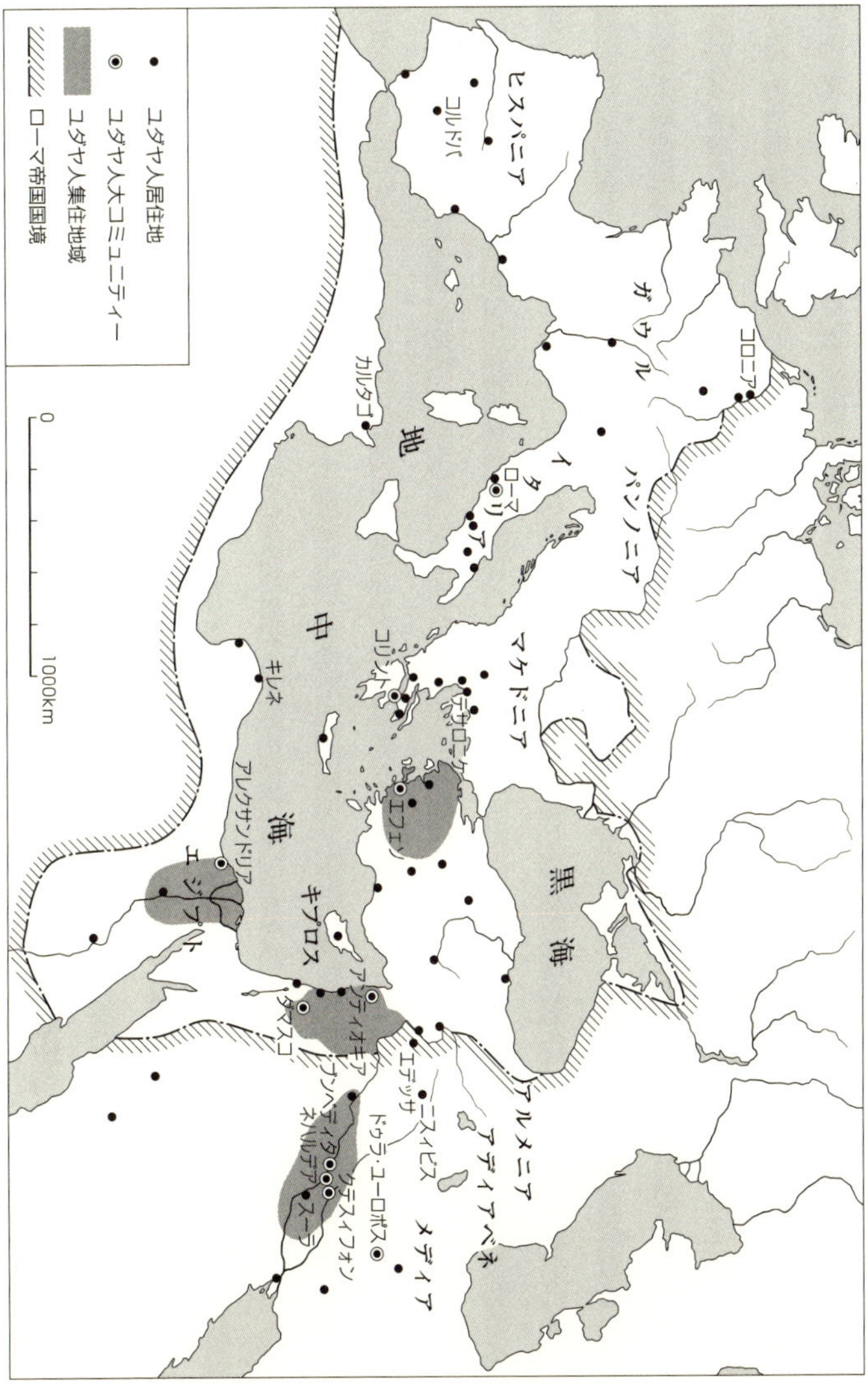

れた魂が神に向かう高揚を真の法悦と認める彼の主張は、明らかにプラトン的霊肉二元論に基づいており、その主張を証明するための聖書の寓意解釈は元来ストア学派の方法論であった。このようにギリシア哲学の思想と用語で語ることにより、フィロンはヘレニズム世界に向かって、ユダヤ人の律法《トーラー》がギリシア哲学と調和するのみか、その根源であり、モーセはギリシア哲学者の師にほかならないと主張した。

ユダヤ思想とギリシア哲学を調和しようとする試みから、フィロンは「ロゴス論」を展開した。プラトン的な絶対超越神が、聖書が語るようにこの世界と密接に関わるためには、「仲介存在」としての「ロゴス(言葉)」が必要であった。本来「理性的表現」を意味する「ロゴス」は、ストア学派の哲学的概念になっていたが、フィロンは「ロゴス」を「神の力」と考え、神が「ロゴス」によって世界を創造し、「ロゴス」の仲介によって人間と関わると説明した。

このようなフィロンの宗教哲学は、ユダヤ的伝統を理解できない異邦人のための説明であったため、その後のユダヤ教史においては何の役割も果たさなかったが、二〜三世紀のキリスト教教父に深い影響を及ぼした。実際、七十人訳聖書を含めて、ヘレニスト系ディアスポラ・ユダヤ人の文化的遺産は、すべてキリスト教会に受け継がれた。このことは、ローマ世界にアピールしたキリスト教の本質が、ヘレニズム化したユダヤ教であったことを示している。

ローマ帝国各地において、強力な宗教的・民族的集団として確立していた離散《ディアスポラ》ユダヤ人の地位は、七〇年のエルサレム滅亡によっても変化せず、引き続き多数の改宗者がユダヤ人共同体に参加した。しかし同時に、ユダヤ人を嫌悪するヘレニズム化した住民との間の軋轢も尖鋭化した。一一五年に、アレクサンドリアで起こったこの種の衝突に端を発して、ローマ帝国東部全域の離散《ディアスポラ》ユダヤ人が、ローマ帝国とギリシア系住民に対して反乱を起こしたため、当時東方に遠征してパルティア人と戦っていた皇帝トラヤヌス(在位九八〜一一七)は東方征服を断念せざるをえなかった。一一七年までに反乱は鎮圧され、その結果、アレクサンドリアのコミュニティーを代表とするヘレニスト系ディアスポラは大打撃を蒙り力を失った。しかし、ローマ帝国が東方征服に失敗したおかげで、バビロニアのユダヤ人コミュニティーは安泰であった。このため、後にキリスト教化したローマ帝国の迫害を受けてパレスチナのユダヤ人コミュニティーが絶滅の危機に瀕したときに、バビロニアの離散《ディアスポラ》ユダヤ人は、ラビのユダヤ教を最終的に確立する大任を果たすことができたのである。

3　ローマ帝国との対決

熱心党と大反乱

ヘブライ語で「カナイーム」、ギリシア語で「ゼーロータイ」と呼ぶ「熱心党」は、エルアザルの子ピネハスが果敢な行動で示した「神のための熱心」(「民数記」25章6〜12節参照)を模範として、暴力に訴えても律法《トーラー》を死守しなければならないという信念に基づき、六六〜七〇年のローマ帝国に対する大反乱を引き起こした行動的諸党派の自称であった。熱心党は統一された党派ではなく、いろいろな種類と階級の人々が思い思いに参加した対ローマ武装抵抗運動の総称である。

熱心党運動の起源は、後六年に起こった反乱であった。この年、ヘロデの子アルケラオスをユダヤ民族支配者《エトナルケス》の地位から追放したローマ人は、ユダヤを帝国の直接支配下に置き、徴税組織を整備するための人口調査を行なった。これに対して、ガリラヤのユダとファリサイ派のツァドクが抵抗運動を起こした。彼らの主張によると、唯一の神のみを支配者とするユダヤ人がローマ皇帝に納税することは許されないことであった。そのうえ、武力によってローマ人を聖地から追い払うことがメシアの到来を早める道である、と彼らは信じていた。

熱心党運動の創始者の一人となったガリラヤのユダの家は、三代にわたり、対ローマ抵抗運動において中心的役割を果たした。ユダの父ヒゼキヤは、ハスモン家を滅ぼしたローマ人の支配に反抗して、ガリラヤ北部でゲリラ戦を指揮した人物であったが、前四六年頃、ガリラヤ知事であったヘロデに捕らえられ処刑された。他方、ユダの息子ヤコブとシメオンは、ローマ人のユダヤ総督ティベリウス・アレクサンドロス（在任四六〜四八）により、反乱罪で十字架刑にされた。さらに、大反乱の最初にマサダ要塞を占領したメナヘムはユダのもう一人の息子であり、エルサレム陥落後マサダに立てこもって最後の抵抗を続けたエルアザル・ベン・ヤイルもユダ家の一員であった。

歴史家ヨセフスによると、ガリラヤのユダ家の一派は「スィカリ」（短剣党員）であったという。しかし、ローマ人だけではなく、ローマ人と協力するユダヤ人有力者を次々と暗殺した「短剣党員《スィカリ》」は、総督フェリックス（在任五二〜六〇）の時代に出現した行動的過激派の一派であった。おそらく、ガリラヤの過激派にとくに敵意を抱いていた穏健派のヨセフスが、「テロ団」というような軽蔑の意味をこめて、彼ら全員を無差別に「スィカリ」と呼んだのであろう。いずれにしても、ガリラヤのユダ家の一派が、過激派中の過激派を形成していたことは事実であった。

思想的系譜からみて、熱心党運動のイデオロギーはファリサイ派のなかから生じた過激な行動理論であるが、熱心党運動のもう一人の創始者ツァドクは、まさにファリサイ派であった。彼が何者であったかはそれ以上何も伝えられていないが、その後の熱心党運動の展開から考えると、彼はエルサレムの過激派祭司団の指導者であったらしい。六六〜七〇年の大反乱中、エルサレムの祭司団を基盤とする熱心党は、ガリラヤの短剣党と激烈な内部闘争を演じた。もちろん、この内部闘争はのちの発展の結果であるが、熱心党運動に最初からガリラヤ派とエルサレム派があったことを示唆している。

ガリラヤ派とエルサレム派の間の大きな相違は、ガリラヤ派が対ローマ抵抗運動を下層階級の立場に立つ社会革命と結合してとらえていたのに対して、エルサレム派は社会問題にあまり関心を払っていない点であった。ガリラヤ派のイデオロギーは、ローマの支配を頂点とする体制の全面的変革を期待する下層階級を基盤とした「終末論」であった。そのため、ユダの子メナヘムや、東ヨルダン出身のシメオン・バル・ギオラのような指導者たちは、彼らの派閥によってメシアと認められた。これに対して、エルサレム派の体制改革は、一定の祭司家による大祭司職の独占を廃止するにとどまった。

しかし、現実にはガリラヤ派とエルサレム派はさらにいくつもの派閥に分裂し、各派閥間の関係も複雑であった。例えば、ガリラヤのギスカラ(グシュ・ハラヴ)出身のヨハナンは、エルサレム派と気脈を通じていたし、エルアザル・ベン・アナニアは大祭司アナニアの子であったが、短剣党と協力した。六六〜七〇年の大反乱が前二世紀のマカバイ反乱や、後二世紀に起こったバル・コフバの乱と違う点は、反乱したユダヤ人共同体が統一した指導体制を確立できなかったことであった。

アグリッパ王が死んでから六六年に大反乱が勃発するまで二二年間、次々と着任した七人のローマ人総督は全員、私腹をこやすために法を踏みにじり、ユダヤ人の宗教的誇りを傷つけ、反抗する者を容赦なく弾圧することに終始した。これに対抗して、民衆の支持を受けた熱心党のゲリラ活動が激化したため、社会の秩序と治安は急速に失われ、ユダヤは無政府状態に陥った。

それでも、反乱前最後の総督フロルス（在任六四〜六六）が着任するまでは、大祭司、ファリサイ派の指導者、アグリッパ二世など、穏健派の有力者たちが民衆をなだめて、ローマ帝国に対する決定的反乱を回避してきた。しかし、六六年にエルサレム神殿の宝庫からフロルスが金を盗んだことに端を発して起こった争乱を、穏健派はもはや制止することができなかった。熱心党の指導の下に決起したエルサレム市民がフロルスを追い払い、エルサレムのローマ守備隊を撃滅すると、大祭司の子、エルアザル・ベン・アナニヤの提案に従い、それまでエルサレム神殿でささげられてきたローマ皇帝の健康を祈願する犠牲が中止された。明白な反乱宣言に驚いた穏健派は武力による過激派の制圧を試みたが、かえって闘争に敗れ、過激派のエルサレム支配が確立した。しかも過激派は、エルサレムの反乱を鎮圧にきたシリア総督を撃退しただけではなく、撤退するローマ軍をベト・ホロンの隘路で攻撃して敗走させた。この大勝利を見て、それまで反乱参加をためらっていた人々も決心した。こうして、全ユダヤ人共同体がローマ帝国に対する反乱に突入したのである。

反乱鎮圧のため、ローマ皇帝ネロは、将軍ウェスパスィアヌスが率いる六万の大軍を派遣した。ユダヤ人は頑強に抵抗したが、六七年にガリラヤ、六八年の半ばまでに東ヨルダンがそれぞれ征服された。しかし、ここでネロが死に、ローマに政変が起こったため、ウェスパスィアヌスは軍事行動を停止して様子を見ていた。結局、六九年末に彼自身が皇帝位につくと、七〇年春に、彼の嗣子ティトゥスにエルサレム征服の任務が与えられた。

この間、エルサレムのユダヤ人反乱者は愚かにも内部闘争に明け暮れていたが、ティトゥスの指揮するローマ軍の接近を知って、ようやく協力して防衛体制を確立した。その結果、エルサレムの祭司団を率いるエルアザル・ベン・シメオンは神殿の丘、ギスカラのヨハナンはアントニア要塞、シメオン・バル・ギオラは上の町にそれぞれ立てこもって戦った。ユダヤ人の決死の抵抗に会って苦戦したティトゥスは、兵糧攻めにしたのち、アヴ月(八月)になって神殿の丘突入に成功した。エルサレムを占領したローマ人は、ユダヤ人反乱の焦点を地上から払拭する意図をもって、神殿を完全に破壊した。確かに、破壊された第二神殿をユダヤ人はもはや再建することができなかった。しかし、失われた神殿を永遠に記憶することは、この民族的宗教共同体を生かし続ける新しい活力になったのである。

ヤブネの賢者たち

熱心党は、最初から敗北を覚悟して大反乱を開始したわけではなかった。彼らの信仰によれば、ローマ帝国は終末時にこの世を支配する悪魔《サタン》の勢力であるから、最後の瞬間には神がメシアを派遣してローマ軍を撃破し、ユダヤ人共同体とエルサレム神殿を救助するはずであった。従って、七〇年のエルサレム滅亡によってその幻想が無残にも打ち砕かれた人々が、絶望の深淵に突き落とされたことは想像に難くない。エルサレム陥落後なお三年間、マサダ要塞に立てこもって英雄的抗戦を続けた短剣党員《スイカリ》たちが、最後に劇的な自殺をして全滅したことも、この深い絶望の表れである。

しかし、全ユダヤ人共同体が熱心党の熱狂的終末信仰に巻き込まれてローマ人と戦っていた時に、この反乱は民族と国土を破滅に追いやるだけであるから、別の方法でユダヤ人共同体は生き続けなければならない、と考えていた少数の人々がいた。この覚めたグループの代表者がヨハナン・ベン・ザッカイである。彼は、滅亡前のエルサレム議会《サンヘドリン》において、サドカイ派と論争したファリサイ派賢者の代表であった。最初、彼は、ローマ軍包囲下のエルサレムに踏みとどまり、無益な反乱を中止するよう人々を説得してみたが、説得できないことを悟ると、棺に入り死人を装って、熱心党員が脱走者を見張っていたエルサレムから脱出した。

後代の伝承によると、ヨハナンはウェスパスィアヌス皇帝と会見して、ヤブネにユダヤ人共同体の新しい中心地を設立する許可を得たことになっているが、そのようなことをローマ人が承認したとは考えられない。実際には、当時捕虜収容所であった海岸平野の町ヤブネに送られたヨハナンが、ローマ人の厳しい監視の下に、大反乱に敗れて絶滅寸前の民族・宗教共同体を再建する難事業に着手したのである。

この時まで、神殿でささげる犠牲によって、民族の罪は贖《あがな》われてきた。そこで、エルサレム神殿の破滅を見たヨハナンの弟子は、ユダヤ民族はもはや神の前に贖われて生きる方法を失ったと考えた。その時ヨハナンが語った言葉は、その後のユダヤ教の発展する方向を示している。「わが子よ、悲しんではならない。それ〔犠牲〕と同様に有効な贖いの手段を我々はもっている。それは憐みの業《わざ》である。「我は憐みを好み、犠牲を好まず」と「預言者《ネヴィイーム》」にあるではないか」〔「アボット・デラビ・ナタン」4・21〕。

ヨハナンはまず、それまで神殿で開催されていた議会《サンヘドリン》をヤブネに設立した。ヤブネの議会《サンヘドリン》は、早速ユダヤ暦を定め、タッカノート（法規改正）を行ない、神殿を失ったユダヤ人がなお民族・宗教共同体として生きていくための基本的枠組を確立した（「ユダヤ暦」については二四六頁以下参照。「法規改正」については二三九頁参照）。神殿の滅亡とともに、サドカイ派も熱心党も消滅し、エッセネ派まで姿を消した。従って、ヤブネに集まった人々はすべてファリサイ派の賢者たちであったが、ヨハナンとともにヤブネの議会に参加した賢者たちの数は限られていた。ローマ人の監視が厳しかっただけではなく、最後の瞬間にエルサレムを見捨ててローマ皇帝の慈悲を仰いだヨハナンを、多くの賢者たちは許せなかったらしい。

やがてヨハナンは自らヤブネを去り、彼が建てたヤブネの議会の「ナスィ」（総主教）にヒレル家のガマリエル二世が着任する道を開いた。議会の議長としての総主教職がいつから始まったかについては議論があるが、ヤブネにおいて総主教《ナスィ》になったガマリエル二世以後、五世紀にビザンツ帝国がこれを廃止するまでの期間、国家を失ったユダヤ人共同体の最高指導者として、総主教《ナスィ》は「王」に匹敵する権威をもっていた。しかも、総主教職は、たった一回の中断を除き、ダビデ家の子孫であると称するヒレル家によって継承された。このことは、独立国家復興の希望と結びついた。九六年に、皇帝ドミティアヌスが没し、ウェスパスィアヌスが創始したフラウィウス朝が終焉すると、ローマ支配当局は総主教《ナスィ》ガマリエルをユダヤ人共同体の首長として正式に承認した。

ガマリエルの下で、離散《ディアスポラ》の地も含む全ユダヤ人共同体内におけるヤブネの議会《サンヘドリン》の権威は確立した。この時代に議会は、法規《ハラハー》の実行、解釈、改正を決定する最高機関であると同時に、律法《トーラー》研究の「イェシヴァ」（教学院）として活動した。第二神殿時代に、律法《トーラー》学者の法規《ハラハー》解釈は相当程度自由であったため、シャンマイ学派とヒレル学派は共存することができた。しかし、自由な法規《ハラハー》解釈が大反乱後の混乱したユダヤ人社会再建の妨げになると悟ったガマリエルは、すべての法規《ハラハー》解釈をヒレル学派の解釈に統一しようとした。この決定には強い反発があり、一時ガマリエルは総主教《ナスィ》の地位から追われる羽目に陥ったが、結局、法規《ハラハー》解釈の統一を目指す方向は、徐々に賢者たちの間に浸透していった。ただし、法規《ハラハー》は多数決に従って決定されるが、少数意見を必ず付記するという慣行も成立した。

ヤブネの賢者たちが、非常に困難な条件下に比較的短い年月の間に、エルサレム神殿なしで、ユダヤ民族・宗教共同体が生き残るための新しい生活形態と思想を創造するという偉業をなしとげたことは驚嘆に値する。日々の祈禱の中心である「立禱《アミダー》」の定形、過越祭晩餐の「式次第《セデル》」、神殿滅亡を記念する「アヴ月九日祭」の断食など、ヤブネ時代に決定された多くの典礼や慣習は、そのまま今日まで守られている。さらにヤブネにおいて、それまでユダヤ人共同体の指導者であった祭司が姿を消し、代って権威を確立した律法《トーラー》学者を「ラビ」に叙任する制度も始まった。

ヤブネの賢者たちが下した決定のなかで、ユダヤ教の枠を越えて重大な影響を後世に及ぼした事件は、正典聖書の結集であった。伝承によると九〇年頃、ヤブネで開催された正典結集会議に集まった律法学者が、ユダヤ教の「聖書」にどの書物を含め、どの書物を除外するかという決定を下して正典聖書が結集されたという。正典結集会議の直接原因は、ギリシア語訳聖書（七十人訳）によってイエスがメシアであったことを証明しようとするキリスト教徒と論争するためと、ユダヤ教の信仰と実践が聖書の一字一句に基づくという認識から、律法学者《トーラー》たちがヘブライ語聖書の正典と本文を厳密に決定する必要を感じていたことであった。いずれにせよヤブネにおいてユダヤ人共同体は、それまで生活の中心であった神殿の代りに、共同体の永遠の基準《カノン》として、「正典《カノン》」として結集された「聖書」を所有するようになったのである。

第二反乱

大反乱によって崩壊したエルサレムの指導体制に代ってヤブネに創立された新指導体制を中心として、ユダヤ人共同体の再建は急速に進められた。ヤブネ体制の指導者となったファリサイ派賢者は「ラビのユダヤ教」の確立を目指したが、ローマ帝国の支配に対する武装抵抗については否定的であった。それにもかかわらず、大反乱後一世代もたたない八〇年代末期以後、ドミティアヌス（在位八一〜九六）の厳しい反ユダヤ政策に反抗して、パレスチナのユダヤ人はしばしば騒乱を引き起こした。

ドミティアヌスが死んでフラウィウス朝が断絶すると、皇帝位を継いだネルウァ（在位九六〜九八）がユダヤ人に対して宥和策をとったため、ローマ帝国とユダヤ人の関係は一時好転したが、次の皇帝トラヤヌスの末期にエジプトのユダヤ人コミュニティーで起こった反乱は、キプロスやメソポタミアの離散《ディアスポラ》ユダヤ人の間にも飛び火し、それに呼応してパレスチナのユダヤ人も騒乱を起こした。一一五〜一一七年の間、ローマ帝国東部をゆり動かしたユダヤ人の反乱は、エジプト、キプロスなどのユダヤ人コミュニティーが潰滅的打撃を蒙《こうむ》ることによって一応鎮圧された。ハドリアヌス(在位一一七〜一三八)の治世は、再びユダヤ人に対する宥和的姿勢で始まった。彼は東方滞在中に、エルサレムをユダヤ人に返還し、神殿再建を許可することすら考えたといわれている。

しかし、間もなくハドリアヌスは親ユダヤ政策を放棄し、一転してユダヤ教弾圧を始めた。その理由は必ずしも明白ではないが、新ヘレニズムによる帝国の統一を目指した皇帝は、ユダヤ教を「反文明的」宗教とみなしたらしい。割礼が禁止され、続いて、エルサレムをローマ都市「アエリア・カピトリーナ」として再建する計画が発表された。これは、ハドリアヌスの家族名アエリウスと、ローマ市の守護神ユピテル・カピトリヌスの名を組み合わせた都市名である。このローマ都市によって、神殿が破壊されたのちもなおユダヤ人がメシア待望と結合して記憶し続けているエルサレムの名を、地上から抹殺しようとする計画であった。

ハドリアヌスの反ユダヤ政策がユダヤ教の絶滅を目指していることを、ユダヤ人共同体は悟った。もはや反乱以外に、唯一の神に対する忠節を守る方法はないように思われた。そこで、ひそかに反乱準備が進められたのち、一三二年に、シメオン・バル・コフバに率いられてユダヤ人は一斉に蜂起した。バル・コフバの本名が「ベン・コスィバ」であったことは、一九五〇年代初頭に発見された彼の自筆の書簡によって証明された。バル・コフバ(「星の子」)という名は、「ヤコブから一つの星《コハブ》が出」(「民数記」24章17節)という聖句をメシア預言と考える解釈に基づき、彼をメシアと認めた人々によってつけられた渾名であった。事実、当時最大の律法《トーラー》学者ラビ・アキヴァは、シメオン・バル・コフバがイスラエルの「王でありメシアである」と宣言した。

最初の二年間、バル・コフバは大勝利を収め、エルサレムとパレスチナの相当部分が解放された。彼は強力な中央集権の確立に成功したらしい。反乱中に、「イスラエルの救い」「イスラエルの解放」「エルサレムの解放」という言葉と、その年号「一年」「二年」「三年」を刻み込んだ貨幣が鋳造された。しかし、ブリタニア知事ユリウス・セウェルスを司令官とする大部隊が投入されると、バル・コフバは結局エルサレム南西の丘ベタルに追いつめられ、一三五年夏、ベタルの陥落とともに彼が戦死して反乱は終った。伝承によると、第一神殿と第二神殿が破壊されたアヴ月九日に、ベタルも陥落したことになっている。

第二反乱の結末は、六五年前の大反乱の時よりさらに悲惨であった。反乱中の戦闘で五八万人のユダヤ人が殺され、そのほかに無数のユダヤ人が飢餓や火災で死んだ。ユダヤ地方に生き残ったユダヤ人は奴隷として海外に売り飛ばされ、文字通りユダヤ地方からユダヤ人が一掃された。属州「ユダヤ」はその名称を「パレスチナ」に変更されてシリア州の一部とされ、エルサレムの廃墟には、神殿の丘にユピテル神殿をもつローマ都市「アエリア・カピトリーナ」が、反乱前の計画通り建設された。ユダヤ人のエルサレム立ち入りは、違反者を死刑にする罰則によって禁止されたが、その二〇〇年後になって、ようやく一年に一日だけアヴ月九日に神殿の破壊を嘆くため、旧神殿を囲む城壁の西の壁の前に集まることが許された。

反乱鎮圧後、ハドリアヌスはユダヤ教を徹底的に弾圧した。ヤブネの議会《サンヘドリン》を解散させ、礼拝のためシナゴグに集まることも、律法《トーラー》を教えることも、割礼などの戒律を守ることも、すべて違反者を死刑にする罰則によって禁止した。しかし、多数のユダヤ人は生命がけでこの禁令を破って殉教の死を選んだ。この殉教の先頭に立ったのが、ラビ・アキヴァをはじめとする指導的な律法学者《トーラー》たちであった。

なぶり殺しの刑を受けながら、喜悦に満ちたアキヴァの表情を見て、「お前は魔法使いか」とローマ人が聞くと、アキヴァは、「いや、わたしは魔法使いではない。ただ、今まで「心と力を尽くして」神を愛すことしかできなかったが、今、わたしの「生命を尽くして」神を愛す機会が与えられたことが嬉しいのだ」と答えたという。これは、一神教の告白「聞け《シェマ》イスラエル」の後半、「心を尽くし、生命を尽くし、力を尽くして汝の神を愛すべし」という箇所を指した言葉である。

ハドリアヌスの厳しい迫害の時代を背景として、「十人の殉教者」という説話《ハガダー》が生まれた。この説話は、偉大な律法学者《トーラー》一〇人の逮捕、拷問、処刑の有様を描いているが、このなかから、今日までユダヤ教典礼のなかで用いられている多数の詠歎歌の主題がとられた。第二反乱とそれに続いた迫害の結果、ユダヤ人は祖国ユダヤから追放されたが、この時流された殉教者の血の記憶は、国土を失ったユダヤ人共同体を生かし続けるもう一つの活力になったのである。

ガリラヤにおける復興

ハドリアヌスの迫害がさらに長期間続いていたら、パレスチナのユダヤ人共同体はこの時すでに絶滅していたであろう。幸い、反乱鎮圧後の迫害が始まって三年目にハドリアヌスは死に、アントニヌス・ピウス(在位一三八〜一六一)がローマ皇帝になった。新皇帝の下で、アエリア・カピトリーナ(エルサレム)への立ち入り禁止令など、ユダヤ人に対する制限措置はそのまま継承されたが、ユダヤ教の組織的迫害は停止された。

迫害中地下に潜伏したり、国外に逃亡していたラビたちは、ただちにガリラヤのウシャに集まって新しい議会《サンヘドリン》を設立した。その中心人物はラビ・アキヴァの高弟ラビ・メイルであったが、やがてヒレル家のシメオン・ベン・ガマリエル二世も参加して総主教職を復活した。彼は反乱に積極的に参加してベタルにいたため、ベタル陥落後ローマ政府による指名手配を受け、長い間潜伏していたのである。

反乱失敗と弾圧の結果、ユダヤ地方にはほとんどユダヤ人が残っていなかった。そのため、この時から五世紀に総主教職が廃止されるまで、パレスチナにおけるユダヤ人共同体の中心地はガリラヤ地方にあった。その後、議会《サンヘドリン》の所在地は、ウシャからシェファルアム、ベト・シェアリーム、ツィッポリというようにガリラヤ内を転々と移動したのち、三世紀半ばにティベリアスに落ち着いた。このようにその所在地は次々と変ったが、ガリラヤの議会《サンヘドリン》は、壊滅したヤブネの議会《サンヘドリン》に代って、ユダヤ人共同体の最高指導機構としての権威を確立し、離散民《ディアスポラ》も含む大ユダヤ民族・宗教共同体を組織的に維持するための中心的役割を果たした。

当時、バビロニアのユダヤ人コミュニティーは離散民の中心勢力であった。そのため、ハドリアヌスによる迫害の時代にパレスチナの議会が機能を停止すると、バビロニアのコミュニティーは独自の最高議会を設立し、ウシャの議会が復活したのちも、独立を保持しようとした。しかし、シメオン・ベン・ガマリエルの政治的説得が効を奏して、結局、バビロニアのコミュニティーもガリラヤの議会の権威を受け入れた。ウシャの議会は、総主教《ナスィ》のほかに、バビロニア出身のナタンが最高法廷の議長（アヴ・ベト・ディン）、メイルが教学院《イェシヴァ》の最高責任者（ハハム）に任命され、三頭制度によって運営された。その後も最高法廷の議長にバビロニア出身のラビを任命することにより、ガリラヤの議会は、最大の離散民《ディアスポラ》コミュニティーの協力を確保することができたのである。

一九二年に、ハドリアヌスが属した敵対的王朝アントニヌス家が断絶し、翌年セウェルス・セプティミウスがローマ皇帝になると、セウェルス朝時代（一九三～二三五）を通して、ユダヤ人とローマ帝国の関係は著しく好転した。ユダヤ伝承によると、セウェルス朝のある皇帝はユダヤ教に改宗したというが、これは明らかに誇張である。しかし、おそらく、この皇帝は、当時の総主教《ナスィ》ユダと親交のあったセウェルス・アレクサンドロス（在位二二二～二三五）のことであろう。

シメオン・ベン・ガマリエルの子ユダは、老ヒレルの七代目の子孫にあたる。その優れた学殖と人格、堅実な裁定と支配、それにローマ皇帝と結んだ親交を背景として、彼は歴代総主教《ナスィ》のなかでも最も権威のある指導権を確立した。彼は一方で王の宮廷にも匹敵する総主教院を保持したが、他方で貧者の救済に熱心であった。とくに律法《トーラー》研究を重んじ、貧乏な学生や学者の経済的援助を惜しまなかった。神殿の破壊者の子孫であるローマ人の帝国が、バビロニアやペルシアと同じように必ず滅びることを確信していたが、その時の決定は神の計画のなかにあって今は隠されているという信仰のゆえに、自分の力でローマの滅亡を早めようとする者を、彼は（神に対して）「不平を唱える者」と呼んだ。今は律法《トーラー》に基づいて、ユダヤ民族・宗教共同体の内部統一を確立すべき時である、と考えていたのである。

この信念を、口伝律法の集大成である「ミシュナ」の編纂によってユダは実現した。第二神殿時代のユダヤ人共同体は、口伝律法が定める法規《ハラハー》の絶え間ない研究、解釈、改正によって、唯一の神を信じる独自の民族・宗教共同体を維持してきたのであるが、とくに老ヒレルの時代から二世紀間に、律法《トーラー》学者たちは、急激に変化した状況に応じて、法規《ハラハー》の解釈と改正の膨大な集積を残した。すでに述べた通り、ヤブネ時代に法規解釈の統一が図られたが、他方、その頃から各地に建てられた「バッテー・ミドラシュ」(律法学習塾)において、ラビたちは法規《ハラハー》解釈の可能性が多数あることを示し、各ラビ独自の法規解釈は各律法学習塾《バッテー・ミドラシュ》において師から弟子に口伝として伝えられていった。

口伝律法の研究を推進するためには、これらの膨大な研究結果をまず整理する必要があった。そのため、ヤブネ時代末期にラビ・アキヴァは法規《ハラハー》の項目別収集を始めており、その後、彼の弟子たちが、口伝律法の収集活動を続けた。ユダはこれら先人の収集活動をすべて利用して、それまであった口伝律法集すべてにまさる包括的な編集により、法規《ハラハー》解釈の集大成である「ミシュナ」を完成したのである。ユダの「ミシュナ」はただちにユダヤ人共同体によって、「聖書」に次ぐ聖典と認められた。

ユダは一般に「ユダ・ハナスィ」(「総主教中の総主教であるユダ」の意)、あるいは単に「ラビ」(「ラビのなかのラビの意」)と呼ばれる。彼の「ミシュナ」編纂がその後のユダヤ教の発展に及ぼした重大な貢献を考えると、彼がこの尊称にふさわしいことがわかる。しかし、彼の偉大な作業が、第二反乱とそれに続いて起こった厳しい迫害を耐え抜き、満足な衣食住にもこと欠く貧窮のなかで律法《トーラー》研究を続けたラビたちと、それを支えたユダヤ人共同体の宗教的努力の総合として成立したことを忘れてはならない。ユダヤ教絶滅計画において、ハドリアヌスは完全に失敗したのである。

ビザンツ・キリスト教帝国の支配

ディオクレティアヌス(在位二八四〜三〇五)は、セウェルス朝断絶後続いた政治的混乱の収拾には成功したが、キリスト教徒の弾圧に失敗して退位した。四世紀初頭までにローマ帝国の隅々に浸透していたキリスト教会は、帝国支配者がもはや敵に回すことができないほどの大勢力に成長していたのである。この状況を正しく理解して、キリスト教を公認しただけではなく、これをローマ帝国の国教にすることにより、東ローマ帝国の基礎を据えた皇帝がコンスタンティヌス(在位三〇六〜三三七)であった。彼はビザンティウムを新しい首都に定め、これをコンスタンティノープルと改名した(現在のイスタンブル)。このため、その後一〇〇〇年以上続いた彼の帝国は、ビザンツ帝国とも呼ばれる。

四世紀にキリスト教がローマ帝国の国教と宣言されると、ユダヤ教には「セクタ・ネファリア」(邪悪な宗派)という烙印が押された。この時以来帝国の政策決定に大きな発言力をもったキリスト教会の主張に従って、ビザンツ帝国は次々と反ユダヤ法を制定した。例えば、ユダヤ教の伝道活動とユダヤ教に改宗することは死刑の罰則によって禁止された。ユダヤ人によるキリスト教徒の奴隷所有も禁止され、キリスト教徒と性交したユダヤ人は死刑に定められた。

ビザンツ帝国は、ユダヤ教を禁止しなかったが、ユダヤ教徒が惨めな姿をさらすことは、キリスト教会の勝利の証明であると説明して、ユダヤ人に対する憎悪と軽蔑を助長した。帝国統一のためのヘレニズム的イデオロギーを受け入れず、皇帝礼拝を拒否し、二度も大反乱を起こしてローマ帝国の支配に対する敵意を隠そうとしなかったユダヤ人を、元来ローマ人は嫌悪していた。このユダヤ人嫌悪が、キリストを十字架にかけた人々の子孫を赦すことは神意に反する、というキリスト教神学によって正当化されたのである。こうして四世紀に成立したローマ人とキリスト教会の結合は、実に現代まで続くユダヤ人迫害の不幸な歴史の発端となった。

ナザレのイエスをキリスト(メシア)と認めない者に対するビザンツ教会の容赦ない攻撃をまともに受けた人々のなかに、パレスチナのユダヤ人共同体があった。イエスの聖蹟のゆえにパレスチナを聖地と認めたキリスト教会は、この聖地が「イスラエル」の「真の相続者」であるキリスト教会の所有になったと主張した。さらに、ローマ帝国に対する反乱の結果、ユダヤ人がエルサレムとユダヤ地方から追放された事件を、神がユダヤ民族を見捨てた証拠であると解釈することにより、聖地に対するキリスト教会の所有権は正当化された。

あまりにも強大になったキリスト教会を抑制しようとして、ユリアヌス(在位三六一〜三六三)はギリシア宗教の復興を図った。教会から「背教者」と呼ばれたこの皇帝は、ユダヤ人を寛大に扱い、エルサレム神殿の再建許可まで約束したが、何も実現しないうちに暗殺されたため、すべては短いエピソードで終った。その後、パレスチナのユダヤ人共同体に対するビザンツ帝国の圧迫はますます強化され、キリスト教が公認されてから約一世紀後の四二五年に、当時ティベリアスにあった総主教職は勅令によって廃止された。これによって、ガリラヤに残っていたユダヤ人共同体の組織は壊滅し、ユダヤ人は「祖国」を完全に失ったのである。

ビザンツ帝国が徐々にパレスチナのユダヤ人共同体の絶滅を図っていた時代に、律法学者《トーラー》たちは、たとえ総主教《ナスイ》による共同体の統一が不可能になっても、離散したユダヤ人がユダヤ人として生きていく拠り所を造り出そうと努力していた。この努力の結晶として、「パレスチナ・タルムード」、ないしは「エルサレム・タルムード」として知られる「ミシュナ」の注解が生み出されたが、ビザンツ・キリスト教会の厳しい追及のなかで行なわれたこの作業は、量的にも質的にも不十分であった。その完成は、ビザンツ帝国の支配圏外にあったバビロニアのユダヤ人コミュニティーの課題として残されたのである。

バビロニアの教学院《イェシヴァ》

当時バビロニアにいたユダヤ人の律法学者がキリスト教徒に対し、キリスト教徒がイスラエル（ユダヤ人）を絶滅しないのは、「どのようにしてそうすればよいか君らが知らないからだ。彼らを全員絶滅しようというのか。しかし彼らは君らの間にはいない……。それは、聖者——彼に栄光あれ——がイスラエルを諸国民の間に散らされた時に用意された恵みの業であった」〔バビロニア・タルムード「ペサヒーム」87b〕といっている。実際、ビザンツ・キリスト教帝国の手の届かない所にバビロニアのユダヤ人コミュニティーが存在していなかったなら、ラビのユダヤ教は完成しなかったであろう。

前六世紀のバビロン捕囚（一一九頁以下参照）以来、バビロニア地方（現在のイラク）には強力なユダヤ人コミュニティーが存在した。この地方の支配者は、新バビロニアからアケメネス朝ペルシア、アレクサンドロスとその後継者のセレウコス家、パルティア、そして三世紀にはササン朝ペルシアへと次々と交替したが、これらの支配者の支配体制が地方分権的であったため、ユダヤ人共同体は少数民族コミュニティーの自治権を維持することができたのである。

バビロニアのユダヤ人共同体は、「レシュ・ガルータ」(捕囚民の長)と称する世襲首長によって支配されていた。彼らは、前六世紀に捕囚されたダビデ家の王の直系の子孫であると称していたが、この制度に関して現存する記録は後二世紀に始まる。捕囚民の長《レシュ・ガルータ》は、パレスチナのユダヤ人共同体を支配した総主教《ナスィ》にあたる。しかし、老ヒレルの子孫である総主教たちが代々優れた律法《トーラー》学者であったのに対して、捕囚民の長《レシュ・ガルータ》は必ずしも律法《トーラー》学者ではなかった。たしかに、何人かの捕囚民の長《レシュ・ガルータ》は律法《トーラー》学者であったし、原則として捕囚民の長《レシュ・ガルータ》と律法《トーラー》学者の間には相互依存関係が成立していた。しかし、時に捕囚民の長《レシュ・ガルータ》が「ダビデの子孫」という身分に基づいて、自分が正統な支配者であると主張したのに対して、律法《トーラー》学者たちは、ユダヤ人共同体を支配する原則は律法《トーラー》であると反駁した。これは、最初の律法《トーラー》学者エズラを生み出して以来続いてきたバビロニアのユダヤ人共同体の伝統であった。

第二神殿時代を通じて、バビロニアのユダヤ人は、エルサレムにあったユダヤ人共同体の中心と密接なきずなで結ばれていた。この時代に、エルサレム神殿を維持するために毎年一人半シェケル(一日の労賃)の献金をする習慣が全離散地《ディアスポラ》で確立していたが、バビロニアのユダヤ人はこの献金をすべてニスィビス(現在のトルコとシリアの国境上の町)に集め、ここから大群衆によって護衛してエルサレムに送った。バビロニアからエルサレムにきて活躍した人々も多数いたが、そのなかにはヘロデに任命された大祭司ハナメルや、ファリサイ派賢者の最も重要な指導者となった老ヒレルのような著名な人々がいた。

第二神殿時代の律法《トーラー》研究の中心はエルサレムにあり、エルサレム滅亡(七〇年)後はヤブネに移った。バビロニアを含む離散地《ディアスポラ》の学生たちは、これらパレスチナの研究中心地に集まった。しかし、第二反乱(一三二～一三五年)とそれに続く迫害の時代に、多数のユダヤ人がパレスチナからバビロニアへ逃亡したことが契機となって、バビロニアに律法《トーラー》研究のイェシヴァ(教学院)が設立された。当時バビロニアには、パレスチナと並ぶ最も重要なユダヤ人世界の中心地があった。これは、第二反乱の一世代前にトラヤヌスに対する反乱(一一五～一一七年)に失敗した結果、アレクサンドリアを中心とするヘレニストの離散《ディアスポラ》ユダヤ人コミュニティーが勢力を失った後に出現した状況であった。

第二反乱と迫害のためにパレスチナのユダヤ人共同体が潰滅状態に陥っていた頃から、バビロニアのユダヤ人はパレスチナの権威に対するバビロニア・コミュニティーの独立を主張し始めた。結局、総主教《ナスィ》が主宰する議会《サンヘドリン》がガリラヤにある(二世紀半ばから五世紀初めまで)間は、バビロニア出身のラビたちが議会に参加することにより、全ユダヤ人世界の統一された権威の分裂は回避された。

しかし、三世紀初めに、総主教《ナスィ》ユダの下で律法《トーラー》を学んだラヴがバビロニアへ帰り、スーラ(バグダードの南五〇キロメートル、ユーフラテス河畔の町)に教学院《イェシヴァ》を開設して以来、律法《トーラー》研究の中心は事実上バビロニアへ移った。同じ頃、スーラから五〇キロメートル上流の町ネハルデアにも有名な教学院《イェシヴァ》が開設されたが、これはその後さらに三〇キロメートル上流の町プンベディタに移った。以後十一世紀半ばまで、バビロニアのユダヤ人はスーラとプンベディタの教学院《イェシヴァ》で行なわれた律法《トーラー》研究の結果に従って、ユダヤ人共同体の維持に努めた。

「ミシュナ」が完成したために、律法《トーラー》研究のためのパレスチナ旅行の必要性が減少した。そのうえ、ビザンツ・キリスト教帝国の弾圧が始まると、多数の律法《トーラー》学者がパレスチナからバビロニアへ移住してきた。こうして、バビロニアのユダヤ人コミュニティーは律法《トーラー》研究の黄金時代を迎えた。ラビのユダヤ教の最終的体系を決定した「バビロニア・タルムード」は、バビロニアの教学院《イェシヴァ》における律法《トーラー》研究の集大成として、五世紀末までに編纂されたのである。

4　ラビのユダヤ教

正典聖書

ユダヤ人は「聖書の民族」、ユダヤ教は「聖書の宗教」といわれる。これは、聖書がユダヤ教の正典《カノン》であると同時に、ユダヤ人共同体の生き方の基準《カノン》であることを意味している。正典を表わす「聖書」という用語の語源は、ヘレニズム時代に用いられだしたヘブライ語、「ハ・スファリーム」である。「ハ」は定冠詞、「スファリーム」は「書物」(複数)で、「諸々の書物のなかの最高の書物群」を意味する。このギリシア語訳「タ・ビブリア」から、ラテン語を経由してヨーロッパ語の「ラ・ビブル」(仏)、「ディー・ビーベル」(独)、「ザ・バイブル」(英)などが派生し、それに「聖」という形容詞がつけられて「聖書」になった。

語源が示す通り、聖書は元来一冊の書物ではなく、複数の書物の集成であるが、この結集作業は第二神殿時代を通じて三つの段階で順次行なわれた。その結果成立した「トーラー（律法）」「ネヴィイーム（預言者）」「ケトゥヴィーム（諸書）」という三つの集成は、そのままヘブライ語原典聖書を構成する三分冊となり、ユダヤ教徒の聖書の正式名称となった（八頁参照）。

この歴史的三部構成を放棄したのは、ギリシア語訳聖書であった。それも、おそらく、キリスト教徒のギリシア語訳「旧約聖書」がもち込んだ変更であったと考えられる。ここでも「律法《トーラー》」には手がつけられなかったが、「預言者《ネヴィイーム》」と「諸書《ケトゥヴィーム》」の各書は、歴史、詩と教訓、預言というジャンルによって分類され、配列しなおされた。これがキリスト教徒の「旧約聖書」の伝統となり、邦訳「旧約聖書」にも引き継がれている。

伝統的なユダヤ教徒の聖書は、次のように分類配列された二十四書から構成されている。

(1)　律法（トーラー）――五書

1　創世記

2　出エジプト記

3　レビ記

4　民数記

5　申命記

(2)　預言者（ネヴィイーム）――八書

(a)　前の預言者

1　ヨシュア記
2　士師記
3　サムエル記（上下）
4　列王記（上下）

(b)　後の預言者

5　イザヤ書
6　エレミヤ書
7　エゼキエル書
8　十二小預言者
ホセア、ヨエル、アモス、オバデヤ、ヨナ、ミカ、ナホム、ハバクク、ゼファニヤ、ハガイ、ゼカリヤ、マラキ

(3)　諸書（ケトゥヴィーム）――十一書

1　詩篇
2　箴言
3　ヨブ記
4　雅歌
5　ルツ記

6　哀歌
7　コヘレトの言葉
8　エステル記
9　ダニエル書
10　エズラ・ネヘミヤ記
11　歴代誌(上下)

聖書の三区分中、最も重要な「律法《トーラー》」の結集作業が、すでに王国時代末期に始まっていたことは、申命記改革のプログラムになった律法《トーラー》の巻物(一〇八〜一〇九頁参照)の存在が示している。この作業はバビロン捕囚を通じて継続され(一一八頁参照)、前五世紀までに「モーセの律法」として編纂された。これを、エズラがエルサレムに携《たずさ》えてきた(一六〇頁参照)。「モーセ五書」という名でも知られる「律法《トーラー》」の最終的結集は、前四〇〇年頃に終了したと考えられる。

「律法《トーラー》」の結集が刺激となって、その後約一〇〇年間に「預言者《ネヴィイーム》」の集成が成立したらしい。これに対して、第三区分「諸書《ケトゥヴィーム》」の結集は一世紀末までかかった。どの書物を正典に含め、どの書物を除外するかということに関して、ユダヤ人共同体全員の意見がなかなか統一されなかったからである。結局、神殿滅亡後、ヤブネに集まった学者たちが最終的決定を下して、ユダヤ教の正典聖書は完結した(二二〇〜二二一頁参照)。この時ヘブライ語正典聖書から除外された多数の書物が、ギリシア語訳とその他の古代訳聖書に含まれている。のちに「外典」および「偽典」という集成で知られるこれらの書物を後世に伝えたのは、キリスト教会であった。しかし、ミシュナ・タルムード時代のラビたちは、これらを全く無視した。彼らにとって、正典《カノン》聖書が唯一の基準《カノン》だったのである。

口伝律法

前五世紀中葉に、エルサレムの水の門の広場に集まった群衆に向かって、エズラと彼に従ってバビロニアからきた学者たちは、「モーセの律法」を朗読し、それと同時にその意味を解説した〔「ネヘミヤ記」8章1～8節〕。この集会が引き起こした宗教的覚醒運動が、ラビのユダヤ教の出発点となったのであるが（一六〇頁以下参照）、実際にラビのユダヤ教のダイナミックな展開を可能にしたのは、ここに初めてはっきりと記録された律法《トーラー》の「解説」という作業であった。朗読した律法《トーラー》を「解説」、ないしは「解釈」して聞かせるという慣習は、バビロニアの捕囚民の間で起こったらしい。

すでに述べた通り、捕囚時代を通して、律法《トーラー》を民族共同体の存立基盤と考えたバビロニアのユダヤ人は、次々と律法《トーラー》集を編纂した（一二八頁以下参照）。これらの律法《トーラー》集は、ヤハウェ信仰とともに古い律法観により、神聖な絶対的法典とみなされた。従って、このような過程を経て、前四〇〇年頃集大成された「律法《トーラー》」〔「モーセ五書」〕が、もはや一文字の加筆も削除も許されない、絶対に変更不可能な成文化された律法《トーラー》として完結したことは不思議ではない（のちに正典聖書が完結すると、「律法《トーラー》」の神聖な絶対性は、正典に含まれたすべての書物にも付与されるようになる）。

ところで、ユダヤ人共同体にとって律法《トーラー》は、抽象的教訓ではなく、共同体の現実的生活全体を律する具体的な「定め」であり、「おきて」であった。そこで、「成文律法」（トーラー・シェ・ビクタヴ）の成立と同時に、律法《トーラー》の「解釈」という作業が必要になったのである。

どこの世界であっても、成文法典の固定した条文を現実の流動的状況に適用しようとするならば、条文解釈という作業を通さなければならない。どんなに詳細に規定しても、成文化された条文によって現実の多様な現象をすべて網羅することはできないからである。しかも、成文法典というものは、時がたつうちに、不断に変化する現実とずれてくる宿命を負っている。その場合、しばしば法律改正を行なって、成文法典と現実の状況の適合を図るのが一般に行なわれている方法である。しかし、ユダヤ人共同体にとって、「成文律法」は絶対に変更することの許されない神聖な法典であった。そこで、固定した律法《トーラー》によって流動する現実を律するための唯一の手段として、成文律法の「解釈」を無限に続けるという方法がとられ、現実の状況と適合するよう解釈された規定や教えを「口伝律法」（トーラー・シェ・ベアル・ペー）と呼んだのである。この間の事情をラビ伝承は次のように説明する。

モーセはシナイから(口伝)律法を受け、それをヨシュアに伝えた。ヨシュアは長老たちに、長老たちは預言者たちに、預言者たちはそれを大シナゴグの人々に伝えた。

［ミシュナ「父祖」1・1］

「大シナゴグの人々」とは、エズラとともにエルサレムにきた律法《トーラー》学者を指す。従って、口伝律法は、成文律法とともに、シナイ山でモーセに授けられ、エズラまで伝えられてきた律法《トーラー》にほかならない、ということをこの伝承は主張している。これは歴史的主張というよりは、成文律法の成立と同時に、その解釈作業としての口伝律法が必要であった、という事情の表現として理解されるべきであろう。

口伝律法は、原則として成文律法の解釈であったが、実際には、この「成文律法の解釈」という方法を「拡大解釈」して、成文律法とは直接関係のない権威に基づく規定や教えもそのなかに含まれた。

口伝律法の規定や教えを導き出すために、三種類の方法が用いられた。第一は「ミドラシュ」である。これは「求める」を意味する動詞「ダラシュ」から派生した名詞で、聖書、とくに「律法《トーラー》」(「モーセ五書」)を「調べること」、すなわち「注解」を意味する。第二は「ハラハー」で、その原意は「歩き方」である。ユダヤ人共同体成員の正しい「歩き方」、すなわち「法規」を意味する。ハラハーの権威の基盤は広範囲に及び、成文律法の直接的解釈や裏付けをもたない規定もハラハーに含まれる。例えば、古代から受け入れられてきた慣習や、権威ある賢者の決定、あるいは賢者たちの多数決はすべてハラハーになった。従って、成文律法の精神を現実に生かすための「タッカノート」(法規改正)は、ハラハーとして容易に可能であったのである。

第三は「ハガダー」(あるいは「アガダー」)である。「語る」を意味する動詞「ヒッギード」から派生した名詞で、「物語」「伝説」「説話」などを指す「ハガダー」は、聖書のなかの法規《ハラハー》的性格をもたない箇所や、民話に基づく「教え」である。

以上三種類の方法で得られる口伝律法の研究を「ミシュナ」という。原意「繰り返すこと」から転じて(口伝律法を)「教育学習すること」を意味した「ミシュナ」という用語は、同時に、「朗読するもの」(ミクラ)である成文律法と対照的に、師《ラビ》から弟子に口頭で伝授される律法《トーラー》、すなわち口伝律法そのもの、とくにハラハーを指すようになった。従って、「ミシュナ」(口伝律法)は、世代から世代に伝達されながら展開していった律法《トーラー》であった。ラビ伝承は、このようなミシュナの伝達者たちに、口伝律法の発展段階に従った時代区分により、一定の名称を与える。それによると、エズラとともにバビロニアからきて、口伝律法の基礎を据えた「大シナゴグ」(ハクネセット・ハグドーラー)に属す人々は「ソフェリーム」(書記)であった。次に「ズゴート」(一対の賢者)が、ヘレニズム時代からローマ時代初期にかけて五代続く。これら一対の賢者たちは、一人が議会《サンヘドリン》の議長《ナスィ》、もう一人が最高法廷《アヴ・ベト・ディン》の議長を務めたという伝承は、必ずしも史実と合わないが、ハスモン時代の口伝律法を伝達展開する機構が、複数の賢者によって指導されていたことを示唆する。最後のズゴートは、律法《トーラー》学者の老ヒレルとシャンマイであった。

一世紀初頭から、総主教《ナスィ》ユダが「ミシュナ」の編纂を完了した二〇〇年頃までの期間に活動した律法教師たちを、「タンナイーム」と呼ぶ。「ミシュナ」の語源「シャナー」と同義語のアラム語「テナー」から派生した名称で、「口頭によって(律法《トーラー》)を伝える人々」を意味する。彼らは、七〇年のエルサレム滅亡と、一三五年の第二反乱の失敗、それに続く迫害の時代を通して、根底から変化したユダヤ人共同体の生活状況に応じる口伝律法の創造的形成に努力した人々であった。ソフェリームとズゴートから受け継いだ口伝律法を基礎として、それを十分に発展させたタンナイームの仕事の集大成が、総主教《ナスィ》ユダによって編纂された「ミシュナ」であった。

三世紀初頭に「ミシュナ」の編纂が完了してから、五世紀末に「パレスチナ(エルサレム)・タルムード」と「バビロニア・タルムード」の編纂が終結するまでの律法《トーラー》学者の名称を「アモライーム」という。「説明者」、あるいは「解釈者」という語義が示す通り、アモライームは、タンナイームが残した口伝律法の集大成である「ミシュナ」と、「ミシュナ」編纂後、「ミシュナ」から脱落していた口伝律法（バライタ）を収集した「トセフタ」（補遺）を研究《タルムード》することによって、口伝律法の展開を「完成」した人々である（「タルムード」の原意は「研究」である）。各口伝律法（ミシュナ）に関するアモライームの議論は、「ゲマラ」（完成）という題の下に集められ、ミシュナとともにタルムードの構成要素になった。

「バビロニア・タルムード」完成後、これを整理した学者を「サヴォライーム」（考察に基づいて判断する人々）と呼ぶ。その後六世紀末から十一世紀半ばまで、口伝律法研究の中心はバビロニアのスーラとプンベディタにあった（二三二頁参照）。そこで、スーラとプンベディタの教学院長の称号「ガオン」（複数「ゲオニーム」）によって、これをゲオニーム時代と呼ぶ。

総主《ナスィ》教ユダが編纂した「ミシュナ」には、六巻《スダリーム》に分類された六三篇《マセホート》の口伝律法が収録されている。

第一巻　種子の巻（ズライーム）——農業と農産物の暦、犠牲、祈禱などに関する一一項
第二巻　祭日の巻（モエード）——安息日《シャバット》、祝日、断食日などに関する一二項
第三巻　女性の巻（ナシーム）——結婚、離婚、夫婦関係などに関する七項
第四巻　損害の巻（ネズィキーン）——民法、刑法の手続きと、口伝律法の歴史的権威などに関する一〇項
第五巻　聖物の巻（コダシーム）——犠牲の供物、神殿、祭司の職務などに関する一一項
第六巻　清浄の巻（トホロート）——祭儀的な潔、不潔に関する一二項

以上、全六三項のうち、「パレスチナ（エルサレム）・タルムード」には三九項、「バビロニア・タルムー

ド」には三七項についての注解的議論が収録されている。取り扱う項数こそやや少ないが、「バビロニア・タルムード」は「パレスチナ(エルサレム)・タルムード」の約一〇倍の頁数を費やして、はるかに詳細で完全な議論を展開する。しかも、教学院長《ゲオニーム》に代表されるバビロニアのコミュニティーは、十一世紀中葉まで、ユダヤ人世界における口伝律法研究の中心であった。このため、「パレスチナ(エルサレム)・タルムード」は、五世紀初めにパレスチナのユダヤ人コミュニティーが壊滅すると同時に影響力を失ったが、「バビロニア・タルムード」は、ラビのユダヤ教の体系を確立した聖典として、その後のユダヤ教の展開の土台となったのである。

典礼とユダヤ暦

日に三度、朝、昼、晩に祈禱をささげる義務は、タルムード時代までに確立していた。この祈禱は、「ハ・テフィラー」(祈禱のなかの第一の祈禱)、「アミダー」(立禱)、あるいは「十八(の祝禱)」(シュモネ・エスレー)などと呼ばれる。これらの名称が示す通り、これは代表的祈禱であり、起立して祈る。また、一世紀末にヤブネの賢者が第十五禱を追加するまでは、十八の祈りから成り立っていた。

十九の「祈禱」は、父祖の神の全能と聖名を賛美する三つの祈りによって始まり、神の憐みに対する感謝と平和を願う二つの祈りで終る。この間にはさまれた十四の祈りにおいては、知恵、律法《トーラー》、罪の許し、贖《あがな》い、病気の治癒、地の産物に対する祝福、離散民《ディアスポラ》の集合、正義の支配の確立、敵の滅亡、正しい人、敬虔な人、改宗者に対する神の恵み、エルサレムの再建、ダビデの王国の再興、祈禱が受け入れられること、それに神殿祭儀の復活と神のシオン帰還が祈願される。「十九の祈禱」の一部は、次の通りである。

第一禱

主よ　汝はほめられるべし
我らの神　我らの父祖の神
アブラハムの神　イサクの神　ヤコブの神
偉大にして強く恐るべき神
いと高き神　恵み深き者　すべての創造者
父祖の愛を覚え　彼らの子孫に贖《あがな》い主をつかわす者
王　救助者　楯
主よ　アブラハムの楯よ
汝はほめられるべし

第五禱

我らの父よ
汝の律法《トーラー》に我らを引き戻したまえ
我らの王よ
汝の業に我らを近づけたまえ
全き悔い改めにより　我らがみ前に引き戻されんことを

主よ　悔い改めを欲する者よ
汝はほめられるべし
第十九禱
我らに平安と善きものと祝福を与えたまえ
恵みと憐みを与えたまえ
我らすべてをみ顔の輝きにより祝福したまえ
主よ　我らの神よ
汝はみ顔の輝きにより
律法《トーラー》と生命　愛と恵み　正義と憐みを我らに与えたまいたればなり
汝の民イスラエルを常に祝福したまうことを御眼によしとなしたまえ
世界と汝の民イスラエルの上に平安を与えたまえ
今より後とこしえまで平安があらんことを
主よ　汝の民イスラエルを平安をもって祝福したまう者よ
汝はほめられるべし　アーメン

朝と晩の祈禱に際しては、立禱《アミダー》に先立って「シェマ」(聞け)が唱えられる。「シェマ」は、「申命記」6章4～9節、11章13～21節、「民数記」15章37～41節と、その前後に唱える祝福の言葉から成り立っている。「シェマ」(聞け)とは、「申命記」6章4節の冒頭にある呼びかけの言葉で、これに続く聖句は、唯一神信仰の中心的告白である。

聞け《シェマ》イスラエル。我らの神、主は唯一の主なり。汝、汝の心を尽くし、魂を尽くし、力を尽くして汝の神、主を愛すべし。

「シェマ」を書きつけた羊皮紙を収めた二つの革の小箱を「テフィリン」という。朝の祈禱に際して、一方を左上腕に革紐でしばり、他方を額に鉢巻きでとめる。また、「民数記」15章38～41節に従って、四隅に「ツィツィート」(ふさ)のついた「タリート」(祈禱用肩掛)を肩に掛ける(なお、「シェマ」を記した羊皮紙を収めた小箱を、家の入口の柱に取り付ける。これを「メズーザー」と呼ぶ)。

立禱《アミダー》は個人で祈ることもできるが、正式には、成人(十三歳以上)の男子が一〇人以上集まって形成する集団で祈ることになっている。この集団を「ミヌヤン」(〔定足〕数)と呼ぶ。一般にミヌヤンの集まる場所はシナゴグであるが、祈禱のために成人男子が一〇人以上集まれば、どこであってもミヌヤンは成り立つ。

ミヌヤンによる公の礼拝の中心は、「律法《トーラー》」〔モーセ五書〕の朗読である。一年間で全「律法《トーラー》」を読了するように、「律法《トーラー》」は五四の「スィドラー」(区分)に分割され、毎週一区分《スィドラー》が、安息日《シャバット》の朝と午後、それに月曜日と木曜日の朝の礼拝で朗読される(二区分を一度に読んで一年間で読了するよう調節する週もある)。第一区分《スィドラー》の朗読は仮庵祭後第一の安息日に行なわれ、仮庵祭の最後の日(律法の歓喜祭《スィムハット・トーラー》)に最後の区分《スィドラー》が朗読される。律法《トーラー》朗読に加えて、その週の区分を補足するため、「預言者《ネヴィイーム》」から一定の箇所が朗読される。この「預言者」からの朗読箇所を「ハフタラー」(完了)と呼ぶ。例えば、第一区分《スィドラー》の「創世記」1章1節～6章8節のハフタラーは、「イザヤ書」42章5節～43章11節である。

安息日にシナゴグに集まり、律法《トーラー》朗読を中心とする礼拝を守る慣習は、バビロン捕囚時代に始まった(一二八頁参照)。これ以後、安息日はユダヤ教徒が守るべき最も重要な制度の一つとして定着した。一週の七日目である安息日は、金曜日の日没とともに始まり、土曜日の日没とともに終る。金曜日の夕方、少なくとも二本のろうそくに火をともし、「キドゥーシュ」(聖別の祈禱)を唱えて安息日を迎える儀式を「カバラット・シャバット」(安息日の歓迎)と呼ぶ。安息日の間は一切の労働を休み、神の恵みの業を思い起こす。しかし、これは祝日であるから、三度食事をとり、そのたびに特別な祈禱をささげることが定められている。土曜日の夕方、「ハヴダラー」(別れの祈禱)によって安息日を送り出すと、新しい週が始まる。

ユダヤ教の戒律を守るために、ユダヤ暦は基本的な重要性をもっている。ユダヤ暦は一二カ月の太陰暦であり、一年が太陽暦より約一一日短い。そこで、一九年間に七回閏月(第二アダル月)を挿入して調節する。第二神殿時代に、毎月の新月は、二人の証人の証言を確認した議会《サンヘドリン》によって決定され、全コミュニティーに通達された。パレスチナから遠い地方には使者が派遣され、のろしで合図が送られた。元来、閏月をいつ挿入するかということも議会《サンヘドリン》が決定していたが、新月通知の制度とともに、四世紀中葉にこの制度は廃止され、天文学的計算に基づくユダヤ暦が設定された。ビザンツ帝国が、パレスチナの議会によるユダヤ暦の決定と宣言を禁止したからである。

三世紀頃から、ユダヤ教徒は「創造紀元」によって年号を数えるようになった。聖書に記録されているすべての年代を計算することにより、ラビたちは、世界創造後三八三〇年に第二神殿が破壊されたことを確認した。この計算によると、キリスト紀元前三七六一年が創造紀元元年となる。従って、ユダヤ暦正月のティシュレ月までは、創造紀元から三七六〇年を減じることによってキリスト紀元の年数を得ることができる。ちなみに、キリスト紀元二〇一一年は、九月二十八日まで創造紀元五七七一年にあたる。

古代イスラエルの月名は、本来、一、二、三……と数字で数えられた（ただし、聖書のなかには、カナン起源と考えられる四つの月名が残っている）。しかし、バビロン捕囚以来、ニサン月、イッヤール月、スィヴァン月などのバビロニアの月名が用いられるようになった。ニサン月（三〜四月）を正月とする春年が公式の暦であったのに対して、ティシュレ月（九〜十月）に始まる秋年は農業暦であった。従って、ティシュレ月は公式の暦によれば第七月にあたる。それにもかかわらず、ティシュレ月一日に「全世界が審判を受ける」という伝承に基づいて、ミシュナ・タルムード時代以後ティシュレ月がユダヤ暦の正月になった。ユダヤ暦の主要な祭日は次のように定められている。

番号月名	バビロニア・ヘブライ月名	現行月名
第１月	ニサン	3〜4月
第２月	イッヤール	4〜5月
第３月	スィヴァン	5〜6月
第４月	タンムズ	6〜7月
第５月	アヴ	7〜8月
第６月	エルール	8〜9月
第７月	ティシュレ	9〜10月
第８月	ヘシュヴァン	10〜11月
第９月	キスレヴ	11〜12月
第10月	テヴェト	12〜1月
第11月	シュヴァト	1〜2月
第12月	アダル	2〜3月

ユダヤ月名対照表

新年祭（ローシュ・ハシャナー）――ティシュレ月一日（九〜十月）。神の世界創造を記念し、同時に最後の審判を思う。角笛《ショーファール》を吹奏し、一〇日間のざんげを始める。

贖罪日（ヨーム・キップール）――ティシュレ月十日（九〜十月）。去年一年間に犯した罪をざんげして、神の許しを乞う。断食して「コル・ニドレ」（すべての誓い）の祈禱で始まる礼拝により、主のみを神とすると誓った先祖の誓いを思い起こす。

仮庵祭《かりいお》(スコート)――ティシュレ月十五~二十一日(九~十月)。屋根を草木でふいた仮小舎を建て、秋の収穫を天井から下げる。エジプト脱出後四〇年間荒野を放浪した先祖を思い、三度の食事を仮小舎のなかでとる。

律法の歓喜祭(スィムハット・トーラー)――ティシュレ月二十二日(九~十月)。一年かかった「律法《トーラー》」の読了と新しい朗読開始を祝う。

宮清め祭(ハヌカ)――キスレヴ月二十五日~テヴェト月二日(十一~十二月)。前一六四年に、マカバイのユダがエルサレム神殿を異教徒から奪回して宮清めを行なった記念。

プリム祭(プリム)――アダル月十四日(二~三月)。ペルシアの高官ハマンの悪計をくじいて、エステルがユダヤ人を救ったという伝承の記念。

過越祭《すぎこし》(ペサハ)――ニサン月十五~二十一日(三~四月)。ファラオの奴隷であった祖先が、モーセに率いられてエジプトから脱出した事件の記念。とくに十四日の晩餐は「セデル」(式次第)と名付けられ、「ハガダー」(〔エジプト脱出の〕物語)を朗読する。

七週祭(シャブオート)――スィヴァン月六日(五~六月)。シナイ山でモーセに十戒が授けられたことの記念。

アヴ月九日祭(ティシュア・ベアヴ)――アヴ月九日(七~八月)。第一神殿と第二神殿の破壊を歎き、断食して「哀歌」を朗読する。

戒律による生活

ラビたちは、「律法《トーラー》」（モーセ五書）のなかに六一三の「ミツヴァ」（戒律）を発見した。これらの戒律は、次のような項目をもつ義務律二四八戒と禁止律三六五戒である。

義務律（二四八戒）

神（九戒）、律法《トーラー》（一〇戒）、神殿と祭司（一九戒）、犠牲（五三戒）、誓願（四戒）、清潔（一八戒）、奉納（二〇戒）、安息年（九戒）、食用動物（一一戒）、祝祭（一七戒）、共同体（一四戒）、偶像（五戒）、戦争（四戒）、社会（一五戒）、家族（一五戒）、裁判（八戒）、奴隷（四戒）、不法行為（一三戒）

禁止律（三六五戒）

偶像礼拝（四五戒）、歴史的事件に由来する禁止律（一四戒）、瀆神（七戒）、神殿（二二戒）、犠牲（六九戒）、祭司（一四戒）、適正食品（三〇戒）、ナズィル人（八戒）、農業（二〇戒）、商取引と奴隷の待遇（四三戒）、司法（五七戒）、近親相姦、その他の性関係（三二戒）、王政（四戒）

以上の項目から推察される通り、先にあげた典礼や祝日など、狭義の宗教的戒律だけではなく、生活全般にわたる「定め」が「六一三の戒律」のなかに含まれている。このことは、民族共同体の生き方そのものが宗教であるユダヤ教の特徴を表わしている。

安息日《シャバット》や祝日の食事のように、多くの戒律は家庭において守られる。従って、家庭を形成するための結婚は、重要な戒律の一つである。同様に、ユダヤ人の一生の一節《ふし》一節は戒律によって方向づけられている。

結婚は二つの儀式によって成立する。第一の「キドゥシン」（聖別式）と呼ばれる「婚約式」において、二人以上の証人の前で、花聟は花嫁に贈り物をしながら、「見よ、モーセとイスラエルの法に従い、この指輪によってあなたはわたしに聖別された」と唱える。次に「ニスイン」（結婚式）が行なわれる。花聟と花嫁は「フッパー」（天蓋）の下に並んで立ち、「ケトゥバー」（結婚契約書）を朗読する。内容は妻に対する夫の約束で、離婚した際の「慰謝料」まで書き込まれている。七つの祝禱が唱えられ、花聟と花嫁が一つの盃からぶどう酒を飲みほすと、花聟はその盃を踏み砕く。これは、至高の喜びの最中にも破壊されたエルサレムを忘れない、という誓い［『詩篇』137篇6節］の表現である。

男子が誕生すると、八日目に割礼式を行ない、同時に命名する。新生児がアブラハム契約（一八頁以下参照）に参加して、ユダヤ民族のメンバーになったことを示す儀式である。割礼において包皮を切り取るところから、これを「ブリット・ミラー」（包皮の契約）と呼ぶ。

十三歳になった少年は、「バル・ミツヴァ」（戒律の息子）と呼ばれる「成人式」を行なう。成人として戒律を果たす義務が生じたことを示すこの儀式で、少年はその週の「律法《トーラー》」の区分《スィドラー》を、公衆の面前で朗読しなければならない。十二歳で成人に達した少女のための「バト・ミツヴァ」（戒律の娘）は、十九世紀に始まった儀式である。ラビのユダヤ教において、女性は狭義の宗教的義務から解放されている。子供を生み、家事を司ることを女性の義務と考えるラビたちは、この義務免除を、義務の分担と説明する。

人が死ぬと、近親者は喪に服し、死体が葬られるまで、必ずその傍《かたわ》らにいなければならない。この間、狭義の宗教的義務は免除される。埋葬は土葬により、なるべく早急に死の同日に行なわれる。埋葬すると衣服を裂き、「主よ、我らの神、宇宙の王、まことの裁き人、汝はほめられるべし」と唱える。埋葬後七日間は「シヴァ」(七)と呼ぶ喪に服す。この間、遺族は家にとどまり、一切の労働を休む。「ヨブ記」「哀歌」などのほかは、聖書を読むことも禁じられる。埋葬後三〇日間は、整髪をひかえる。しかし、三〇日を過ぎると、遺族が歎き続けることは許されない。

戒律は、ユダヤ教徒が、自分の身体を「清く」保つことを要求する。この場合「清い」とは祭儀的清潔を意味しており、衛生的清潔であっても、目的はあくまでも祭儀的である。最も一般的な「清め」は洗手で、朝起きた時、食事の前などに必ず手を洗う。死者に触れたり、女性の場合は月経によって「汚れ」た場合は、全身を水に浸して「清め」る。この儀式のための水槽を「ミクヴェ」と呼ぶ。

祭儀的潔・不潔の概念に従って、食べられる食品と食べられない食品が、戒律によって定められている。これを「カシュルート」(適正食品規定)と呼び、食べられる食品は「コシェル」(適正)である、という。すべての植物は「適正《コシェル》」であり、問題は肉食品と乳製品である。

動物は、ひづめが分かれ、完全に二つに割れており、反芻するものは適正《コシェル》である。例えば、牛、羊、山羊などである。しかし、どちらか一方の条件しか満たさないものは「汚れ」ており、食べることができない。らくだ、豚などである。鳥はすべての猛禽類が「汚れ」ている。水中にいるものは、ひれとうろこのあるもののみが「清い」。昆虫のなかでは、いなごだけ食べてもよい。爬虫類はすべて「汚れ」ている。

適正《コシェル》な動物であっても、自然死した動物は「汚れ」ている。動物の屠殺は、「ショヘット」(屠殺人)により「定め」に従って執行される。屠殺人《ショヘット》の第一の義務は、屠殺した動物が外形だけではなく、内臓にも欠陥がないかどうか調査することである。欠陥がある動物は「汚れ」ており、食べることができない。次に、食用が禁止されている血を抜き〔「創世記」9章4節ほか〕、腰の筋〔「創世記」32章33節〕と脂肪(奉献用)を除去する。

「汝、子山羊をその母の乳で煮るべからず」〔「出エジプト記」23章19節ほか〕という禁止令は、「律法《トーラー》」に三度出てくる。ラビたちはこれを、肉とミルクを一緒に調理しない、肉とミルクが混入したものを食べない、肉とミルクが混入したものからどのような利益も受けない、という三重の禁令と理解した。バターやチーズのような乳製品もすべてミルクと理解され、乳製品と肉類に関しては、貯蔵する場所はもちろん、そのための食器も完全に区別されなければならない。同一の食事で、肉類を食べたあとで乳製品を食べることは禁じられている。しかし、逆は許されている。

神と選民

「六一三の戒律」のなかには、適正食品規定《カシュルート》のように、現代の合理主義精神によっては説明できない「定め」が多数含まれている一方、殺人禁止の戒律のように、古今東西を問わず誰にでも理解できる「おきて」がある。しかし、これらの戒律を個々ばらばらに取り上げて現代的合理主義の尺度によってその有効性を吟味してみても、ユダヤ教の戒律がもつ本来の意味はわからない。「六一三の戒律」は、唯一の神に選ばれた民族「イスラエル」が選民として生きるための基準であり、個々の戒律はこの枠のなかに位置づけられて初めて意味をもつからである。従って、「六一三の戒律」、ないしはラビのユダヤ教の本質は、神と選民に関する教義において初めて明らかになる。

ラビのユダヤ教において、神の存在は自明な真理であって、その証明を必要としない。ラビたちの考えによれば、宇宙が存在し、一定の秩序に従って運行していることは、これを創造し、維持している神の存在を示している。「神はいない」という「愚者《ナバル》」は、近代的な無神論者ではなく、創造者が被造物の行動に関心を払っていることを否定する人々と考えられた。神の存在は哲学的に認識されるのではなく、倫理的に受け入れられたのである。

ラビのユダヤ教は、ギリシア・ローマの多神教と、キリスト教の三位一体論に対抗して、厳格な唯一神信仰を主張した。宇宙を創造し、イスラエルを選んだ神が唯一の神であるという告白は、宇宙と歴史が統一された意志の下に運営されているという信仰である。

唯一の神は、どのような形もとらず、宇宙を超越した存在である。しかし、この超越神は、同時に人間の身辺にいる遍在神である。このことをラビたちは実感していた。一定の形をとる偶像は、身近にあるようだが、実際には、これに祈っても応答しない遠い存在である。これに反して、眼にみえない神は人間が知覚できる世界を超越したかなたに存在するが、どんな小さな者の祈りにも応答する身近な神である。神は宇宙を超越しているが、宇宙に充満しており、同時に、神殿やシナゴグ、それに人間が祈る所すべてに来臨して滞留する、とラビたちは考えた。このような神の遍在を「シェヒナー」(どこにでも住まう者)と呼ぶ。

神は全知全能である。どんな秘密も知り、人間の心の奥底も見抜いている神に嘘をついても無益である。全能の神は「ハ・ゲヴラー」(諸力のなかの力)と呼ばれる。神の力を制限する力は存在しないからである。

神は永遠の生者である。彼は聖なる存在であり、完全である。彼は憐みによって世界と人間を創造し、正義によってこれを支配する。このような神に対し、絶対の信頼を寄せて「天にいます我らの父」とラビたちは呼びかけたのである。

ラビのユダヤ教によると、人間は神のかたちに創造された存在であり、神の創造作業の冠である。人生の目的は、現在なお進行中の神の創造作業にパートナーとして参加し、これを完成して創造主に栄光を帰すことである。この目的を達成するために、人間は神の属性を模倣しなければならない。すなわち、人間には、神のように恵み深く、神のように憐みに富み、神のように正しく、神のように完全であることが求められている。

しかし、単純な理想主義ではないラビのユダヤ教は、人間の本性のなかに悪の衝動が含まれていることを認める。悪の衝動を抑えて神の創造の業に参加するかどうかを決定することは、人間の自由意志にまかされている。人間が善悪の選択をする自由をもつ存在であるという認識が、ラビのユダヤ教の倫理の基盤である。従って、人間は本来的に罪の存在であるというキリスト教の「原罪論」を、ラビたちは承認しない。

罪とは神に対する反抗である。具体的には、神の意志の啓示である律法《トーラー》にそむくことが罪である。従って、律法《トーラー》の「おきて」に違反することはすべて罪であるが、ラビたちはそのなかでもとくに重い罪として、偶像礼拝、姦淫、殺人、中傷の四つの罪を識別した。第一の重罪は神との関係であるが、第二、第三、第四の重罪は、他人との関係に関わっている。これは、神のかたちに造られた人間を尊重し、選民による共同体形成を目的とするラビのユダヤ教が社会的宗教であることを、よく表わしている。その基本的対人関係は、「汝自身のごとく汝の隣人を愛すべし」〔「レビ記」19章18節〕という戒律に定められている。ラビたちは、自制を失って悪の衝動に自分を委ねることが罪を犯す原因であると考えた。総主教《ナスィ》ユダは、罪をさけるために、律法《トーラー》を学びながら労働することを勧めた。そうすれば罪を犯すひまはないからである。

それにもかかわらず、人間が罪を犯しやすい存在であることを、ラビたちは知っていた。しかも、罪を犯した者は正義の神の審判をまぬかれることはできない。この窮地をのがれる唯一の方法は悔い改めることである、とラビたちは教える。神は憐れみ深い方であるから、悔い改めた罪人を許さないはずがない、と彼らは信じていたのである。

神の正義と全能を信じるゆえに、人間存在がこの世の生のみで消滅してしまうという考え方に、ラビたちは我慢できなかった。彼らの考えによると、この世の終りにメシアが来臨して準備した後に、神の正義が完全に確立する「きたるべき世界」が始まる。これが「神の王国」である。その日、すべての死者はよみがえり、生前の行為に応じて最後の審判を受ける。その結果、罪人は火が燃える「ゲー・ヒンノム」(ヒンノムの谷)に送られ、永遠の滅びを苦しむが、正しい人は喜びの尽きない「ガン・エデン」(エデンの園)に入って永遠の生命を楽しむ。

ラビたちの考えによると、以上述べてきたような神の姿と人間の運命を示す律法《トーラー》は、最初、全世界の諸民族に提示された。しかし、それを神から受け取った民族は、イスラエルだけであった。それ以後、律法《トーラー》を遵守し、律法《トーラー》を全世界の諸民族に伝えることが、選民イスラエルの任務になった。従って、イスラエルが選民であることは、唯一の神への信仰同様、ラビのユダヤ教の基本的信条であるが、その選民である資格は、律法《トーラー》を保持しているということにすべてかかっているのである。

選民信仰のこのような構造が理解されるならば、ラビのユダヤ教が、しばしば誤解されるような偏狭な民族宗教ではなく、本質的に普遍的宗教であることがわかるであろう。ラビたちは異教徒がユダヤ教に改宗することを歓迎したし、もし改宗しなくても、正しい異教徒が最後の審判によって「ガン・エデン」に入ることを疑わなかった。正しい異教徒とは、社会正義を確立し、次の行為の禁止を守る人々のことであった。すなわち、瀆神、偶像礼拝、姦淫、殺人、盗み、生きた動物から切り取った肉を食べること。これを「ノアの子らの七つの戒律」と呼ぶ［バビロニア・タルムード「サンヘドリン」56a］。

第4章　ユダヤ教の展開

1　中世ユダヤ人の信仰と希望

イスラム帝国のユダヤ人

七世紀から十三世紀にかけて、西アジア、北アフリカ、南ヨーロッパにまたがる広大な地域を征服したイスラム教徒アラブ人は、イスラム帝国と呼ばれるイスラム教支配圏を確立した。中世初期に、ユダヤ人人口の約九〇パーセントは、イスラム帝国の領域内に居住していたと推定される。

最初アラブ人は、ユダヤ人のような、イスラム教を受け入れない被征服民を殺戮したり追放したりしたが、征服が急速に進展するにつれ、征服地の経済と文化を維持するために非イスラム教徒の協力が絶対に必要なことがわかると、彼らに差別した身分を与えることにより、その信仰の自由を保障した。時に宗教的熱狂主義による非イスラム教徒迫害が起こったが、それは決して長続きしなかった。そのため、イスラム帝国各地において、ユダヤ人コミュニティーは概して安定した繁栄を維持することができた。

イスラム教徒アラブ人が中東を支配し始めた頃、ユダヤ人世界の中心はバビロニアにあり、レシュ・ガルータ(捕囚民の長)に任命されたゲオニーム(教学院長)が、法規《ハラハー》の解釈を決定することのできる権威者として認められていた(二三二頁以下参照)。タルムード時代以来、一年に二回、アダル月(二~三月)とエルール月(八~九月)には、バビロニアのユダヤ人は労働を休んで教学院《イェシヴァ》に集まり、律法《トーラー》研究に没頭した。この制度を「ヤルヘー・カラー」(カラーの月)と呼ぶ(「カラー」の意味は不明)。

エジプト、北アフリカ、スペインなどに離散していたユダヤ人は、ヤルヘー・カラーの集会に出席できなかったが、その代りに、それぞれの地方の教学院《イェシヴァ》がとりまとめた法規《ハラハー》解釈に関する質問を、バビロニアの教学院長《ゲオニーム》に送った。これらの質問事項は、通常ヤルヘー・カラーの集会において討議され、回答された。この回答は、ヘブライ語で「シュエロート・ウテシュヴォート」(質問と回答)と呼ばれ、一般にラテン語「レスポンサ」(回答状)で知られている書簡によって各地のコミュニティーへ通達された。バビロニアの教学院長《ゲオニーム》の回答状《レスポンサ》は、「バビロニア・タルムード」を離散《ディアスポラ》ユダヤ人の間に広め、その権威を全ユダヤ人世界に確立するために重大な役割を果たした。

回答状《レスポンサ》は、ミシュナ・タルムードにおいて展開された口伝律法形成作業の継続であったが、同時に、「カライ派」に対する論難でもあった。カライ派は、八世紀後半にバビロニアで反正統派運動を起こしたアナン・ベン・ダヴィドを創始者とするセクトで、十世紀にはパレスチナ、エジプトに広がる大勢力になった。アナンは捕囚民の長《レシュ・ガルータ》の家の出身であったが、弟のハナニヤが捕囚民の長《レシュ・ガルータ》に選ばれたことを不満に思い、正統派に反発してアナン派を創始したといわれているが、これは「ラビ派」と呼ばれた正統派の主張であり、おそらく、アナンが元来反正統派的な考えをもっていたために、捕囚民の長《レシュ・ガルータ》に選ばれなかったというのが真相であろう。いずれにせよ、アナンは、捕囚民の長《レシュ・ガルータ》と教学院長《ゲオニーム》の権威の下に確立過程にあったミシュナ・タルムードの口伝律法を法規解釈《ハラハー》の拠り所とするラビのユダヤ教を否定して、聖書を唯一の権威にすべきである、と主張した。「カライ派」という名称は、「聖書主義者」を意味している。

ラビの伝統によらず、各自が自分で聖書を解釈することによって法規《ハラハー》の決定を下すべきであるという主張は、当時のイスラム文化との接触のなかから生まれた個人主義、合理主義的風潮と一致していた。九世紀にはベニヤミン・ベン・モシェ・アル・ナハウェンディやダニエル・ベン・モシェ・アルクミスィのようなカライ派のすぐれた学者が現われ、十世紀にカライ派は全盛時代を迎えた。カライ派は、ラビ的伝統の重荷を排除して、聖書のみに基づき、各自の理性と良心による法規《ハラハー》の決定を唱えたのであるが、結果的には、ラビ派より厳格な律法《トーラー》遵守の重荷を負う禁欲主義的傾向の強いセクトになった。その後カライ派はヨーロッパにも広がり、今日まで少数派セクトとして存続しているが、十二世紀以降、もはや正統派ユダヤ教を脅かすような勢力にはならなかった。かつて第二神殿時代にも、サドカイ派が聖書主義を唱えて、口伝律法を守るファリサイ派と対立したが、民衆の支持をえることはできなかった。同様に、民衆がカライ派を支持しなかった理由は、ラビのユダヤ教がもつような、現実の変化に対応する柔軟な律法《トーラー》解釈と、統一的な律法《トーラー》解釈を示す教学院長《ゲオニーム》やラビたちの権威ある指導が、カライ派に欠如していたことであった。

カライ派との論争において最も重要な役割を果たしたラビ派の学者は、サアディア・ベン・ヨセフ(八八二〜九四二)であった。彼はエジプトに生まれたが、後にパレスチナへ行き、さらにバビロニアへ招かれて九二八年に伝統あるスーラの教学院長《ガオン》に任命された。彼はカライ派の聖書主義を超克するために聖書とヘブライ語を研究し、最初の最も重要なアラビア語訳聖書を完成した。いうまでもなく、アラビア語はイスラム帝国の公用語であり、共通語であった。彼は当時の合理主義の挑戦にも応答して、『信仰と意見』という哲学書を著作した。そのなかで、彼は人間の理性を信仰の基礎とみなし、人間は文化的・社会的活動をバランスのとれた形で追求することにより、創造者の意志に従って生きることができると主張した。サアディアの哲学は、のちにマイモニデスに批判されるが、近世に至るまで、彼の著作はユダヤ思想に大きな影響を及ぼした。

サアディアの時代以後、バビロニアは急速に衰退し、文明の中心は西方に移動した。その結果、チュニジアのカイルアンやスペイン各地に教学院《イエシヴァ》が設立され、ユダヤ教学研究の新しい中心地になったが、これらの教学院《イエシヴァ》は、かつてバビロニアのスーラとプンベディタの教学院《イエシヴァ》がもっていたような、全ユダヤ人世界に対する中心的権威を確立することはできなかった。

スペインにおいては、十世紀にヒスダイ(ハスダイ)・イブン・シャプルート、十一世紀にシュムエル・ハナギードのような、アラブ人君主に仕えた強力なユダヤ人政治家が現われ、ユダヤ人コミュニティーを保護し、ユダヤ教学を振興した。十一世紀から十二世紀にかけてスペインのユダヤ文化は黄金時代を迎え、シュロモー・イブン・ガビロール、イェフダ・ハレヴィ、モシェ・イブン・エズラなどの優れた詩人、哲学者を輩出した。しかし、十二世紀中葉になると、キリスト教徒のイベリア半島奪回の動きに反発した熱狂的イスラム教徒の一派、アルモハーデ(アラー一体性論者)がスペイン南部を支配し、迫害を受けたユダヤ人はスペイン南部から逃亡しなければならなくなった。このようにして、「スファラディ」と呼ばれるスペイン系ユダヤ人とその文化の拡散が始まった（「スファラド」とは、ヘブライ語で「スペイン」を意味する。「スファラディ」は「スペイン系ユダヤ人」「スペイン系ユダヤ文化」などを指す。複数形は「スファラディーム」）。

中世の学者たち

イスラム帝国の領域内に居住するユダヤ人が、スペインを中心とするスファラド系文化の伝統を形成していた頃、ヨーロッパのキリスト教圏に定住するユダヤ人の間からは、アシュケナズ系文化の伝統が生じた。それ以来今日まで、スファラド系とアシュケナズ系は、ユダヤ人世界を二分する文化的伝統となった（「創世記」10章3節によると、アシュケナズはゴメルの子である。タルムード時代にゴメルがゲルマニアを指すと考えられたことから、ライン河流域に居住するドイツ系ユダヤ人をアシュケナズィームと呼ぶようになった。十四世紀まで、ドイツ、フランス、イギリスにあったアシュケナズ系文化の中心は、十五世紀以降東ヨーロッパへ移った）。

アシュケナズ系ユダヤ人の間には、スファラド系ユダヤ人がもっていた捕囚民の長《レシュ・ガルータ》や教学院長《ゲオニーム》のような伝統的な権威が存在しなかった。その代りに、コミュニティーは、優れた学者の意見に指導的権威を認めた。このような権威が認められた最初の学者は、マインツで活動したゲルショム・ベン・イェフダ（九六〇頃〜一〇二八）である。アシュケナズ系ユダヤ人は、彼を「我らの師《ラベーヌー》」、あるいは「捕囚民の光明《メオール・ハゴラー》」と呼んだ（ここでいう「捕囚民」とは、祖国パレスチナの外に居住する離散民《ディアスポラ》を指す）。彼が決定した最も重要な法規改正《タッカノート》は、重婚の禁止と、妻の同意のない離縁の無効であった。すでにタルムード時代から、ユダヤ人の間では一夫一婦制への事実上の移行が始まっていたが、これに最初の法的決定を与えたのはゲルショムであった。この決定には、アシュケナズ系ユダヤ人が、周囲のキリスト教文化から受けた影響が現われている。

ゲルショムの孫弟子にあたるシュロモー・ベン・イツハク（一〇四〇〜一一〇五）は、中世における最も重要な聖書とタルムードの注解書を著作した。彼は略名ラシとしてよりよく知られている。ラシはシャンパーニュの中心都市であったトロワに生まれ、マインツとヴォルムスの教学院《イエシヴァ》で学んだが、二十五歳でトロワに帰り、ここをアシュケナズ系ユダヤ教学の中心にした。ラシの注解書の特徴は、言語学的解説を基礎として、逐語的解釈と伝統的注解（ミドラシュ）の調和を図った点にある。言語学的解説と現実的背景の説明にくわしいラシの注解書は、ただちに、聖書とタルムードを研究するための最も重要な手引きとして、広くすべてのユダヤ人によって用いられるようになった。

フランスで始まったラシ学派は、十二世紀から十四世紀にかけて、ドイツ、イギリスに広まり、スペインにも影響を及ぼした。ラシ学派の学者たちは、ラシの注解書に「追加」（トサフォート）を加えるという方法で研究を進めたため、「トサフィスト」（追加者）と呼ばれるようになった。トサフィストは、教学院《イエシヴァ》における教師《ラビ》と学生の間の質疑応答形式により、当時のキリスト教ヨーロッパで、律法《トーラー》に従ってユダヤ人が生きるために克服しなければならない数々の難問に解答を与えた。トサフォートは、中世のタルムードということができる。

ラシは哲学的問題には興味を示さなかった。中世のユダヤ哲学は、スファラド系文化圏で発展した。詩人、哲学者のシュロモー・イブン・ガビロール（一〇二〇頃～一〇五七頃）は、グラナダのマラガで生まれ、アラゴンのサラゴッサで教育を受けた。彼の哲学に関する主著『生命の源泉《メコール・ハイム》』は、アラビア語で書かれたが、ラテン語訳とヘブライ語抄訳によって後世に伝えられた。これは、独自な修正をほどこした新プラトン主義の世界観によって語られた事物と形相に関する議論である。彼の宇宙は、第一原理が神、次が神意、宇宙の事物と形相、知性、霊、自然と続き、最後に形而下の世界という順序で成り立ち、すべての存在は、事物と形相の両面をもつ。人間の生きる目的は、自分が創造された目的を知ることで、そのためには、すべての事物と形相に及んでいる意志と、すべての事物と形相から独立して存在している意志を知らなければならない。この知識が人間を「生命の源泉」に導くのである。聖書やタルムードからの引用が皆無のこの書物を、ユダヤ人は近世に至るまで全く無視し、これを研究したのはキリスト教徒の学者であった。しかし、イブン・ガビロールの思想には、十三世紀に起こるカバラー神秘主義の前触れが見られる。

イブン・ガビロールの一世代後に活躍したイェフダ・ハレヴィ（一〇七五頃～一一四一）は、第一回十字軍（一〇九六～九九）によって明白に表現されたヨーロッパ人の反ユダヤ主義に対して、ユダヤ教のすぐれた本質を弁明した詩人、哲学者であった。彼は、グラナダとトレドの上流社会の尊敬を集めた著名な詩人であり、医者であったが、ユダヤ人の理想的生活はエレツ・イスラエル（イスラエルの地）においてのみ実現されるという信念に基づいて、当時十字軍が支配していた、従ってユダヤ人にとっては死地に等しいパレスチナへ向かって旅立った。当時彼はすでに六十五歳を超えた老人であった。伝説によると、彼はエルサレムにたどりついた所で殺されたことになっているが、実際にはパレスチナへ向かう途上、エジプトで死んだのである。

ハレヴィは、二〇年以上かけて書いた主著『クザーリの書』を、パレスチナへ出発する直前に完成した。「侮蔑された宗教を弁護するための証明と証言」という副題をもつこの著書において、ハレヴィはユダヤ教信仰がアリストテレス哲学、キリスト教、イスラム教のいずれにもまさっていることを証明しようとした。クザーリとは、中世初期に、黒海とカスピ海の沿岸に居住していたが、八世紀にユダヤ教に改宗したトルコ系人種ハザール人の王の名前である。クザーリがそれぞれの信仰の代表者と問答し、最後にユダヤ教の優越性を認めて改宗するというこの著作の設定は、もちろんフィクションである。

『クザーリの書』において、ハレヴィは「アリストテレスの神とアブラハムの神」を明確に区別して、哲学的神認識によっては、預言者に対して啓示された神と人間の間の人格的関係は把握できないと主張した。しかも、この啓示を仲介する「神の事象《ハイヌヤン・ハエローヒ》」は、まず族長たちに与えられ、それをイスラエルの民が受け継いだが、最後には、イスラエルを通して全人類に伝えられるべきものである。ハレヴィにとって、イスラエルの選びが、エレッツ・イスラエルにおいて、ヘブライ語によって啓示された歴史は、本質的重要性をもっていた。そのため、長い間逡巡した後、生涯の終りに、彼はその信念に従ってエレッツ・イスラエルへ旅立ったのである。

ラビ文書でラムバムと呼ばれ、マイモニデスというラテン名で有名なモシェ・ベン・マイモン（一一三五〜一二〇四）は、スファラド系哲学とアシュケナズ系タルムード学を総合した中世最大のユダヤ教学者であった。彼はコルドバで生まれたが、十三歳の時にアルモハーデ（アラー一体性論者）の迫害を避けて故郷を去り、長い放浪の旅の後にカイロに定住した。

合理主義哲学者であったマイモニデスは、人間の理性と聖書の信仰が矛盾しないことを示すために、聖書の哲学的解釈である『迷える者らへの手引き《モーレー・ネヴーヒーム》』を著作した。そのなかで、神の絶対的統一性と無形性を強く主張したマイモニデスは、神に関する聖書の擬人的表現がすべて精神的意味をもっていることを証明し、神の属性はすべて否定形によってのみ表現されるべきであると主張した。肯定的属性はそのものの本質に何かを付加することを意味するため、神の絶対的統一性を阻害するというのである。マイモニデスによれば、律法《トーラー》の目的は理性と徳性の健全な発達をうながし、神の知識と神との合一へ人間を導くことであり、メシアが現われる終末は超自然的事件ではなくて、平和が支配する世界にほかならない。このように、マイモニデスは、ハレヴィにはできなかった徹底的に合理的な説明によって、ユダヤ教の信仰に対するアリストテレス哲学の批判に応答したのであるが、彼のあまりにも透徹した合理主義に対して、反合理主義派のユダヤ人の間から鋭い批判が加えられた。この議論は、十三世紀を通じて、スファラド系合理主義者とアシュケナズ系神秘主義者の間のいわゆる「マイモニデス論争」として続けられた。

タルムード学の分野でマイモニデスが著作した『律法の再説《ミシュネー・トーラー》』も、論争の種となった。この書物において、タルムード以来集積された法規《ハラハー》関係文献を、組織的に分類することによって説明するという、それまで誰も試みたことのない画期的な法規の体系化が行なわれた。これらのマイモニデスの著作はすべて、その後のユダヤ教学に強い影響を与え、長い論争を引き起こしたが、そのなかでも最も大きな影響を与え、広い支持をえたのは、『ミシュナ注解』において彼が十三カ条にまとめたユダヤ教の信条であった。それは、次のような内容から成り立っている。

(1) 創造者である神の存在の信仰
(2) 神の絶対的統一性の信仰
(3) 神の無形性の信仰
(4) 神の永遠性の信仰
(5) 神のみに仕え、神のみを礼拝する義務
(6) 預言が存在することの信仰
(7) モーセの預言がすべてに優越する信仰
(8) 律法《トーラー》がモーセに与えられた神の啓示であることの信仰
(9) 律法《トーラー》の不変性の信仰
(10) 神が全知であることの信仰
(11) 神が人間の行為に応報されることの信仰
(12) メシア来臨の信仰
(13) 死者復活の信仰

キリスト教徒による迫害

自分たちは選民イスラエルの真の後継者であると自負するキリスト教徒が、ユダヤ人を神が見捨てた堕落した民族とみなす教義は、四世紀末にキリスト教がローマ帝国の国教になった時にはすでに確立していた(二二八頁以下参照)。しかし、古典時代末期、中世初期のローマ教会は、ユダヤ人に対する敵意を隠そうとはしなかったが、同時代のビザンツ教会が行なったような実際的迫害をユダヤ人に加えることはほとんどなかった。しかも、経済的利益を重視する世俗世界の君主は、しばしば教会の反対を無視してユダヤ人商人を優遇した。このような状況の下に、十一世紀までに多数のユダヤ人がスペイン、イタリア、ドイツ、フランス、イギリスなどの西ヨーロッパに定住していた。

十、十一世紀にヨーロッパの封建体制のなかで、キリスト教会の修道士と騎士階級がキリスト教神学に基づく戦闘的理念を形成し始めると、それまで教会が培《つちか》ってきた反ユダヤ主義が現実的迫害に転化する危険性が高まった。このような雰囲気のなかで、一〇九五年にイスラム帝国の支配から聖地を奪回せよという教皇ウルバヌス二世の説教に応じて、西ヨーロッパ人が十字軍を結成した。一〇九六年に聖地を目指して出発した十字軍は、イスラム教徒に対して敵意を燃やしていただけではなく、最初から「キリストの殺害者」ユダヤ人に対する「復讐」を誓っていた。ルーアンでユダヤ人襲撃を開始した十字軍は、ライン盆地からドナウ河流域の町々において次々とユダヤ人コミュニティーを襲い、虐殺と略奪を重ね、生き残ったユダヤ人に改宗を強要した。十字軍の襲撃に対して、ユダヤ人は皇帝や司教に保護を求めた。確かにいくつかの都市で十字軍の暴徒は撃退されたが、結局、大部分の町でユダヤ人は自衛しなければならなかった。こうして一〇九六年に十字軍と闘って殉教の死をとげた西ヨーロッパのユダヤ人の数は、数万人に達した。一〇九九年七月十五日にエルサレムを占領した十字軍は、シナゴグに逃げ込んだユダヤ人をシナゴグもろとも焼き殺し、エルサレムのユダヤ人コミュニティーを絶滅させた。一〇九六年のユダヤ人大虐殺は、二十世紀のナチスのユダヤ人絶滅政策まで続くヨーロッパのキリスト教徒によるユダヤ人迫害の長い歴史のプレリュードであった。

十二、十三世紀の西ヨーロッパのユダヤ人コミュニティーは復活したが、それまでに、ヨーロッパ人がユダヤ人を嫌悪し、差別する風潮は定着していた。そのため、すべての職業組合《ギルド》から閉め出されたユダヤ人は、あらゆる製造業はもちろん、商業活動もできなくなった。その結果、ユダヤ人に残された職業は、当時の教会がキリスト教徒に対して禁止していた金融業だけになった。しかも、ヨーロッパの経済は金融業を必要としていた。こうして、悪徳高利貸としてのユダヤ人のイメージが定着したのであるが、実際にユダヤ人の金融業から利益を上げていた人々は、ユダヤ人に重税を課し、そのうえしばしばユダヤ人の財産を没収した支配者たちであった。

この頃からキリスト教徒は、「血の中傷」と「聖体冒瀆《ぼうとく》の中傷」というグロテスクな非難をユダヤ人に浴びせかけるようになった。「血の中傷」とは、キリストを十字架刑にして以来、純潔なキリスト教徒の血に渇いているユダヤ人が、過越祭《すぎこし》の犠牲にキリスト教徒の子供を殺してその血をすする、という妄想である。神聖ローマ皇帝フリードリヒ二世(在位一二一五~五〇)と教皇インノケンティウス四世(在位一二四三~五四)は、「血の中傷」事件を調査した後、この中傷は事実無根であるという声明を発表したが、一般キリスト教徒はこの妄想を文字通り信じていた。そのため、ヨーロッパ各地で、キリスト教徒を祭儀的目的で殺害した嫌疑を受けて告発された多数のユダヤ人が処刑された。

一二一五年にローマで開催された第四ラテラノ公会議において、聖餐式のパンとぶどう酒は文字通りキリストの血と肉に化体すると宣言された。それから間もなく、ユダヤ人が教会から盗み出した聖体のパンを拷問にかけている、という「聖体冒瀆の中傷」が始まった。この嫌疑を受けて逮捕され、「自白」したユダヤ人は火刑にされた。

第四ラテラノ公会議では、ユダヤ人とキリスト教徒の性交を禁止するため、ユダヤ人は特別なしるしをつけて自分がユダヤ人であることを示さなければならないことも定められた。この決定に従って「恥辱のバッジ」の制度が始まり、場所によっては、先のとがった帽子をユダヤ人にかぶらせた。

十三世紀末から十五世紀にかけて、宗教的熱狂主義と政治的配慮、それにしばしばユダヤ人の財産没収を目的として、各国からユダヤ人の一斉追放が行なわれた。それまでもユダヤ人追放は時々起こったが、それらは地方的な事件であった。しかし、この頃になると国王による中央集権化が進んでいたため、ユダヤ人追放によって一国内のユダヤ人コミュニティーが根絶され、多数の流民が出現した。この種の大規模な追放を最初に決定したのは、イギリス王エドワード一世(在位一二七二〜一三〇七)であった。このため、約一万六〇〇〇人のユダヤ人が、一二九〇年にイギリスから追放され、以後十七世紀までイギリスのユダヤ人コミュニティーは再興されなかった。フランスでは、一三〇六年に最初の追放令が出されてから、何回か帰国許可令と追放令が交互に発布された後、一三九四年に最終的追放が施行された。以後、十八世紀初頭まで、ユダヤ人はパリにいなかった。

ドイツでは諸侯が割拠していたため、一斉追放はなかったが、絶えず地方的な追放とユダヤ人虐殺が起こった。とくに一三四八年から五〇年にかけて大流行した黒死病《ペスト》を契機として、中央ヨーロッパのユダヤ人の大虐殺が行なわれた。ヨーロッパ人の半数が黒死病の犠牲となると、かねてからユダヤ人の復讐を恐れていたキリスト教徒は、ユダヤ人がキリスト教徒の全滅を図って水源に毒を投じた、という妄想にとりつかれた。最初ジュネーヴ近郊で逮捕されたユダヤ人が、拷問されて「自白」すると、そのニュースはまたたく間に広がり、各地でユダヤ人が処刑されたのである。

スペインのユダヤ人コミュニティーは、繁栄と没落の複雑な軌跡を描いたあげく、一四九二年の追放によって根絶された。ユダヤ人のイベリア半島定住は、ローマ時代に始まった。その後五世紀に、イベリア半島には西ゴート王国が成立した。最初アリウス派であった西ゴート人の王たちは、六世紀末にローマ・カトリック教会の信者になると、全住民に対して、カトリックに改宗することを強要した。六一三年以後、多数のユダヤ人が強制的に改宗させられ、それを拒絶したユダヤ人は追放された。強制的に改宗させられたユダヤ人が、のちに「マラノ」(豚)と呼ばれる「隠れユダヤ教徒」になると、これをキリスト教徒は厳しく追及して処罰した。

七一一年に西ゴート王国はイスラム教徒のアラブ人に征服された。「隠れユダヤ教徒」は、形式的に受け入れていたキリスト教を放棄し、北アフリカから帰ってきたユダヤ人同胞とともにユダヤ人コミュニティーを再建した。とくに七五五年にコルドバを首都とするウマイヤ王朝が成立すると、その寛容政策の恩恵を受けてユダヤ人コミュニティーは繁栄した。ユダヤ人はウマイヤ王朝スペインの政治・経済・文化活動に全面的に参加し、十、十一世紀のイベリア半島において、アラブ文化の強い影響を受けた独特のユダヤ文化を創造した。

しかし、十一世紀になると、キリスト教徒のイベリア半島奪回運動が始まった。これに対抗してモロッコから攻め込んできた熱狂的なイスラム教徒の一派、アルモハーデ(アラー一体性論者)はアンダルシア地方のユダヤ人コミュニティーの存続を許さなかった。イスラム教への強制改宗が施行され、ユダヤ人は国外に逃亡するか、「隠れユダヤ教徒」になった。

十一世紀から十四世紀にかけて、キリスト教徒は、イベリア半島を徐々にイスラム教徒アラブ人の手から取り返した。これを「再征服《レコンキスタ》」と呼ぶ。この時代の初期に、アラブ人と対抗して住民の協力を必要としていたキリスト教徒は、概してユダヤ人を優遇した。とくにアルモハーデの迫害が始まってから、多数のユダヤ人は南スペインから北部のキリスト教圏に逃げ、キリスト教徒の君主に仕え、その地方の経済、文化活動に参加した。

しかし、十三世紀になるとスペインにおいてもキリスト教徒によるユダヤ人迫害が始まった。スペインにおける迫害の特徴は、キリスト教徒の強制に屈服して多数の改宗者が生じたことであった。これらの改宗者のなかには、ラビ・シュロモー・ハレヴィのような、熱狂的な反ユダヤ主義者になった者もあった。彼は改宗後キリスト教神学を学び、ブルゴスの司教となって、パブロ・デ・サンタ・マリアと名乗り、ユダヤ人迫害の先頭に立った。しかし、大多数の改宗者は、「隠れユダヤ教徒」になった。キリスト教徒は彼らを「改宗者《コンヴェルソ》」、あるいは「新キリスト教徒」と呼んで自分たちと区別し、「マラノ」(豚)という蔑称を与えた。しかも、再征服《レコンキスタ》時代初期以来、経済的・社会的に重要な地位を占めてきたユダヤ人が、今やキリスト教徒と同等の権利を享受するマラノになったことに対して、「旧キリスト教徒」の怒りは燃え上がった。経済的困難と政治的混乱が直接原因となって、一三九一年にセビリアで始まった反ユダヤ人暴動はたちまちスペイン全土に広がり、多数のマラノが、ユダヤ人とともに殺害された。

カスティリャのイサベラ女王とアラゴンのフェルナンドの結婚により、一四七九年に統一イスパニア王国が成立すると、それまでにキリスト教徒の間でますます増大していた「隠れユダヤ教徒」に対する敵意を静め、王国の統一を強固にするため、一四八一年に異端審問のための宗教裁判所が開設された。裁判所の調査と密告に基づき、改宗後もユダヤ教を守り続けていると疑われた「新キリスト教徒」は、裁判所に召喚され、拷問を伴う尋問を受けた。この結果、一四八一年から八八年までに約七〇〇人のマラノが火刑にされたことがわかっている。

一四九二年一月二日に、イベリア半島に残っていたイスラム教徒の最後の拠点、グラナダを占領したイサベラ女王とフェルナンド二世は、三月三十日に、四カ月以内にユダヤ人を全員追放するという勅令に署名した。大多数のユダヤ人は隣国ポルトガルに逃げたが、ここからも一四九七年に追放され、結局、十五世紀末の五年間に十数万人のユダヤ人がイベリア半島から追い出された。こうして、一〇〇〇年以上の歴史をもち、数世紀前にはユダヤ人世界の中心であったユダヤ人コミュニティーは、マラノ(隠れユダヤ教徒)を除いて潰滅した。しかし、スペインで形成され開花したスファラド系文化は、北アフリカ、イタリア、バルカン半島、トルコ、パレスチナなどに到着した難民によって後世に伝えられた。

ユダヤ神秘主義

十一世紀以後の中世ヨーロッパで、キリスト教徒から受けた残酷窮まりない迫害は、ユダヤ思想の展開に大きな影響を及ぼした。当然、激しい迫害に屈服してキリスト教に改宗したユダヤ人もいたが、一般にユダヤ人はどのような迫害にも耐え抜いて先祖から伝えられた信仰を守り、殉教の死も恐れなかった。第二神殿時代末期以来、殉教とは「キドゥーシュ・ハシェム」(〔神の〕御名を聖とすること)であるとされてきたが、絶えず殉教に直面していた中世のユダヤ人は、「御名を聖とする」行為を支える深い内的経験を追求せずにはいられなかったのである。

このような雰囲気のなかで、「カバラー」と呼ばれるユダヤ神秘主義が発展した。「伝承によって受け継がれたもの」を意味する「カバラー」という名称が示す通り、カバラーの思想は中世ユダヤ人の創作ではなく、聖書のなかの表象に基づいて、とくに第二神殿時代の黙示文学(一九九頁以下参照)が展開した神秘主義を基礎にして形成された。黙示文学も、迫害に耐えて「御名を聖とする」(殉教)ことが求められた時代を背景として生まれたものであった。

黙示文学以後ミシュナ・タルムード時代に、ユダヤ神秘主義は二つの主題をめぐって展開した。第一の主題は「エゼキエル書」1章に描かれる車輪のついた神の玉座で、「マアセー・メルカヴァー」(車の事象)と呼ばれ、神の玉座の神秘の世界とそこへ昇っていく秘儀を取り扱い、第二の主題は「創世記」1章に基づく「マアセー・ベレーシット」（創造の事象）と呼ばれる神秘的宇宙論である。メルカヴァー神秘主義の著作に属す「ヘーハロート」（〔天の〕宮殿）関係の書物は、どのような秘儀を用いて天の宮殿に昇るかということを詳述する。昇天の目的は、玉座に着座したもう者、すなわち、「カヴォード」（栄光）と呼ばれる神の幻を見ることである。この幻において見た神の姿の描写が、『〔神の〕身の丈《シウール・コーマー》』という謎に満ちた書物になった。合理主義哲学者マイモニデスは、この書物を禁書としたが、彼が考えたように、この書物の著者は、本当に神が身体をもっていると考えたのではないらしい。

ベレーシット神秘主義関係の最も重要な書物は、三世紀か四世紀の著作と考えられる『創造の書《セフェル・イェツィーラー》』である。この書物の主題は宇宙論と宇宙創造論で、神が「知恵の三二の神秘の道」によって世界を創造したと説く。三二の道とは、一〇の「セフィロート」と二二のヘブライ文字である。「セフィロート」の原意は「数」であり、ここでは宇宙の根元的要素、あるいは原則を指しているらしい。神の霊、気、水、火と六つの空間次元が一〇の「セフィロート」を形成している。気、水、火の根元的要素が六つの空間次元とともに創造の場を作ると、ヘブライ二二文字の組み合わせによって、あらゆる存在が創造された、というのである。

中世のユダヤ神秘主義には、「カバラー・イユニット」（思索的カバラー）と「カバラー・マアスィット」（実践的カバラー）という二つの傾向があった。十一～十三世紀にドイツとフランスで盛んであった「ハシデー・アシュケナズ」（アシュケナズ系敬虔主義者）という運動では実践的傾向が強く、十二、十三世紀のプロヴァンス、十三、十四世紀のスペインのカバラーは思索的傾向をもっていた。これは、当時のアシュケナ

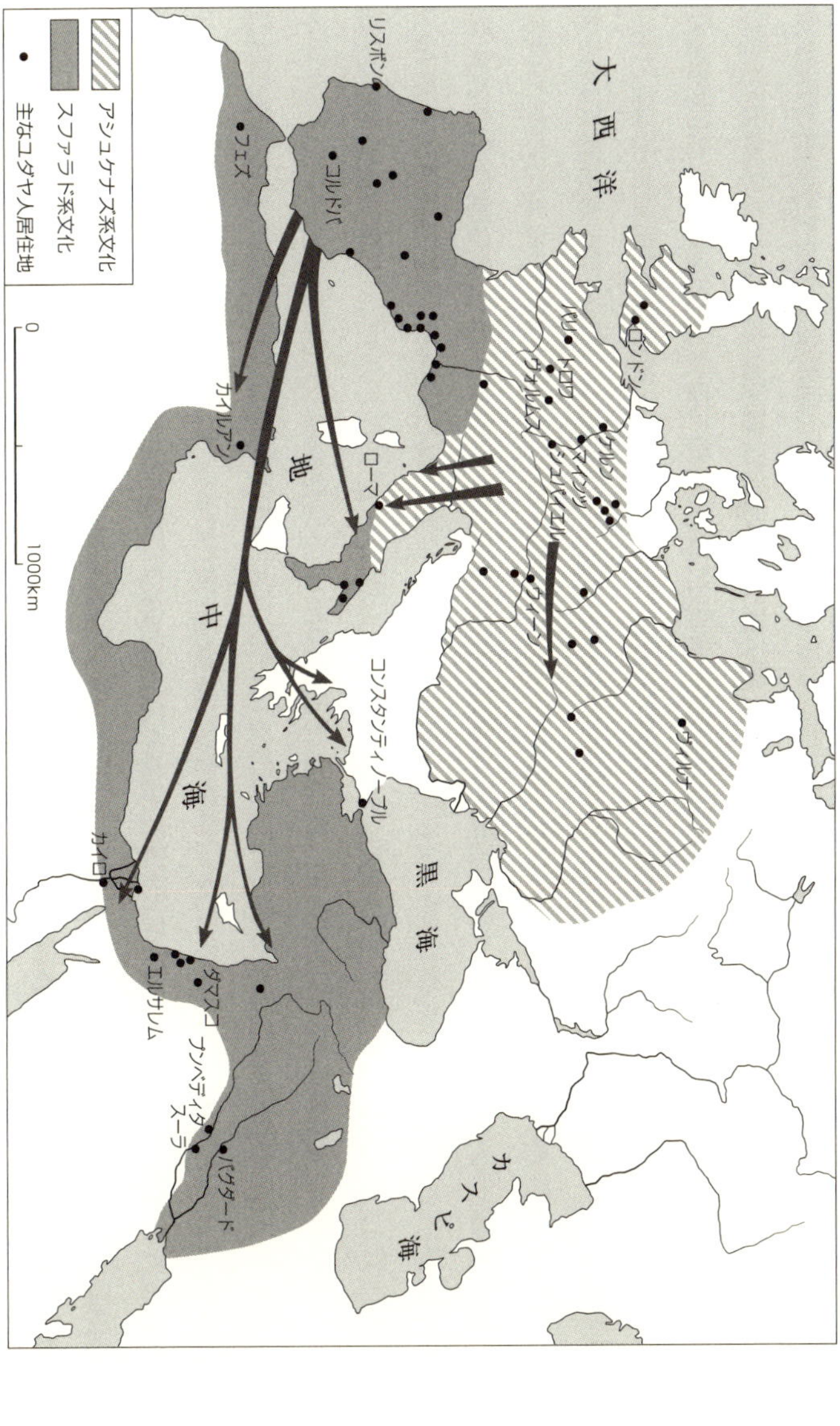

中世のユダヤ文化圏とユダヤ人の移動

ズ系ユダヤ人が直接的な迫害を受けていたため、神秘的経験によって神の世界に入る喜悦を味わうことを希求していたのに対して、その頃、スペインにおいては、スファラド系の学問活動が黄金時代を迎えていたことと無関係ではない。しかし、二つの傾向は相互に深く関連しており、分類は相対的な問題である。

アシュケナズ系敬虔主義者の活動は、倫理的方向と神秘的方向の二方向に沿って展開した。倫理的方向は、『敬虔主義者の書《セフェル・ハシディーム》』において示される生活態度に現われている。リズムとメロディーをつけ、すべての感情を込めた祈禱、この世の快楽を忘れさせるほどの喜びに溢れた神に対する愛、どんな侮辱も無視して神のために行動する意志、徹底的に内面的な意味での謙遜、そして何よりも殉教に対する憧れが、この書物において勧められている。

アシュケナズ系敬虔主義者の神秘的教義は、イタリアからドイツに移住してきたカロニムス家の人々が伝えた秘教を基礎として形成された。彼らは、ヘーハロート関係の文書、メルカヴァー神秘主義の著作などとともに、サアディア・ベン・ヨセフ(二五九〜二六〇頁参照)の思想から大きな影響を受けた。その根本理念は神の統一性と無形性であるが、スファラド系哲学者と違って、神から流出した「カヴォード」(栄光)が神と人間の間の仲介をすると考えた。また、神の聖名と聖なる言語(ヘブライ語)の文字がもつ神秘的な力を信じていた。

ドイツとフランスの神秘主義の影響下に起こったプロヴァンスの神秘主義は、ナルボンヌの盲人イツハクと彼の弟子たちによって確立された。イツハクは、『創造の書《セフェル・イェツィーラー》』の注解において、神的世界の最高位に「マハシャヴァー」(思念)を置き、それから出る「神の言葉」によって世界は創造されたと説明する。

「思念」のうえに「隠れた神」がいて、この神は「エン・ソフ」(無限者)と呼ばれる。神秘的瞑想によって人間の思念は上昇し、ついに神の「思念」に包含されるのである。

プロヴァンスの神秘主義は間もなくスペインに伝えられ、カタロニアのゲロナがカバラー研究の中心になった。カバラーは本来、限定されたグループの人々にだけ密かに伝えられる「秘儀」であったが、ゲロナにおいて初めて、広く一般の人々にもその教義を知らせる努力が払われるようになった。ゲロナに集まったカバラー学者のなかに、当時の最もすぐれた法規《ハラハー》学者であるナフマニデス(モシェ・ベン・ナフマン、一一九四頃~一二七〇)がいたことは、カバラー神秘主義が正統な信仰であることを一般ユダヤ人に納得さ

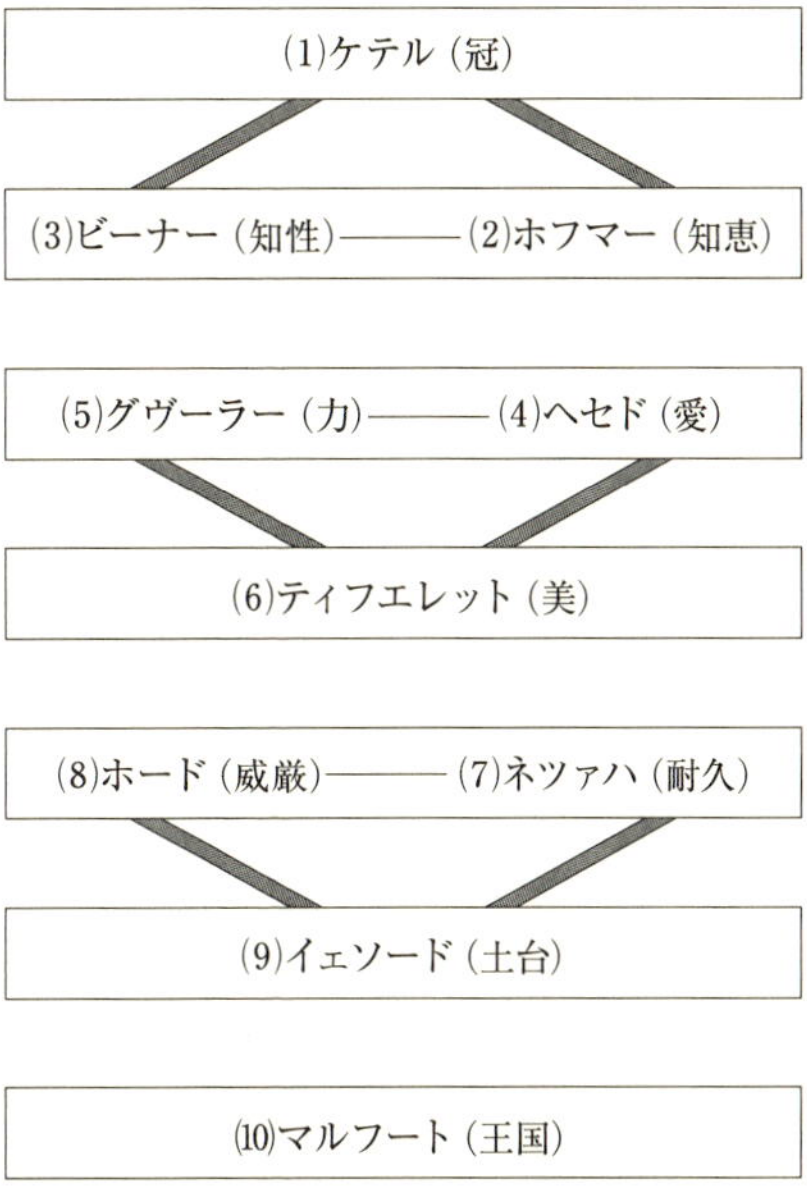

『創造の書』による10のセフィロート
ヘブライ語は右から左に書くので，右が優先順位である

せるために大きな貢献をした。

カバラー神秘主義の代表的書物となった『セフェル・ハゾーハル』(光輝の書。一般には、単に「ゾーハル」と呼ばれる)は、十三世紀末にマドリード近郊の小都市にいたモシェ・ベン・シェム・トーヴ・デ・レオンの著作である。これは、二世紀の律法《トーラー》学者シメオン・バル・ヨハイに語らせた「律法《トーラー》」(「モーセ五書」)のカバラー的注解である。「ゾーハル」は、二つの問題をめぐって展開する。第一は、創造世界のなかで多くの象徴に反映している「セフィロート」(二七四頁参照)の世界の神秘であり、第二は、現世と霊界におけるユダヤ人の状況と運命である。太陽から太陽光線が輝き出るように、無限者《エン・ソフ》の神から連続して流出するものが「セフィロート」で、原初の人間は、完全な人間として、前ページの図のような四組の全部で一〇の「セフィロート」から成り立っていた。

この宇宙的調和を乱すものが悪である。悪は、「スィトラ・アフラ」(他の側面)と呼ばれる創造に際して破壊された世界の残存物であり、それはアダムが「生命の樹」と「善と悪を知る樹」を分離した時にこの世界に入ってきた。イスラエルが離散していることも、現在、宇宙の調和が乱されていることを表わしている。この乱れた宇宙に再び調和と統一をもたらすための秘儀は「律法《トーラー》」のなかにある。従って、「律法《トーラー》」に従って生き、メシアによるイスラエルの復興と宇宙の調和の回復を待望することは、ユダヤ人の義務なのである。

一四九二年に起こったスペインからの追放は、スファラド系コミュニティーがそれまで経験したことのない破局であった。この苦難に直面して、カバラー神秘主義に精神的支えをみいだしたスペインからの難民は、とくに、メシアによる民族と宇宙の救いに関するカバラーの教義に関心を抱いた。これは、その後のユダヤ民族・宗教共同体の歴史において、最も重要な役割を果たすイデオロギーの源泉となった。十九世紀末に、シオニズムという名の政治行動を組織したヘルツルが、カバラー神秘主義が生み出した終末的希望を実現するメシアの系譜に属す人物であることは疑いえない。

スペイン追放の四〇年後に、パレスチナ北部の高原の町ツファァトは、カバラー神秘主義研究の中心地になった。十六世紀のツファァトに集まったカバラー学者の代表は、イツハク・ルリア（別名ハアリ、一五三四〜七二）である。ルリアを頂点とするツファァト学派の教義によると、無限者《エン・ソフ》である神が宇宙創造を決意した時、彼は自らを「ツィムツム」（収縮）して空間を作り、この空間を満たす光線を放射した。この光線はそれぞれの「セフィロート」に割り当てられた「器」のなかに照射されるが、「ヘセド」（愛）以下六つのセフィロートの「器」はその力に耐え切れずに破壊される。その「器」の破片「クリポート」（殻）が「スィトラ・アフラ」（他の側面）の暗い力である。しかし、この「クリポート」のなかに神の光線が残っている。これは「シェヒナー」（遍在の神）が捕らわれている姿である。従って、神の光線を「クリポート」から解放することによって宇宙の調和は回復（ティックーン）される。それがユダヤ民族が救済される時であり、この救済の秘儀に与《あずか》るために、ユダヤ人は律法《トーラー》を遵守しなければならないのである。

このようにカバラー神秘主義者の結論は律法《トーラー》遵守の勧めであった。従って、カバラー学者のなかに、優れた法規学者《ハラハー》がいたことは不思議ではない。ツファァト学派最大の法規学者《ハラハー》は、ヨセフ・カロ（一四八八〜一五七五）であった。

タルムード時代以来集積された全法規《ハラハー》の組織的分類と体系化を目指したマイモニデスの『律法の再説《ミシュネー・トーラー》』（二六五頁参照）以来、法規《ハラハー》法典をまとめようとするいくつかの試みがなされた。そのなかで最も広く承認を受けた著作は、十四世紀のトレドにいたヤコブ・ベン・アシェルの『四列《アルバア・トゥーリーム》』であった。「四列」とは、大祭司の胸当てにはめこまれた四列の宝石を指す〔「出エジプト記」28章17～20節〕。ヨセフ・カロはこの『四列』の注解書として、一五五五年に『ヨセフの家《ベト・ヨセフ》』を書いたが、それが大部の書物となったため、その要約として、一五六四～六五年に『整えられた食卓《シュルハン・アルーフ》』を著わした。『四列』と同様、日常生活の規定である「生き方《オラハ・ハイム》」、食品規定などを定める「知識の教示《ヨーレー・デーアー》」、結婚・離婚などに関する「助けの石《エヴェン・ハエゼル》」、民法・刑法に関する「裁きの腰当て《ホシェン・ミシュパート》」から成り立っている。一五六五年にヴェネツィアで初版が印刷された『整えられた食卓《シュルハン・アルーフ》』は、モシェ・イッサーレス（一五二五／三〇～七二）の修正を受けた後、スファラド系、アシュケナズ系両者を含む全ユダヤ人によって受け入れられ、今日もなお正統派ユダヤ教徒の基本的法規《ハラハー》法典として用いられている。

遅延した夜明け

近世ヨーロッパの夜明けを告知したルネサンスと宗教改革は、ユダヤ人の運命に屈折した影響を及ぼした。十五世紀末に人文学研究が始まると、キリスト教徒のなかから、ヘブライ語とユダヤ教学を研究する学者が現われた。彼らは、自分たちの研究に基づいて、中世の反ユダヤ主義に固執する人々に対して、ユダヤ文化の価値を弁護するようになった。このような人文主義学者の一人であったドイツのヨハンネス・

ロイヒリン(一四五五~一五二二)が、タルムードを焚書にしようとした反ユダヤ主義者に抗議して引き起こした論争は、西ヨーロッパの人文主義者と反動主義者を広く巻き込んだ論戦となって一五一〇年から二〇年まで続き、宗教改革の始まりを促進する一つの要因となった。

一五一七年に宗教改革の口火を切ったマルティン・ルター(一四八三~一五四六)は、改革の初期には、ユダヤ人問題に関してロイヒリンに近い意見をもっていた。『イエス・キリストは生まれはユダヤ人であった』〔一五二三年〕という小冊子において、ルターは、キリスト教徒によるユダヤ人迫害を非難し、人間的に取り扱うことによってユダヤ人を改宗に導くよう勧めた。しかし、ユダヤ人が彼の福音主義キリスト教にも改宗しないことを知った晩年のルターは、過激な反ユダヤ主義者になった。「ユダヤ人と彼らの虚偽について」〔一五四三年〕と題する論文のなかで、シナゴグの焼き払い、ユダヤ人の強制収容、タルムードの没収、ラビによる教育の禁止、ユダヤ人の旅行と金融業の禁止、ユダヤ人に強制労働を課すことなどを提案し、最終的には追放によってユダヤ人問題を解決したらよいと諸侯に勧告した。この極端な反ユダヤ人計画を文字通り実行したのは、当時のドイツ人諸侯ではなく、四〇〇年後のヒトラーであった。

宗教改革によってローマ・カトリック教会によるヨーロッパの統一が崩壊すると、ヨーロッパには教会分裂が起こり、今やユダヤ人はヨーロッパに居住する唯一の「異教徒」ではなくなった。しかし、ヨーロッパ人が宗教的不寛容を否定するようになるまでには、なお数世紀かかった。むしろ、宗教改革に対するローマ・カトリック教会の反撃として起こった対抗宗教改革(反宗教改革)が政治的闘争に発展すると、地方領主たちは領民に自分の宗派を強制した。領民の宗教的統一が求められていた時代の風潮を背景として、一五五五年に、ローマ教皇パウルス四世は、ユダヤ人をキリスト教徒から隔離して一定の地区に定住させる制度を確立した。この制度はただちにイタリア、ドイツ、フランス、オーストリアなどに広がり、十九世紀初頭まで存続した。

この強制的なユダヤ人隔離地区を「ゲットー」と呼ぶ。一五一六年に、ヴェネツィア共和国が、このようなユダヤ人地区を町外れの鋳造工場跡《ジェトー》に建てたことがその語源であるといわれている。西ヨーロッパ各地に約三〇〇年間存続したゲットーは、二つ以上の門を作ることが禁止された高い塀で囲まれ、門の扉は外から閉ざされたうえ、鍵がかけられていた。鍵は、ユダヤ人が給料を支払うキリスト教徒の門衛が保管していた。ゲットーからユダヤ人が外出する際には、許可証を携帯し「恥辱のバッジ」をつけ、とがった帽子をかぶって自分がユダヤ人であることを明示する義務があった。日曜日とキリスト教の祭日の外出は禁止されていた。ゲットーの敷地の拡大は許可されなかったため、家屋は上方へ増築された。そのためしばしば倒壊や大火によって多数の死傷者が出た。支配者は重税を課しただけではなく、人口制限のために結婚も制限した。それでも人口は増加したため、年とともにゲットーはスラム化し、しばしば疫病が蔓延した。

ゲットーは強制された差別居住区であったが、同時に閉鎖社会であったため、それがユダヤ人とユダヤ文化を「防衛」したことも事実であった。ゲットーには必ずシナゴグと学校があって、宗教的伝統を中心とするユダヤ文化の教育が行なわれていた。福祉と慈善活動も盛んで、あらゆる種類の互助組織が発達していた。ゲットーのユダヤ人は間違いなく貧民であったが、当時の一般ヨーロッパ人と比較するならば、はるかに高い教育を受け、独自の文化をもつ人々であった。しかし、ゲットーという非人間的制度が、ユダヤ人の肉体と精神に破壊的影響を及ぼしたことは、あまりにも明白であった。ゲットーの三〇〇年は、矮小で脆弱な体格をもち、精神状態が不安定で狡猾な人間、というユダヤ人の型を造り出したのである。

当時の西ヨーロッパにおいて、ゲットーに隔離されないですんだ唯一のユダヤ人は、イベリア半島のマラノ(隠れユダヤ教徒)である。一四九二年のスペインのユダヤ人追放後、マラノは、宗教裁判が比較的緩やかなポルトガルに集まり、十六世紀末になると、スペインから独立を克《か》ち取ったオランダに移住し始めた。プロテスタントのオランダ人が、信教の自由を認めたことと、オランダが新しい商業の中心地として発展し始めたからである。表面はキリスト教徒として移住してきたマラノは、オランダに到着するとユダヤ教徒に戻り、アムステルダムに大きなユダヤ人コミュニティーを設立した。彼らは商人としても成功を収め、十七世紀末までに、オランダ東インド会社の株の四分の一は、ユダヤ人が掌握していた。

オランダで成功したマラノ・ユダヤ人は、ピューリタン革命後のイギリスにも移住し始めた。クロムウエル(一五九九〜一六五八)が、イギリスの商業活動を振興するために、ユダヤ商人のイギリス帰還を歓迎したからである。このように、十七世紀のオランダとイギリスにおいて、商業活動に関する差別が撤廃されると、ユダヤ人は、初期資本主義の担い手として近世ヨーロッパに登場した。これは、ユダヤ史「近世」の遅延した夜明けであった。

2 解放と生存のための闘争

ハスカラー（ユダヤ啓蒙主義）

十七世紀に、ポルトガルから移住してきたマラノ（隠れユダヤ教徒）が近世ヨーロッパの商業活動に参加し始めたアムステルダムにおいて、ユダヤ教の伝統を内部から批判する「近世」的ユダヤ人が初めて出現した。イベリア半島において、隠れユダヤ教徒として過ごしている間、マラノにとって、厳しいキリスト教会の規制に対する批判とユダヤ教に対する憧れは同一のことであった。しかし、アムステルダムに成立したユダヤ人コミュニティーに入ってみると、ここでも、教会の規制と同じような規制が個人を束縛していることに気付いたのである。それまで、ユダヤ教を批判したユダヤ人は、すべてキリスト教に改宗した背教者であったが、十七世紀のアムステルダムに出現したユダヤ教批判者は、キリスト教とは無関係に個人の自由を主張する「近世人」であった。

このようなユダヤ教批判者のなかで最も傑出した人物は、一六五六年にアムステルダムのユダヤ人コミュニティーから破門された哲学者、バルフ・スピノザ（一六三二〜七七）であった。彼は徹底した合理主義に基づき、自然法と合致する部分にのみ律法《トーラー》の価値を認め、超自然的啓示は合理的人間にとって無意味であると主張した。伝統的ユダヤ教思想とユダヤ人コミュニティーの構造に対して反抗したスピノザの哲学は、近世ヨーロッパの理神論、唯物論の形成に影響を及ぼしただけではなく、十八世紀中葉のドイツで始まった「ハスカラー」(ユダヤ啓蒙主義)運動の理論的出発点となった。

三十年戦争(一六一八~四八年)が終結して宗教的熱狂主義が冷却すると、ドイツの諸侯は中央集権的絶対主義政策と、重商主義に基づく国家経済の確立による世俗的近代国家の形成を開始した。中世封建制社会の根底的変革を要求するこの新政策が、「宮廷ユダヤ人《ホーフユーデン》」と呼ばれる一群のユダヤ商人の登場をうながした。彼らが、封建制社会とは無縁であったことと、全ヨーロッパ、オリエント、北アフリカに離散しているユダヤ人コミュニティー間の国際的連絡網をもっていたことが、新政策遂行のために役立ったのである。宮廷ユダヤ人は、ぜいたく品から武器に至るまであらゆる品物を調達する王室御用商人であったばかりか、国家の経済政策を担当する高級官僚としても活躍した。
十七、十八世紀を通じて、大多数のユダヤ人はなおゲットーの住民であり、宮廷ユダヤ人はユダヤ人のほんの一部にすぎなかった。しかし、宮廷ユダヤ人が特権を与えられ、一族郎党を引き連れて城下町に住みついたことが、ドイツにおいてゲットーの外にユダヤ人コミュニティーが再建される始まりとなった。こうして、十八世紀になると、アムステルダムやロンドンのスファラド系コミュニティーと並んで、ドイツ各地のアシュケナズ系ユダヤ人の間からも、一般ヨーロッパ社会のなかで生活する人々の数が増大した。これらのユダヤ人が、ヨーロッパ一般の文化に興味を示すようになったことは自然の成り行きであった。その結果、彼らは、ユダヤ文化しか知らないゲットーの住民とは異質の階層を形成した。
社会的・宗教的伝統から、人間としての個人の解放を目指す啓蒙主義が、当時のヨーロッパ人知識階級の支配的思想であった。ゲットーの外で生活していた少数のユダヤ人は、ただちに啓蒙主義を受け入れ、啓蒙主義によって、なおゲットーに居住している大多数のユダヤ人を教育することが、彼らをゲットーから解放する前提条件であると考えた。これが「ハスカラー」（ユダヤ啓蒙主義）と呼ばれる運動の理念である。

差別された身分からユダヤ人を解放することを目的とする啓蒙主義《ハスカラー》運動の具体的な計画は、律法《トーラー》教育がカリキュラムのすべてである伝統的なユダヤ教育を最小限にして、ヨーロッパ文化一般を教科とする世俗的教育を拡充することであった。ユダヤ人が一般ヨーロッパ人と同じ教養を身につければ、差別はなくなる、という単純な考え方が、啓蒙主義《ハスカラー》運動を推進する「マスキリーム」（ユダヤ人啓蒙主義者）の主張だったのである。そのために、まずユダヤ人コミュニティー独特の言語であったイディッシュ語を放棄して、ドイツ語やフランス語のような、それぞれのコミュニティーが居住する土地の言語を用いることが、重要な運動方針になった。

啓蒙主義《ハスカラー》的思想と生活は、すでに十八世紀初頭のオランダや北イタリアで受け入れられていたが、とくに十八世紀中葉のドイツで、運動として広がり始め、十九世紀の八〇年代まで、東ヨーロッパを含むユダヤ人コミュニティーに大きな影響を及ぼした。啓蒙主義者《マスキリーム》が、運動の精神的父と仰いだ人物は、哲学者モーゼス・メンデルスゾーン（一七二九～八六）であった。彼はイマヌエル・カントと並ぶ当代最高の哲学者であり、ドイツ人啓蒙主義者ゴットホルト・エフライム・レッスィングの親友であった。ベルリンのメンデルスゾーン家のサロンに集まった啓蒙主義者《マスキリーム》から、運動としてのユダヤ啓蒙主義《ハスカラー》は始まったといえる。

メンデルスゾーンは、「モーセ五書」をドイツ語に翻訳して、ユダヤ人の子弟がドイツ語で聖書を学ぶ道を開いた。彼は、律法《トーラー》がユダヤ人の政治的基本法であったというスピノザの理論を受け入れたが、その

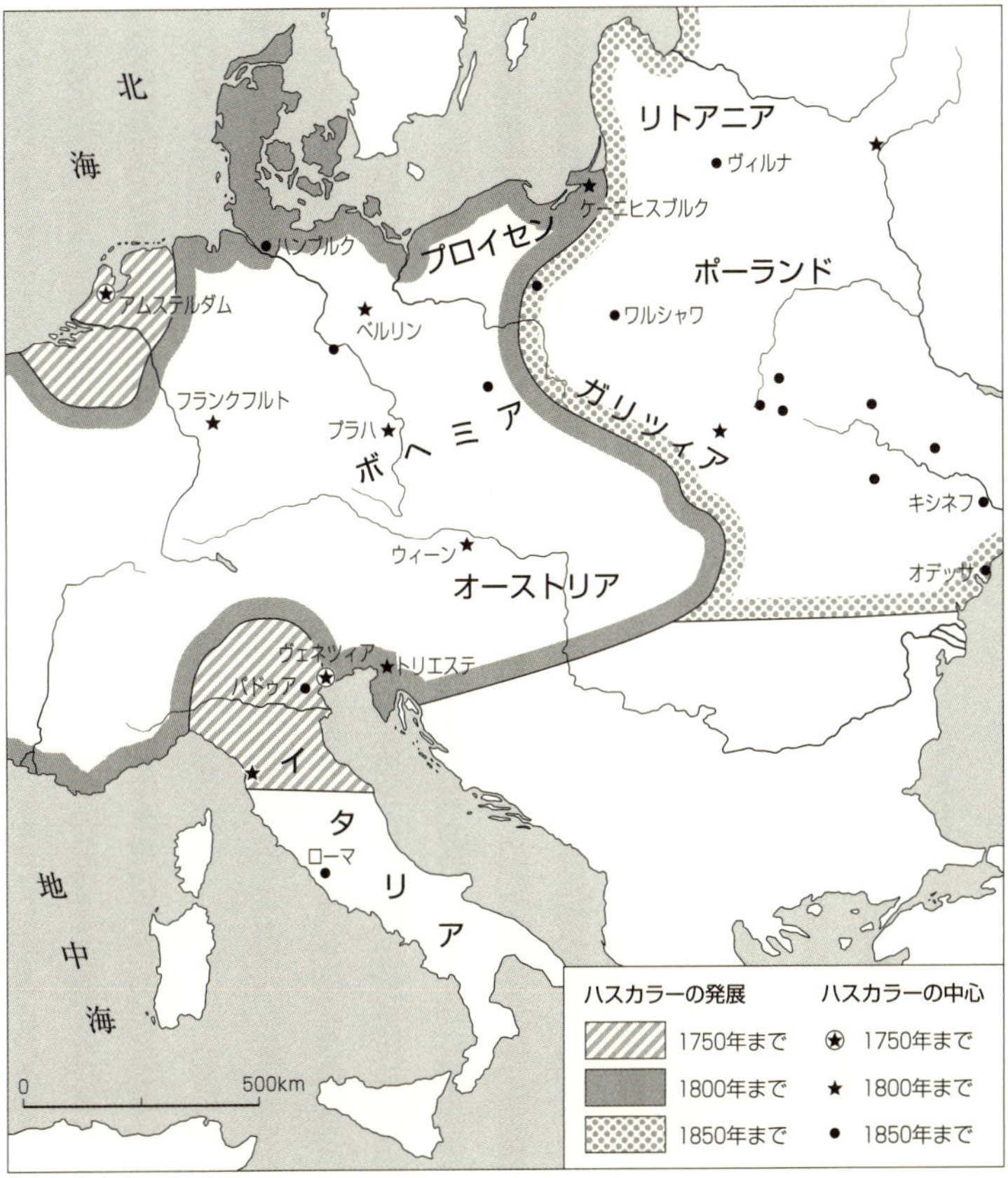

ハスカラー(ユダヤ啓蒙主義)の展開

普遍的性格を強調することによって、律法《トーラー》がユダヤ人の差別を決定する要素であるとは考えなかった。しかし、彼は、ヨーロッパ人啓蒙主義者とともに、政教分離の原則を受け入れ、信仰を個人の良心の問題とすることにより、ユダヤ人コミュニティーの伝統的な統制権を否定した。この考え方は、民族的宗教共同体として存在してきたユダヤ教から、民族性を除去する「改革派ユダヤ教」への道に通じる重大な問題を孕《はら》んでいた。

メンデルスゾーン自身は、最後まで戒律を遵守する忠実なユダヤ教徒としてとどまったが、次世代の啓蒙主義者《マスキリーム》は理神論に傾斜し、反ユダヤ教的になっていった。当然、啓蒙主義《ハスカラー》の教育計画に対し、ユダヤ人大衆とその伝統的な指導者であるラビたちは激しく反対した。そこで、自分たちのユダヤ人解放計画の推進を焦った啓蒙主義者《マスキリーム》は、しばしば、中央集権確立のためにユダヤ人の同化を望み始めた絶対主義国家の政府の援助を求めて、ユダヤ人大衆に啓蒙主義的教育を押しつけようとした。しかし、このような強制に対するユダヤ人コミュニティーの反発は予想以上に激しかった。とくに十九世紀の東ヨーロッパにおいて、伝統に忠実なユダヤ人コミュニティーは、ロシア帝国政府が後援する啓蒙主義的同化政策に対して徹底的に抵抗して、その政策をすべて失敗に終らせた。

このように、啓蒙主義運動《ハスカラー》は、あまりにも過激な変革計画を性急に押しつけたため、同時代のユダヤ人大衆からは拒絶された。しかし、啓蒙主義者《マスキリーム》が始めたユダヤ人解放闘争は、十八、十九世紀を通じて、次々と勝利を収め、ユダヤ人が近代国家の市民になる道を開いていったのである。

東方のユダヤ人

十六世紀までに、西ヨーロッパ諸国から追放されたユダヤ人は東方に移動して、主としてポーランド・リトアニア王国と、オスマン帝国の領土であったオリエント各地に定住した。十七世紀になると、ユダヤ人は西ヨーロッパの大都市にユダヤ人コミュニティーを再建し始めるが、第二次世界大戦の際にナチスのユダヤ人大殺戮が行なわれるまで、東ヨーロッパはユダヤ人世界の重要な中心であり、「東方のユダヤ人《オストユーデン》」は、西ヨーロッパの同胞と違った生活条件の下に暮らしていた。

十三世紀中期以降、モンゴル人の侵入によって破壊された国土を再建するために、ポーランドの支配者たちは西ヨーロッパからの移民を歓迎した。そこで、迫害を逃れたアシュケナズ系ユダヤ人が、多数移住してきた。ポーランドでは、西ヨーロッパで受けたような規制がなかったため、ユダヤ人はあらゆる職業についたが、とくに商業活動と、貴族の荘園経営の請負いなどで頭角を現わした。その結果、支配階級はユダヤ人の資本と才能を利用して開発を進めたが、大部分が農奴であった一般ポーランド人は、搾取者の代表としてユダヤ人を憎んだ。この憎悪に宗教的偏見が加わっていたことはいうまでもない。

それにもかかわらず、十六世紀と十七世紀前半のポーランドは、ユダヤ人にとって天国であった。彼らは各地方で自治組織をもち、それらが集まって形成した全国協議会を通じて支配者たちと交渉する強力な少数民族グループであった。しかし、東ヨーロッパにおいて繁栄していたアシュケナズ系コミュニティーは、一六四八～四九年に起こったポーランド貴族に対するコサックの反乱の犠牲になって、一夜にして潰滅的打撃を蒙ったのである。それ以後一〇年間、アナーキーに陥ったポーランドにおいて、約一〇万人のユダヤ人が虐殺された。

この衝撃的な事件が、シャブタイ・ツヴィのメシア運動を引き起こした社会的背景であった。すでに述べた通り、十五世紀末に起こったスペインからの追放以来、主としてスファラド系難民が集まった北パレスチナのツファトにおいて、メシアによる民族と宇宙の救済を中心問題とするカバラー神秘主義研究が隆盛を極めていた(二七九頁参照)。この神秘主義思想の影響下に、十六、十七世紀には自称メシアが各地のユダヤ人コミュニティーに出現したが、彼らはすべて地方的注目を浴びただけで終った。しかし、シャブタイ・ツヴィだけは、わずか二年間(一六六五〜六六年)ではあったが、そのメシア運動に東西の全ユダヤ人コミュニティーを巻き込んだのである。

シャブタイ・ツヴィは、一六二六年に西トルコのイズミールの商人の家に生まれた。青年時代にカバラー神秘主義を学び始めたが、同時に、恍惚状態と抑うつ状態を交互に繰り返すようになった。一六六五年四月に、不安定な精神状態からの救済を求めて、彼はガザの預言者ナタンを訪問した。しかし、まだ二十一歳にすぎなかったが、すでに高名な預言者であったナタンは、幻によってシャブタイがメシアであることを知り、次々と終末のプログラムを発表した。ナタンに説得されてメシアの自覚に達したシャブタイは、全ユダヤ人コミュニティーに対し、メシアの名によって終末の悔い改めをうながすアピールを宣言した。ラビたちのなかには、このメシア運動を偽物とみなしてシャブタイとナタンを非難した人々もいたが、一六六五年の年末までに、オリエントから西ヨーロッパに至るユダヤ人コミュニティーは、メシアの来臨を信じ、終末を迎える準備にはげむ人々の興奮に包まれていた。

一六六六年は、シャブタイが戦わずにオスマン帝国のスルターンから王冠を取り去る年と信じられた。しかし、この年の九月にトルコ人に逮捕され、スルターンの前に引き出されたシャブタイは、死刑かイスラム教への改宗かという二者択一を迫られると、後者を選んで改宗した。シャブタイの改宗後も、ナタンは彼のメシアを弁護して、メシアがユダヤ人の罪を清めるために「クリポート」(殻)に閉じ込められたから、ユダヤ人はなお捕囚の地にいるにもかかわらず、遍在《シェヒナー》の神はもはや捕囚の地を去って宇宙の救済を完成した、と説いた。

その後も、シャブタイ・ツヴィがメシアであったことを信じるシャブタイ派は、十八世紀中葉に騒動を起こしたフランク派や、今日まで続くトルコの「デンメ派」イスラム教徒のような神秘主義的セクトとして残ったが、ユダヤ人コミュニティーに及ぼす影響力は消滅した。ユダヤ人コミュニティー自体の問題は、シャブタイのメシア運動の挫折が残した深刻な精神的危機を克服することであった。十八世紀後半に東ヨーロッパで起こった新しい神秘主義的宗派ハシディズムは、そのような努力の一つの表現であった。

「ハシディズム」(敬虔主義)は、バアル・シェム・トーヴ(「良い名をもつ師」の意。略称ベシュト)と呼ばれたイスラエル・ベン・エリエゼル(一七〇〇頃〜六〇)を指導者として始まった大衆的な宗教的覚醒運動であった。ベシュトは、ウクライナの南、ポドリア地方の貧しい家の出身であったが、三十五、六歳の頃、病気を治療する祈禱師として有名になり、彼の人格に魅了された多数の弟子を集めた。当時東ヨーロッパに広がっていた神秘主義に基づく禁欲的苦行に反対して、神を礼拝する喜びを強調したところから、大声をあげ、歌を歌い、踊りをおどり、熱狂的な法悦状態に没入して祈禱をささげて神と交わることが、ベシユトの周囲に集まった「ハシディーム」(ハシディズム信者)の礼拝の特徴になった。ベシュトはシナゴグの説教者ではなく、単純な人々を集めて説話《アガダー》風の訓話をする伝道者であった。彼はカバラー神秘主義の用語を用いたが、世界の救済に先立って個人の魂が救われなければならないと説き、シャブタイ・ツヴィのメシアニズムが引き起こしたような現実逃避的な終末待望を戒めた。ベシュトの教えの中核は、神への「デヴェクート」(固着)である。この用語もカバラー神秘主義からの借用であるが、宗教的行為だけではなく、日常生活のすべての行動における「デヴェクート」(神との交わり)を説いたところに、ベシュトの教えの特徴があった。

このような「デヴェクート」の状態に一般人は到達できない、と考えるハシディズムは、「ツァディク」(義人)という新しい指導者の概念を生み出した。ツァディクは神と人の間に立って、神の恵みを人に伝え、人を神に近づける任務を負っている。神はツァディクに全宇宙を統制する力まで与えているが、それはツァディクが、一般人の到達できない神との交わり《デヴェクート》から人々の間に降下して、人々を引きあげるためなのである。後にツァディクは、「レベ」という尊称をもつハシディームのコミュニティーの指導者となり、この指導権は父から子に相続されて各地にレベの家が成立した。

ベシュトの死後、ハシディズムはメズィレチのドヴ・バエル(一七七二年没)の指導の下に本格的な運動として、ガリツィアからリトアニアにまで広がった。大説教家《マギド》と呼ばれたバエルは、ベシュトのような民衆的指導者ではなかったが、カリスマ的説教者、理論家、組織家として、ハシディズムの教義と組織の確立に貢献した。しかし、バエルは中央集権的制度には反対で、各コミュニティーが独立した指導者をもつべきだという意見をもっていた。

バエルの死後、一七七〇年代から約三〇年間、ハシディームと、これを異端とする「ミトナグディーム」(反対者)の間で激しい闘争がくりひろげられた。ミトナグディームの指導者は、「ヴィルナのガオン」と呼ばれたエリヤ・ベン・シュロモー・ザルマン(一七二〇~九七)であった。リトアニアのヴィルナは、中世以来、東ヨーロッパの律法《トーラー》研究の中心であったが、エリヤはヴィルナの学問的伝統が生み出した最大の学者であった。エリヤの理解によれば、ハシディームが、律法《トーラー》研究よりも祈禱による法悦を重要視し、神と人の間の仲介者として「ツァディク」を置くことは、明らかに正統なユダヤ教からの逸脱であった。ハシディームとミトナグディームは、破門、焚書、告訴などの過激な手段に訴えて争ったが、十九世紀初頭になると、両者は急速に和解の方向へ向かった。それまでに、ハシディズムは、東ヨーロッパのユダヤ人コミュニティーにすっかり定着しており、同時に、タルムード研究を重視する「ハバド・ハシディズム」のような伝統的ユダヤ教に近い一派も生み出していた(「ハバド」とは、「ホフマー」〈知恵〉、「ビーナー」〈知性〉、「ダアト」〈知識〉の頭文字の組み合わせ)。しかし、ハシディームとミトナグディームを和解に導いた本当の原因は、内外からユダヤ教の伝統が破壊される危機に直面していることに、東ヨーロッパのユダヤ人が気付いたことであった。内側からの敵はドイツから東ヨーロッパに広がってきた啓蒙主義《ハスカラー》であった。外側からの敵は、ユダヤ人コミュニティーの分解を図る絶対主義国家の論理に従って、同化政策を推し進める帝政ロシアであった。この内外の敵と対抗して、民族的宗教共同体としてのユダヤ教を守り通した東ヨーロッパのユダヤ人が、シオニズムを含む現代ユダヤ教の主要な担い手になるのである。

ユダヤ人の解放と改革派ユダヤ教

十七、十八世紀のヨーロッパにおいて、絶対主義に基づく中央集権国家が成立すると、被支配民の直接支配を目指した支配者たちは、中世社会を構成していた自治組織の解体を推進した。ユダヤ人が差別された集団として自治組織を形成していることは、この中央集権政策に反する状況であったが、中世以来の長いユダヤ人差別の習慣のために、西ヨーロッパにおけるユダヤ人の解放は十八世紀末になってようやく始まり、一進一退を繰り返した後、十九世紀後半になってようやく完了した。

ユダヤ人側から見れば、他の市民と同じ権利と義務をもつ法的平等の獲得は差別された身分からの「解放」であったが、支配者側が目指していたことは、ユダヤ人が一般国民に「同化」することであった。同様に、十八世紀の啓蒙主義者たちはユダヤ人を劣等な人種とみなし、これをヨーロッパ社会が吸収するためには、まずユダヤ人を「矯正」しなければならないと主張していた。「マスキリーム」(ユダヤ人啓蒙主義者)は、この意見の影響下にユダヤ人解放運動を始めたのである(二八六頁参照)。

ユダヤ人の解放、ないし同化は、西ヨーロッパでは比較的早く完了したが、東ヨーロッパで遅延した。オランダではすでに一六五七年にユダヤ人の市民権が認められ、イギリスでは十八世紀以来全市民に事実上の法的平等は与えられていたが、ユダヤ人が公職につくことは一八三〇年代まで禁じられていた。これに対して、政教分離と宗教的寛容の原則に基づいて建国されたアメリカ合衆国(一七七六年)においては、最初からユダヤ人の法的平等が確認されていた。

フランス革命(一七八九年)の原理であった全市民の法的平等の理念を引き継いだナポレオンの軍隊は、

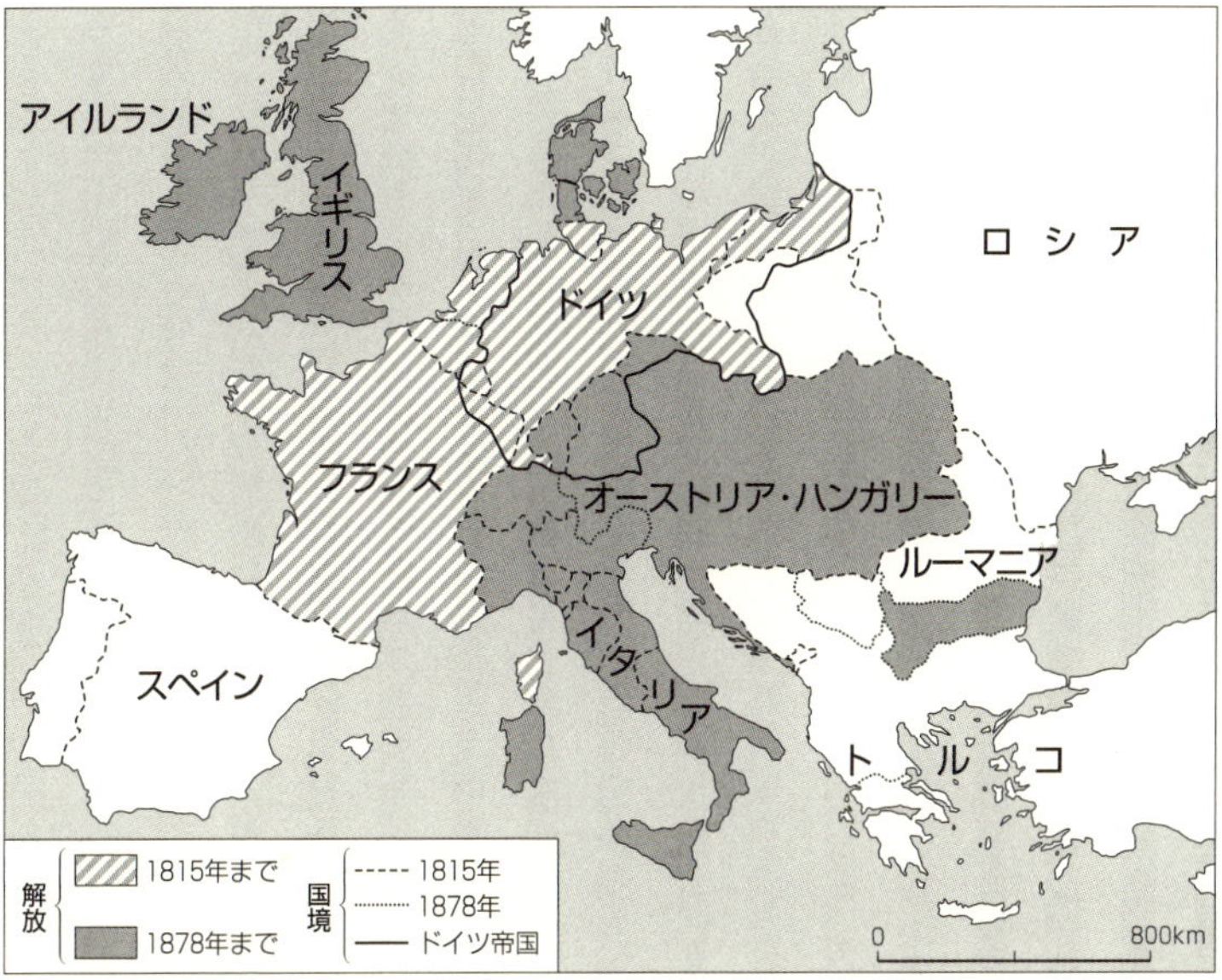

ユダヤ人解放の進展

イタリア、ドイツなどでゲットーの壁を文字通り破壊してユダヤ人を解放した。しかし、この「解放」によってナポレオンが意図していたことは、ユダヤ人を「矯正」してフランス国家の枠組のなかに同化することであった。ナポレオンは、一八〇六年にユダヤ人有力者を集め、ユダヤ人市民が国家の法をユダヤ教の律法《トーラー》に優先させることを確認させた。翌一八〇七年にパリに召集された「サンヘドリン」（第二神殿時代のユダヤ人コミュニティー代表機関の名称。一八三頁参照）は、この決定に宗教的認可を与えた。これは、ユダヤ教徒による歴史的な政教分離宣言であった。

ナポレオン戦争の後始末をしたウィーン会議（一八一四〜一五年）後の反動的な時代に、ユダヤ人の解放は一時逆行した。しかし、この時代になると、ユダヤ人は一般ヨーロッパ人市民と肩を組んで、自由平等と解放のために闘った。その結果、三〇年と四八年の二つの市民革命によって勢力を拡大した自由主義者の援助の下に、ユダヤ人を差別する法令は徐々に廃止され、フランス（一八四六年）、イギリス（一八五八年）、イタリア（一八七〇年）、ドイツ（一八七一年）、スイス（一八七四年）などで次々とユダヤ人の解放闘争は最終的勝利を収めた。

十九世紀の解放闘争を通じて、西ヨーロッパのユダヤ人は啓蒙主義《ハスカラー》の理念を受け入れ、パリ・サンヘドリンの政教分離宣言を確認した。すなわち、解放されて近代国家の市民になったユダヤ人は、もはやユダヤ民族の一員ではなく、各自が居住する国を「祖国」とする「モーセ宗教」の信徒だ、という主張である。この理念に基づいて、改革派ユダヤ教が成立した。

改革派ユダヤ教は、啓蒙主義《ハスカラー》運動のなかで始まった。モーゼス・メンデルスゾーンの弟子の一人、ダヴィド・フリートレンダー（一七五〇〜一八三四）は、一八一二年にプロイセン政府がユダヤ人に公民権を与えると、自分の祖国はプロイセン以外のどこにもないという信念を表明するために、シナゴグの礼拝においてヘブライ語の代りにドイツ語を使用し、メシアによるシオンの回復を祈願する祈禱の削除を提案した。この提案を実行に移した人物は、フリートレンダーの友人、イスラエル・ヤコブゾン（一七六八〜一八二八）であった。彼によって、ドイツ語による説教と讃美歌、それにオルガンなどが礼拝のなかに導入され、シナゴグの礼拝は、ドイツ・プロテスタント教会の礼拝と非常に類似した形式をとるようになった。ヤコブゾンは、一八一〇年にゼーセン、一八一五年にベルリンに建てたシナゴグを「神殿」と呼んだ。これは、「神殿」という用語によって、メシアが来臨する時に再興されるエルサレム神殿を意味していた伝統的ユダヤ教徒の祈願の放棄を表現していた。しかし、一八一六年に建立されたハンブルク神殿や、一八四五年に設立されたベルリン改革派ゲマインデのような過激なグループを除き、ドイツの改革派は「改革派」と自称することを好まず、正統派の外に出て新しいセクトを形成しようとはしなかった。

ドイツ改革派のこのような態度は、アブラハム・ガイガー（一八一〇〜七四）の理論に反映している。ガイガーは聖書とユダヤ教史の学問的研究に基づいて、ユダヤ教の不変の真理は一神教と道徳法のみであり、その他の伝統は絶えず進化してきた、と主張した。従って、礼拝形式が時代の要請に応じて変化することは、「進化」であって「改革」ではない。後になって、この理論から、「漸進的啓示」という改革派の教義が生じた。

過激な改革派の代表は、ザムエル・ホルトハイム（一八〇六〜六〇）であった。彼の考えによると、聖書には、宗教的真理のほかに古代ヘブライ人の政治的・社会的「定め」が含まれているが、これらの「定め」の効力は、七〇年のエルサレム滅亡とともに消滅した。従って、ユダヤ人を一般市民と区別するような習慣には何の意味もないのである。この考えに基づいて、ホルトハイムは、土曜日の安息日《シャバット》礼拝を日曜日に移すことや、婚姻を宗教的権威によらない市民婚にすることを提案した。ホルトハイムの過激な改革運動は、十九世紀後半にアメリカ合衆国へ移民したドイツ系ユダヤ人により、アメリカのユダヤ人の間で広められた。ドイツにおいても、正統派陣営から改革派に対する批判があった。とくに、ザムゾン・ラファエル・ヒルシュ（一八〇八〜八八）に指導された「新正統派」は、律法《トーラー》がユダヤ教の本質であり、それを保持することがユダヤ教の任務であると主張した。しかし、解放と同化が進行した十九世紀後半の西ヨーロッパにおいては、改革派の考え方がユダヤ人コミュニティーの主流を占めるようになり、キリスト教に改宗する者も多数現われた。民族性を完全に否定した改革派の楽観的な普遍主義に根本的批判を加えた人々は、解放が遅延した東ヨーロッパにおいて、当時なおユダヤ人としての差別と圧迫に苦しんでいた東方のユダヤ人《オストユーデン》であった。しかし、西ヨーロッパのユダヤ人は、十九世紀後半にヨーロッパで起こったアンティ・セミティズム運動が、やがて自分たちを絶滅する台風に成長するとは、夢にも考えていなかったのである。

アンティ・セミティズム

西ヨーロッパにおけるユダヤ人の解放が、一八六〇年代から七〇年代にかけて完了した時に、ヨーロッパ人自由主義者とユダヤ人啓蒙主義者《マスキリーム》は、西ヨーロッパの「ユダヤ人問題」は解決したと考えた。しかし、その後の歴史は、彼らの楽観的結論が間違っていたことを証明した。ユダヤ人の完全な同化を可能にする法的枠組が完成した瞬間に、ヨーロッパ社会にユダヤ人を吸収することを絶対に拒否するヨーロッパ人が出現していたのである。彼らは、一八七〇年代後半に、似非《えせ》科学を援用した理論に基づき、「アンティ・セミティズム」と呼ばれる政治活動を始めた。この活動は、四〇年後にナチ党を生み出し、六〇年後にはヒトラーのユダヤ人絶滅作戦にまで発展して、ヨーロッパ近代史に深い傷跡を残した。

一八七五年に、ドイツ人ジャーナリスト、ヴィルヘルム・マルが造語した「アンティ・セミティズム」という用語には、古代と中世のキリスト教徒が育んできたユダヤ人憎悪の伝統にはなかった、新しい決定論的反ユダヤ主義の理念が反映している。中世のキリスト教徒は、たとえユダヤ人のような堕落した人種であっても、キリスト教に改宗すれば救われると考えていた。この考えに基づいて、強制改宗という現象も起こった。これに対して、「セム人種」という用語によってユダヤ人を指す近代の反ユダヤ主義は、ユダヤ人は、「アーリア系キリスト教徒」の血と文明を堕落させ、破壊する有害劣等な人種だ、と断定する。従って、アーリア人とユダヤ人の間には不断の闘争関係しかなく、アーリア人が生き残るためには、ユダヤ人を絶滅しなければならないのである。

人種差別論《レイシズム》と呼ばれるこの決定論的な反ユダヤ主義思想の直接の起源は、一八一五年以後の反動的な時代に、プロイセンを中心として起こったドイツ国家主義であった。一八一五年以後、ユダヤ人の同化によって、ドイツとドイツ文化は崩壊の危機に瀕しているという反ユダヤ主義的論文や煽動的小冊子が大量に出版された。このような雰囲気のなかで、一八一九年には、バイエルンを中心として暴動が起こり、「ヘップ・ヘップ」という合言葉を叫ぶ暴徒がユダヤ人街を襲撃して略奪と破壊をほしいままにした。

この時代に反資本主義闘争を開始した社会主義者たちも、ドイツ国家主義とは別の理念に従ってユダヤ人を攻撃した。彼らの思想的伝統は、ヴォルテールのような十八世紀の理神論者や、マルクスに代表される十九世紀の急進的唯物論者の反ユダヤ主義に根差していた。キリスト教との対決を目指したこれらの思想家は、まず、彼らがキリスト教の母体とみなしたユダヤ教に対して、それが反合理主義的であり、非道徳的商業主義であるという非難を浴びせかけた。たしかに、一八八〇年代以降、国家主義的立場に立つ過激な反ユダヤ主義政党が出現して労働者階級に浸透を図りだすと、社会民主主義に基づく諸政党はアンテイ・セミティズムと訣別したが、それまでに、大衆を搾取する資本主義者はすべてユダヤ人であるという宣伝に、ヨーロッパ人は深く印象付けられていた。

十九世紀末に出版された多数のアンティ・セミティズム出版物のなかでも、フランスで出版されたエドゥアール＝アドルフ・ドリュモン著『ユダヤ人のフランス』〔一八八六年〕と、ドイツで出版されたホーストン・スチュアート・チェンバレン著『十九世紀の基礎』〔一八九八年〕は、とくに成功したベストセラーとなってフランスとドイツの世論に大きな影響を及ぼした。しかし、フランスにおいては、アンティ・セミティズムに対する自由主義者の反撃が起こり、ユダヤ人問題をめぐる自由主義陣営と右派陣営の闘争は、ドレフュス事件においてクライマックスに達した。一八九四年にスパイ容疑で逮捕されたユダヤ人士官アンドレ・ドレフュスが、軍法会議により、偽造された証拠に基づいて故意に有罪とされたことが、一八九六年に暴露された。その後四年間、両陣営は激しい論争を展開したが、著名な作家エミール・ゾラの論文「わたしは告発する」〔一八九八年〕は、自由主義陣営の勝利を決定的にした。ドレフュス事件以後、フランスにおける組織的なアンティ・セミティズム運動は凋落《ちょうらく》した。

フランスにおける失敗とは対照的に、ドイツで興隆したアンティ・セミティズムは、近代化の遅延した東ヨーロッパ諸国において強力な支持を受けた。とくに「ユダヤ人問題」の解決に失敗していた帝政ロシアにおいて、アンティ・セミティズムは粗野な暴動によって表現された。十五世紀のモスクワ大公国の建国以来、帝政ロシアはユダヤ人の入国を禁止してきた。しかし、十八世紀末に、三回にわたってポーランドが分割され（一七七二、九三、九五年）、ポーランドの東半分がロシアに併合された結果、大ユダヤ人コミュニティーがロシアの支配下に入った。それ以来、約一五〇年間、帝政ロシア政府は、「ユダヤ人問題」を解決するため、一方では同化を強制し他方では差別を強化するという矛盾した政策をとった。その結果、ヨーロッパで最も悲惨な境遇に追い込まれたロシアのユダヤ人は、同時に、最も自覚的なユダヤ人コミュ

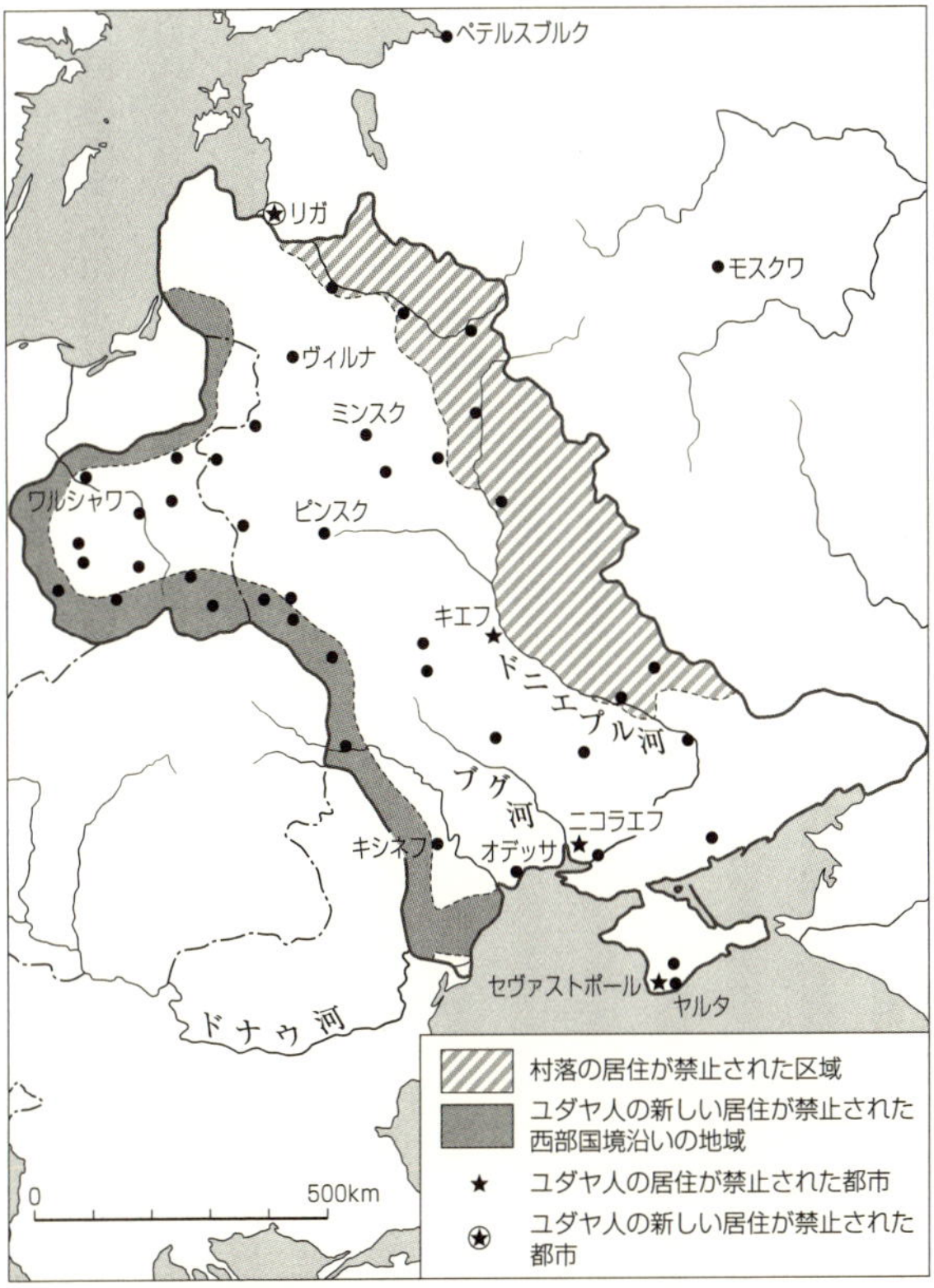

ユダヤ人の定住境界(1835年)

ニティーを生み出したのである。

西ヨーロッパ諸国でユダヤ人の解放が進行していた十九世紀を通じて、ロシアではユダヤ人を差別し、制限する法令が次々と施行された。まず、一七九一年に、旧ポーランド領を主体とする「定住境界」が定められ、ユダヤ人がロシア本土に入ることが禁止された。一八〇四年の法令によって、ユダヤ人は村落から追放され、土地貸借や酒場経営などの伝統的職業につくことを禁止された。一八二七年の徴兵令は、ユダヤ人少年が十二歳から二五年間兵役につく義務を定めた。一八四一年に、ロシア政府はユダヤ人啓蒙主義者《マスキリーム》をドイツから招待して、ユダヤ人子弟のために、反タルムード教育をする学校を設立した。一八五〇年代末になって、近代化の要求が高まるなかで、ようやく富裕な商人、大学卒業者、有能な職人など、「有益」なユダヤ人が「定住境界」の外に居住することが許可され、遅ればせながら解放が始まった。

しかし、ユダヤ人の知識階級がロシアの一般社会に入っていくや否や、スラヴ国粋主義者によるユダヤ人排撃が始まった。しかも、一八八一年にアレクサンドル二世が革命主義者に暗殺されると、束の間の解放は終り、差別、制限、追放、虐殺の時代に逆戻りした。ロシア政府は混乱を乗り切るため、ユダヤ人を身代りの山羊《スケープ・ゴート》に仕立て、革命主義者も「ユダヤ人の搾取」を非難した。その結果、一八八一年から八四年にかけて、ロシア語で「ポグロム」と呼ばれる暴徒による組織的なユダヤ人襲撃がロシア南部で起こった。一八八二年に、再びユダヤ人の村落居住を禁止する法令が制定され、一八八六年には、高校と大学に進学するユダヤ人の入学許可割当数を、「定住境界」内で一〇パーセント、外で三~五パーセントに抑える差別制限法令が施行された。帝政ロシアにおいて法的解放を達成する希望を失ったユダヤ人には、革命によって帝政ロシアを打倒するか、国外に移住するかの二つの道しか残されていなかった。この結果、革命に参加したユダヤ人のなかからは、レフ・トロツキーのような指導者が現われる一方、十九世紀末から第一次世界大戦前夜までに、一五〇〇万人のユダヤ人がロシアからアメリカへ移民した。しかし、ロシア革命にもアメリカ移民にも参加しなかった少数のユダヤ人が、第三の道を選んだ。第三の道とは、父祖の国パレスチナへ「帰還」して、ユダヤ人の独立国家建設を目指す政治運動――シオニズムであった。

シオニズム

十九世紀前半に、ヨーロッパ市民は自由平等を求めて支配階級と闘った。闘争の過程で解放されたユダヤ人は、各自が居住する国に同化するため、ユダヤ人の民族的伝統を放棄しようとした。ところが、十九世紀後半になると、ヨーロッパを支配する時代精神は民族主義に変った。イタリア統一(一八六一年)とドイツ統一(一八七一年)に続いて、バルカン半島の小民族も各自の独立国家を形成することに成功した。一八七〇年代に始まったアンティ・セミティズム興隆の背景は、間違いなくヨーロッパの民族主義的雰囲気であった。ユダヤ人の同化を拒否するヨーロッパ民族主義に直面して、ユダヤ人は、改めて自分たちも一つの民族であるという自覚に到達した。一八六〇年代から八〇年代までのわずか数十年間に、この時代精神を敏感に把握した何人かのユダヤ人思想家の活動により、近代ユダヤ民族主義「シオニズム」の理念は誕生したのである。

シオニズムは政治的な理念と行動であるが、その発想と方向付けは、ユダヤ人独特の宗教的伝統であるメシアニズムに基づいていた。すなわち、終末に現われるメシアが、離散しているユダヤ人を世界中から集め、「祖国」パレスチナにユダヤ人の国を再興する、というメシアニズムを宗教的希望から政治的行動に置き換えたものがシオニズムであった。一八四〇〜五〇年代に、ツヴィ・カリシェルとイェフダ・アルカライは、西ヨーロッパで起こったユダヤ人の解放をメシア到来の前兆とみなし、離散《ディアスポラ》ユダヤ人がパレスチナに集合すべきだと主張した。このような宗教的メシアニズムとは無関係に、政治理念としてユダヤ人のパレスチナ帰還の必要性を説いた最初の人物は、社会主義思想家のモーゼス・ヘス(一八一二〜七五)であった。イタリア統一に刺激されて書いた『ローマとエルサレム』(一八六二年)において、ヘスは、父祖の国パレスチナにおいて政治的再生をすることが、ユダヤ人の民族精神を再興する唯一の道であると主張した。しかし、当時、この提案に応答するユダヤ人はほとんどいなかった。

政治活動としてのシオニズムを生み出した直接のきっかけは、一八八一〜八四年に南ロシアで起こったポグロムであった(三〇二頁参照)。ロシア政府が背後でポグロムをあやつっていることは公然の秘密であったが、帝政ロシアの超反動的政府の差別政策に苦しんでいたユダヤ人にとって、それは不思議なことではなかった。彼らが衝撃を受けたことは、それまで解放運動の同志であったロシア人自由主義者が、ポグロムを革命前夜の騒乱と判断して、むしろロシア人暴徒を応援したことであった。この衝撃を契機として、ロシアのユダヤ人の間で、一気に民族主義的覚醒が起こった。一八八一年に、自然発生的に民族主義者のグループがロシア各地で結成され、これがパレスチナにおけるユダヤ民族の再生を目的とする「ヒッバト・ツィオン」(シオンを愛す)運動になった。「ホヴェヴェイ・ツィオン」(シオンを愛する者)と称する運動参加者のなかから、本当にパレスチナへ移民する青年たちが現われ、当時パレスチナを支配していたトルコ政府の妨害にもかかわらず、八〇年代末まで移民の波は続いた。これを第一波移民《アリヤ》と呼ぶ。しかし、後援組織をもたず、農業に無経験な青年たちのパレスチナ定着計画は、ほとんど失敗に終った。

一八八二年に、それまで啓蒙主義《ハスカラー》の熱心な運動家であったレオン・ピンスケル(一八二一~九一)は、『自力解放』と題する小冊子において、ユダヤ人が嫌悪される原因はユダヤ人を一つの民族にするユダヤ国家がないためであると説明し、その民族的統一は自分たちで達成しなければならないと訴えた。ピンスケルは、必ずしもパレスチナをユダヤ国家設立の場所と考えてはいなかったが、一年後にヒッバト・ツィオン運動に参加すると、ホヴェヴェイ・ツィオンの指導者となり、オデッサに運動本部を設立した。この小冊子により、西ヨーロッパのユダヤ人が、アンティ・セミティズムに苦しむ東ヨーロッパの同胞を救助する運動に参加してくれることをピンスケルは期待していたが、彼らの反応は冷たかった。国際的なシオニスト運動を組織するためには、なお一五年待たなければならなかったのである。

テオドール・ヘルツル(一八六〇~一九〇四)は、ヨーロッパ文化に同化したユダヤ人の家庭に生まれ、著名なジャーナリスト、作家としてウィーンで活動していた。彼も、最初はユダヤ民族主義にとくに興味をもたない西ヨーロッパのユダヤ人の一人であった。しかし、パリでドレフュス事件(三〇〇頁参照)の取材に従事したことが契機となって、「ユダヤ人問題」の解決について深く考えるようになった。その結果、ユダヤ人の国家を樹立する以外にアンティ・セミティズムを解消することはできないという結論に到達し、それを『ユダヤ人国家』(一八九六年)と題する著書で発表した。これは決して新しい意見ではなかったが、説得的な議論によって、広くユダヤ人世界に深い感銘を与えた。

しかも、カリスマ的指導力と卓越した組織力の所有者であったヘルツルは、一八九七年八月二十九〜三十一日に、スイスのバーゼルに二〇四人の代表を集め、第一回シオニスト会議を開催することに成功した。この会議において、パレスチナにユダヤ民族の郷土を設立する目的と、その目的達成のために世界シオニスト機構を設立するという「バーゼル計画」が採択された。こうして、ロシアで始まったヒッバト・ツィオン運動は、西ヨーロッパのユダヤ人を巻き込んだ国際的ユダヤ民族主義運動に成長したのである。

会議後、ヘルツルは外交活動によって列強諸国のシオニズム承認をとりつけようと努力したが、ヨーロッパ人もトルコ政府も、誕生したばかりのユダヤ民族主義には冷淡であった。しかし、シオニスト運動がまず克服しなければならなかった問題は、むしろ東西ヨーロッパのユダヤ人の間の内部的緊張であった。ヘルツルを代表とする西ヨーロッパ系ユダヤ人は、あまりにもヨーロッパ文化に同化していたため、本当の意味のユダヤ文化を知らず、従って、東ヨーロッパ系ユダヤ人の心を理解しなかった。実際、ヘルツルの目指したことは、民族の文化の再興ではなく、ユダヤ人の国家の再建であった。このような「政治的シオニズム」の姿勢を、すでにホヴェヴェイ・ツィオンによる第一波移民《アリヤ》が失敗に終った頃から厳しく批判していた人物がいた。キエフ地方生まれの思想家、アシェル・ヒルシュ・ギンスベルク(一八五六〜一九二七)である。一八八九年に、アハド・ハアム(民衆の一人)というペンネームで書いた論文、「これは道ではない」により、彼は一躍東ヨーロッパ系シオニストの理論的指導者になった。アハド・ハアムは、ユダヤ人の民族意識を高める前にパレスチナ定着を急ぐならば、シオニズムは失敗し幻滅に終る、と警告した。

彼の主張によると、いずれにしても離散《ディアスポラ》ユダヤ人全員がパレスチナに移住するはずがない以上、シオニストの使命は、単に世界中からユダヤ人を集めてくることではなく、民族の精神的・文化的復興を願う人々のみを集め、父祖の国土に民族の精神的中心を創り出すことなのである。

アハド・ハアムはあまりにも精神性を重視したため、彼の主張は、しばしば、大衆運動としての政治的シオニズムに対して否定的すぎたが、彼の影響を受けて育った東ヨーロッパ系シオニストは、ヘルツルが創設した世界シオニスト機構のなかで「実際派」を形成して活躍した。一九〇四年にヘルツルが急逝したあと、世界シオニスト機構の主導権は、徐々に「実際派」の手に移っていった。その代表が、後にイスラエル国初代大統領になったハイム・ヴァイツマン(一八七四～一九五二)であった。

その頃、革命にゆれるロシアにおいて、再び激しいポグロムが起こった。ロシア人暴徒の襲撃に対して全く無力なユダヤ人コミュニティーに絶望した人々の波が、再びパレスチナへ向かった。その結果、一九〇四年から第一次世界大戦前夜まで一〇年間続いた第二波移民《アリヤ》により、約四万人がパレスチナに定着した。このなかにいたアハロン・ダヴィド・ゴルドン(一八五六～一九二二)は、父祖の郷土の荒地を開墾する肉体労働が、ユダヤ人の民族精神を再生する唯一の道であると主張し、第二波移民《アリヤ》運動の精神的な父となった。この時代に、パレスチナにおいていくつかの労働者政党が結成され、パレスチナにおけるシオニズム運動の担い手になったが、その指導的メンバーのなかには、後のイスラエル国首相、ダヴィド・ベングリオン(一八八六～一九七三)や、第二代大統領イツハク・ベンツヴィ(一八八四～一九六三)がいた。これらの名前が示す通り、第二波移民《アリヤ》は、実際にシオニズムの目標を達成した建国の父たちであった。

第一次世界大戦が終了すると、パレスチナはトルコ領からイギリス委任統治領になった。世界大戦中にイギリス政府は、「バルフォア宣言」(一九一七年)によって、パレスチナにユダヤ人の「民族的郷土《ナショナル・ホーム》」を建設するというシオニストの目標を正式に承認していた。しかし、委任統治が始まると、アラブ人住民の激しい抵抗が起こったため、イギリス政府は「バルフォア宣言」の実施を中止した。こうして、委任統治時代(一九二〇~四八年)を通じて加速度的に激化したシオニスト・ユダヤ人とパレスチナ・アラブ人の抗争は、未解決のまま今日までですでに一世紀近く続いている。

他方、第一次世界大戦に敗れたドイツにおいて、敗戦の責任をユダヤ人の「裏切り」に転嫁するアンティ・セミティズムが爆発した。その結果、一九三三年にナチ党を率いるヒトラーがドイツの支配者になると、ユダヤ人の市民権を剝奪する「ニュールンベルク法」(一九三五年)によって、ドイツとナチス占領下のヨーロッパのユダヤ人の身分を、一気に中世に逆戻りさせた。そのうえ、ナチス時代末期に強制収容所と東部戦線において実施された組織的殺戮の犠牲者として、実に六〇〇万人のユダヤ人が絶滅されたのである。

世界大戦終了後、ナチスの強制収容所になお生き残っていた約一〇万人のユダヤ人は、難民となってパレスチナへ向かった。イギリスの妨害とアラブ人との戦いのなかで、一九四八年五月十四日に、パレスチナのユダヤ人はイスラエル国の独立を宣言した。ヘルツルが第一回シオニスト会議を召集してから、五十一年目のことであった。

終章　# 現代ユダヤ教の諸問題

ディアスポラ民族主義

十九世紀後半に、ヨーロッパのアンティ・セミティズムが提起した「ユダヤ人問題」に対して、シオニズムは決して唯一の解答ではなかった。シオニストはむしろ少数派に属し、他のユダヤ人グループから厳しい批判を受けた。

ヘルツルがバーゼルに第一回シオニスト会議を召集した同じ年、一八九七年に、東ヨーロッパのユダヤ人労働者は、「リトアニア・ポーランド・ロシア・ユダヤ人労働総同盟」（略称「ブント」〈同盟〉）を結成した。ブント派は、パレスチナにユダヤ国家を建設しようとするシオニストの計画を「危険な幻想」とみなし、現実的な労働組合闘争を通して、各自が居住する国家内でユダヤ民族の自決権を獲得すべきである、と主張した。第二神殿時代以来、聖なる「文語」としてのみ用いられてきたヘブライ語を、日常生活のなかで用いる「口語」として復活しようとするシオニストの努力には、シオニズム民族主義のロマンティックな性格がよく表われていた。これに対して、現実主義者であったブント派は、東ヨーロッパのユダヤ人の口語として、千年の歴史をもつイディッシュ語を、民族的文化活動の基礎に据えた。革命前のロシアにおいて、ユダヤ人大衆の多数派を掌握していたのは、シオニストではなくブント派であった。しかし、一九一七年にボルシェヴィキがロシア革命の主導権をとると同時に、ブントは弾圧され、解散させられた。

シオニズムと対立したブント派のイデオロギーは、多民族国家内においてユダヤ民族の自決権獲得を目指す「ディアスポラ（離散民）民族主義」であった。この立場に立つ理論家として、歴史家のシモン・ドゥブノヴ（一八六〇〜一九四一）が活動した。彼の観察によると、歴史的・文化的結合によって形成されるコミュニティーこそ、一定の国土を結合基盤とする民族よりも進歩した段階に到達した民族であるが、ユダヤ民族は、独特な歴史的変遷を通して、この進歩した段階に到達した民族である。従って、いまさら、一定の国土を求めることなく、各自が居住する国家内で民族的自決権を獲得することにより、世界の諸民族の模範になるべきだ、とドゥブノヴは主張した。しかし、このような離散《ディアスポラ》ユダヤ人独特のコスモポリタニズム（世界市民主義）を、偏狭な民族主義が風靡した、第一次世界大戦後のヨーロッパにおいて実現する場所は存在しなかった。ドゥブノヴ自身は、亡命先のラトヴィアのリガにおいて、ドイツ軍が侵攻してきたその日に、ゲシュタポ（ナチス秘密警察）の手によって殺害された。

十九世紀に、解放と同化が急速に進展した西ヨーロッパにおいて、大多数のユダヤ人は改革派（二九六頁以下参照）の立場に立ってシオニズムを拒否した。彼らの主張によれば、ユダヤ教は一定の民族とは無関係な普遍的宗教であり、ユダヤ教徒とは、モーセの宗教を信じる信徒集団である。そうでなければ、現に居住する国家の市民権を所有するユダヤ人は、その国家とユダヤ民族という二つの異なった集団が要求する「二重の忠誠」の板挟みになってしまうのである。

このような改革派の割り切った姿勢は、ナチスが台頭したヨーロッパにおいて、ユダヤ系市民が「ユダヤ人」として差別されることが明白になった一九三〇年代後半から、大幅に変更された。一九三七年に、アメリカ合衆国の改革派が採択した「コロンバス綱領」において、改革派は、彼らもまた、パレスチナをユダヤ人難民の避難所として認識するだけではなく、ユダヤ教徒の文化的・精神的中心として確立する努力に参加することを表明した。

これに対して、一九四二年に創設された「ユダヤ教のためのアメリカ協議会」は、十九世紀の改革派がもっていた反シオニズムの信念をそのまま継承し、イスラエルの建国に反対すると同時に、アラブの反シオニズム闘争に同調するという声明を発表した。しかし、二十世紀後半のアメリカにおいて、この種の過激な反シオニズム主義を受け入れるユダヤ人は非常に少数となり、とくに、一九六七年の六日間戦争以後、「ユダヤ教のためのアメリカ協議会」の活動はほとんど停止した。

このように、二十世紀前半に、ナチスとソ連が、それぞれ違った方法ではあるが、徹底的弾圧によって、ユダヤ人のディアスポラ民族主義を抹殺したことが、少なくとも当面、シオニズムの主張が正しかったことを証明した。しかし、シオニズムによって建国されたイスラエルに居住するユダヤ人は、建国後六〇年以上たった今日でも、全世界のユダヤ人一五〇〇万人中、五三〇〇万人にすぎない。アメリカ合衆国をはじめとして、今日なお絶対多数のユダヤ人は世界各国に離散して、それぞれの国の市民として活動している。このような現状を知るならば、シオニズムが「成功」を収めた後も、多民族国家内で少数民族の民族的自立を要求するディアスポラ民族主義が、なおユダヤ人の重大な課題として残っている理由が理解されるであろう。

正統派とシオニズムの結合

十九世紀末にシオニズムが誕生して以来、シオニストの主流は社会主義者であり、意識的な反伝統主義者であった。彼らは民族の精神的基盤として、聖書の思想を尊重したが、戒律を実践する宗教としてのユダヤ教に対しては否定的態度をとった。このため、正統派は最初からシオニズムに対して批判的であった。

正統派の宗教的信念に従えば、そもそもメシアを待望せずに、人間の努力によってユダヤ国家の再建を目指すシオニストの世俗的行動が許容できなかった。まして、シオニストがかかげた、政教分離の原則に基づく近代国家としてのユダヤ国家建設計画は、正統派が絶対に容認できない話であった。そこで、一九一二年に、パレスチナの正統派は、宗教政党「アグダト・イスラエル」(イスラエル協会)を結成して、シオニストが形成している世俗的なユダヤ人社会の宗教化を目指す活動を開始した。その後、正統派のなかの過激派は、アグダト・イスラエルがシオニストの国家建設活動に協力することを批判して、一九三五年に分裂し、「ネトゥレイ・カルタ」(聖都の守護者)党を結成した。エルサレムに居住するこの党派のメンバーは、一九四八年のイスラエル独立に反対しただけではなく、建国後のイスラエルを国家として承認することも拒否して今日に及んでいる。

しかし、正統派の大多数は、イスラエル建国とともに、むしろイスラエルをユダヤ教国家にする努力を払うようになった。他方、むしろ反宗教的であったシオニストの政治家たちも、イスラエルを建国してみると、ユダヤ人の国家を形成するためには宗教的伝統を無視できないことを悟らざるをえなかった。このような状況下に、シオニストが本来計画したよりはるかに宗教的規制の強い国家が誕生した。例えば、現在イスラエル市民であるユダヤ人は、結婚と離婚の法的承認を受けるためには、たとえ無神論者であっても、ユダヤ教の法規《ハラハー》に従わなければならない。イスラエルでは、ユダヤ教の祭日が国家の祝日であり、安息日《シャバット》(土曜日)には、交通を含むすべての公共機関が停止し(一部の交通機関が動く地域もある)、ホテルや病院のような公共施設における食事は、すべてユダヤ教の戒律による適正食品規定《カシュルート》に従って調理される。

イスラエル政府は、シオニズムに基づくイスラエル建国の主要な目的を実現するため、建国後間もない一九五〇年に、移民《オーレー》としてイスラエルにくるすべてのユダヤ人に、自動的にイスラエル市民権を与えるという「帰還法」を制定したが、この法律を実施するために、「ユダヤ人とは誰か」という問題が生じた。労働党を主体とするイスラエル政府は、宗教的信仰ではなく、民族的感情を同一にする者をユダヤ人と認める方針であった。しかし、正統派は、タルムード以来の法規《ハラハー》の定義に従い、ユダヤ人の女から生まれた者か、ユダヤ教に改宗した者のみをユダヤ人とみなすべきであると主張した。法規《ハラハー》によると、ユダヤ人の父親と非ユダヤ人の母親をもつ子供は、改宗しない限りユダヤ人とは認められないが、ユダヤ人の母親から生まれていれば、たとえ大部分のシオニスト労働党員のように、ユダヤ教の戒律を遵守していなくても、法規的《ハラハー》にはユダヤ人ということになる。このような矛盾のほかに、改革派の改宗儀式は法規《ハラハー》に従って執行されていないから、正式の改宗とは認められない、と正統派が主張したため、問題はさらに紛糾した。一応、クネセット(イスラエル国会)は、ユダヤ人の定義に関しては法規《ハラハー》を受け入れる一方、帰還法を改正して、ユダヤ人移民の配偶者と家族は、たとえユダヤ人でなくても自動的にイスラエル市民権を獲得できることにして問題を解決した。しかし、このような政治的解決が本質的な問題解決にならないことは、その後もしばしばこの問題が社会的・政治的問題としてむし返されてきたことから明らかである。

それにしても、「ユダヤ人とは誰か」という問題は、何が現代のユダヤ教の在り方か、という本質的な問題と直接関わる象徴的な問題である。正統派のように、法規《ハラハー》で割り切れば、答は明快ではあるが、実情に即していないことを、離散《ディアスポラ》ユダヤ人はもとより、多数のイスラエル市民が感じている。それにもかかわらず、建国以来六〇年以上も続く隣邦アラブ諸国との戦争状態のなかで、イスラエルのユダヤ人は、ゲットーに閉じこめられているような孤立感を抱くようになった。この孤立感が好戦的な民族主義的感情を導き出し、このような熱狂的民族主義が、正統派の宗教的戒律による国民生活の規制を承認する雰囲気をかもし出してきた。このようにして、本質的に世俗的なシオニストの本来の計画とは大きく相違した「宗教国家」イスラエルが出現したことは、六〇年かかっても解決できなかったアラブ諸国との平和共存問題とともに、明らかにシオニストの誤算であった。

シオニズムと正統派ユダヤ教の結合は、一九七三年の贖罪日戦争（第四次中東戦争）における失敗と、その収拾に失敗した労働党が、万年与党の地位から引きずりおろされ、一九七七年に右派連合リクード党を率いるメナヘム・ベギンが首相の座についた時に、さらに明白になった。建国以来、それまでイスラエル首相を務めた四人の政治家は、誰も戒律を実践するユダヤ教徒ではなかった。これに対して、ベギンは厳格な正統派ユダヤ教徒なのである。このようなシオニズムの右派への傾斜が、現代におけるユダヤ教の在り方に正しい解答を与えるため、果たして有益であるかどうかを疑問視するユダヤ人は決して少なくない。他方、正統派と結合したシオニズムは、シャブタイ・ツヴィ以来最も危険な偽メシア運動であるその本質を暴露した、という極左イスラエル人の告発に賛成するユダヤ人が、非常に限られた少数派であることも事実である。問題はそれほど簡単ではないのである。

ユダヤ教徒とは誰か

現在、イスラエルに居住する五三〇万のユダヤ人に対して、アメリカ合衆国とカナダに五六〇万、ロシア・ウクライナなどに四〇万、ヨーロッパ諸国に一四〇万、その他の地域に二三〇万、計九七〇万の離散《ディアスポラ》ユダヤ人がいる。

一九九〇年に東西冷戦が終結するまで、ソ連には二七〇万のユダヤ人が居住していた。彼らには出国の自由がなく、その共同体は、一九一七年以来一貫して続けられてきたソ連政府の反宗教、強制同化政策によって消滅の危機にさらされていた。しかし、そのためかえって、自分がユダヤ人であるということを強く意識する人々が生じた。ソ連時代の反体制活動家のなかに多数のユダヤ人がいたことは、ソ連のユダヤ人が、帝政ロシア時代に始めた解放闘争を、まだ継続していたことを示している。

この状況は、東西冷戦の終結によって大きく変った。ソ連が解体し、ロシアからの出国が自由になると、多数のユダヤ人がイスラエル、その他の西側諸国に移民した。その結果、現在なお、旧ソ連圏の諸国にとどまるユダヤ人は、冷戦終結前の約七分の一にあたる四〇万にすぎない。全員がイスラエルに移民したわけではないが、旧ソ連圏からの大量移民によって、イスラエル社会に大きな変化が生じた。

他方、現在、世界最大のユダヤ人コミュニティーを形成する北米のユダヤ人は、北米社会に同化吸収される危機を感じている。北米では、伝統的なラビのユダヤ教の戒律を文字通り実践する正統派のほかに、倫理的戒律は重んじるが生活的戒律は精神的解釈にとどめようとする改革派と、両派の中間的立場をとって、戒律の歴史的発展を主張する保守派の三派が、均衡を保って並存している。しかし、安息日《シャバット》ごとにこれら三派のシナゴグ礼拝に参加するユダヤ人は、五六〇万人中約四分の一にとどまり、適齢期の男女の五人に一人は非ユダヤ人と結婚する。このような環境のなかで、ロシアのユダヤ人とは違った意味で、アメリカのユダヤ人は、自分がユダヤ人であることは何を意味するのか、と自問自答している。

これら離散《ディアスポラ》ユダヤ人とは別の問題意識の下に、イスラエルのユダヤ人はユダヤ教とは何かという疑問をもっている。「祖国」イスラエルに居住する彼らにとって、ユダヤ教の教義や戒律を信じたり、守ったりしなくても、自分がユダヤ民族の一員であることは自明のことである。従って、形式的には政教分離が確立しているにもかかわらず、実質的に正統派の法規《ハラハー》によって統制されているイスラエル社会に、前近代的な不自由さを感じるのである。

このように、現在、世界各地のユダヤ人は、各自が居住する場所の状況に応じて、ユダヤ人とは誰か、ユダヤ教とは何かということを問題としてきたが、まだ誰もその最終的解答を得ていない。この意味で、ユダヤ人は、おそらく世界で最もアイデンティティー、すなわち、自分は誰なのか、ということを意識的に問題としている人々であろう。もちろん、この問いかけが、彼ら独自の歴史的経験と現在の生活環境から生じていることは明らかである。

それは、簡単に割り切ることが不可能な緊張関係の積み重ねから成り立つ歴史的状況である。「祖国」イスラエルと「離散」している諸国、「民族」と「信徒集団」、「二重の忠誠」を解消するための「シオニズム」と、止揚するための「コスモポリタニズム」——ユダヤ人は、これらの対立する状況を、あれかこれかという関係でとらえることができない。このような緊張関係から成り立つ状況は、ユダヤ教の本質——ユダヤ人が歴史的に担ってきた「選民」としての「独自性」が、世界の人類の救済を使命として選ばれたという「普遍性」と、逆説的に結合している——に由来しているからである。

あるいは、このようなユダヤ人の主張を、ユダヤ人の独善であると考える人がいるかもしれない。しかし、そのような人も、わずか七十年ほど前に、ユダヤ人であるという理由だけでナチスに殺戮された六〇〇万の犠牲者を想い起こすときに、ユダヤ人という、民族であると同時に信徒集団である人々が担ってきたあまりにも独特な歴史的運命を無視することはできないであろう。ユダヤ教の戒律を守る人々も守らない人々も、シオニストも反シオニストも、ユダヤ人は、これら六〇〇万の犠牲者を「殉教者」と呼ぶ。もしわたしたちが、これらの犠牲者の死から、人間に悪魔性が内在することを認め、それを克服することによってのみわたしたちに未来があることを悟るならば、彼らはもはや単にユダヤ教の「殉教者」ではなく、全人類に生命の道を指し示すために死んだ「殉教者」なのではないであろうか。

石田友雄　いしだ ともお
1931年生
1974年，Ph.D.（エルサレム・ヘブライ大学）
筑波大学名誉教授
一般財団法人 バッハの森理事長
著書『ユダヤ民族の悲劇と栄光——歴史学者から現実への提言』六興出版 1974。『ユダヤ教史』（世界宗教史叢書4）山川出版社 1980。『聖書を読みとく——天地創造からバベルの塔まで』草思社 2004。
The Royal Dynasties in Ancient Israel, BZAW 142, Walter de Gruyter, 1977. *History and Historical Writing in Ancient Israel,* Brill,1999. ほか
編著 Studies in the Period of David and Solomon and Other Essays, Eisenbrauns & Yamakawa-Shuppansha 1982. ほか
訳書 H・H・ベンサソン編『ユダヤ民族史』（全6巻，共訳）六興出版 1976～78。ポール・ジョンソン『ユダヤ人の歴史』（上・下，共訳）徳間書店 1999。ほか

ユダヤ教史《きょうし》　聖書《せいしょ》の民《たみ》の歴史《れきし》

2013年5月10日　第1版1刷　印刷
2013年5月20日　第1版1刷　発行

著　者　石田友雄《いしだともお》
発行者　野澤伸平
発行所　株式会社 山川出版社
〒101-0047　東京都千代田区内神田1-13-13
電話　03(3293)8131(営業)　8134(編集)
http://www.yamakawa.co.jp/
振替　00120-9-43993
印刷所　株式会社 加藤文明社
製本所　株式会社 ブロケード
装　幀　菊地信義

© Tomoo Ishida 2013. Printed in Japan　ISBN978-4-634-43301-4

• 造本には十分注意しておりますが，万一，落丁本・乱丁本などがございましたら，小社営業部宛にお送りください。
送料小社負担にてお取り替えいたします。
• 定価はカバーに表示してあります。

索　　引

原則として，見出し項目と欧文表記は，ほぼ *Encyclopaedia Judaica*(1972)による。在位(任)期間と生年・没年については，他の諸資料も参照した。仮名表記は，聖書時代については，『聖書』新共同訳(1987)により，ラビのユダヤ教時代以降については，市川裕『ユダヤ教の歴史』(2009)を参考にしつつ，原則として原音表記とした。神名・人名の同名項目については，年代順に配列した。

神名・人名索引

■ア行

アウグストゥス(オクタウィアヌス)〔ローマ皇帝〕 Augustus (Octavianus) 位前27〜後14　183,187
アキヴァ〔ラビ〕 Akiva 50頃〜135　223-225,227
アキシュ〔ガト王〕 Achish 前11世紀〜前10世紀　50
アグリッパ1世〔バタネアとガリラヤの一部の四分領太守(位37〜41)，ユダヤ王(位41〜44)〕 Agrippa I 位37〜44　187,189,216
アグリッパ2世〔カルキス王(位50〜54)，ガリラヤの一部の王(位55〜92)〕 Agrippa II 位50〜92　216
アサ〔ユダ王〕 Asa 位前908頃〜前867頃　74
アザルヤ(ウジヤ)〔ユダ王〕 Azariah (Uzziah) 位前785頃〜前733頃　84,85,90,102
アシェラ〔カナン人の女神〕 Asherah　43
アシェル・ヒルシュ・ギンスベルク→アハド・ハアム
アシュトレト(アシュタロト)〔カナン人の女神〕 Ashtoreth　43
アダドニラリ3世〔アッシリア王〕 Adad-nirari III 位前810〜前783　84
アタルヤ〔ユダ女王〕 Athaliah 位前842頃〜前836頃　77,83,84
アッシュルバニパル〔アッシリア王〕 Assurbanipal 位前668〜前627　100,108
アドニヤ〔ダビデ王の第4皇子〕 Adonijah 前11〜前10世紀　62
アドラム〔ダビデ王とソロモン王の徴税局長官〕 Adoram 前10世紀　53
アナト〔カナン人(ウガリット)の女神〕 Anath　43
アナニア(ハナニヤ)〔大祭司〕 Ananias ben Nedebeus (Hananiah) 位47〜59　215
アナン・ベン・アナン(ハナン・ベン・ハナン)〔大祭司〕 Anan, son of Anan (Hanan ben Hanan) 位62　193
アナン・ベン・ダヴィド〔カライ派創始者〕 Anan ben David 8世紀　258,259
アハズ〔ユダ王〕 Ahaz 位前743頃〜前727頃　98,99,104
アハズヤ〔ユダ王〕 Ahaziah 位前843頃〜前842頃　82,83
アハド・ハアム(アシェル・ヒルシュ・ギンスベルク)〔シオニスト〕 Aḥad Ha-am (Asher Hirsch Ginsberg) 1856〜1927　306,307
アハブ〔イスラエル王〕 Ahab 位前873頃〜前852　76-78,80,82
アビアタル〔ダビデ王の祭司〕 Abiathar 前11〜前10世紀　54
アヒヤ(シロ人)〔預言者〕 Ahijah the Shilonite 前10世紀　79,80
アビヤム〔ユダ王〕 Abijam 位前911頃〜前908頃　74
アブサロム〔ダビデ王の第3皇子〕 Absalom 前11〜前10世紀　54,62
アブネル〔サウル家の軍司令官〕 Abner 前11世紀　48-50
アブラハム〔族長〕 Abraham 前19〜前

18世紀頃　6,16-22,26,58,59,243
アマツヤ〔ユダ王〕 Amaziah　位前798頃～前769頃　84
アマツヤ〔ベテル神殿の祭司〕 Amaziah　前8世紀　91
アムノン〔ダビデ王の第1皇子〕 Amnon　前11～前10世紀　62
アモス〔預言者〕 Amos　前8世紀　81, 90-94,97,102
アモン〔ユダ王〕 Amon　位前641頃～前640頃　111
アリストブロス1世(ユダ)〔ハスモン家のユダヤ王〕 Aristobulus I (Judah)　位前104～前103　180
アリストブロス2世〔ハスモン家のユダヤ王〕 Aristobulus II　位前67～前63　181,182,186
アリストブロス3世(ヨナタン)〔ハスモン家の大祭司〕 Aristobulus III (Jonathan)　位前36～前35　186
アルカライ(イェフダ・ベン・シュロモー・ハイ)〔ラビ〕 Alkalai (Judah ben Solomon Hai)　1798～1878　304
アルキムス〔大祭司〕 Alcimus　位前162～前160/前159　176
アルケラオス〔ユダヤ, イドマヤ, サマリア民族支配者〕 Archelaus　位前4～後6　187,189,214
アルタクセルクセス1世〔ペルシア王〕 Artaxerxes I　位前464～前424　158, 159
アレクサンドル2世〔ロシア皇帝〕 Alexander II　位1855～81　302
アレクサンドロス(大王)〔マケドニア王〕 Alexander the Great　位前336～前323　162,170,182,230
アレクサンドロス・ヤンナイ→ヤンナイ
アロン〔祭司〕 Aaron　前13世紀　29
アンティオコス3世〔セレウコス家の王〕 Antiochus III　位前223～前187　172, 173
アンティオコス4世エピファネス〔セレウコス家の王〕 Antiochus IV Epiphanes　位前175～前164　173-175,194,202,205
アンティオコス5世〔セレウコス家の王〕 Antiochus V　位前164～前162　175
アンティゴノス(マタティア)〔ハスモン家のユダヤ王〕 Antigonus (Mattathias)　位前40～前37　182,183
アンティパス(ヘロデ)〔ガリラヤとペレアの四分領太守〕 Antipas, Herod　位前4～後39　187,189
アンティパテル〔ヘロデ王の長男〕 Antipater　?～前4　182,186
アントニウス〔ローマの将軍〕 Antonius, Marcus　前82～前30　183
アントニヌス・ピウス〔ローマ皇帝〕 Antoninus Pius　位138～161　224
イエス・キリスト, イエス(ナザレの) Jesus Christ, Jesus (of Nazareth)　前4～後30頃　6,144,207,208,221,229
イェフ〔預言者〕 Jehu　前9世紀　80
イェフ〔イスラエル王〕 Jehu　位前842頃～前814頃　82-84
イェフダ・ハレヴィ〔詩人, 哲学者〕 Judah Halevi　1075頃～1141　260, 263-265
イサク〔族長アブラハムの嗣子〕 Isaac　前19～前18世紀頃　18,19,22,24,26
イサベラ〔イスパニア女王〕 Isabel　位1474～1504　272
イザヤ〔預言者〕 Isaiah　前8～前7世紀　97,102,104-107,136
イザヤ(第二)〔預言者〕 Deutero-Isaiah　前6世紀　97,136-140,150,167,168
イザヤ(第三)〔預言者〕 Trito-Isaiah　前6世紀　150,151,153,154,168
イシュ・ボシェト(エシュバアル)〔イスラエル王〕 Ish-Bosheth (Eshbaal)　前11世紀　50,52
イスラエル→ヤコブ(イスラエル)
イスラエル・ベン・エリエゼル, バアル・シェム・トーヴ(ベシュト)〔ハシディズム創始者〕 Israel ben Eliezer, Ba'al Shem Tov (Besht)　1700頃～60　291,292
イゼベル〔イスラエル王妃〕 Jezebel　前9世紀　76,80-82
イッサーレス〔ラビ〕 Isserles, Moses ben Israel　1525/30～72　280
イツハク(盲人)〔神秘主義者〕 Isaac the Blind　1160頃～1235　276
イツハク・ベンツヴィ→ベンツヴィ
イツハク・ルリア(ハアリ)→ルリア

イブン・エズラ〔詩人，哲学者〕 Ibn Ezra, Moses ben Jacob 1055頃～1135頃 260
イブン・ガビロール〔詩人，哲学者〕 Ibn Gabirol, Solomon ben Judah 1020頃～57頃 260,263
イラ〔ダビデ王の祭司〕 Ira 前10世紀 54
インノケンティウス4世〔ローマ教皇〕 Innocentius IV 位1243～54 268
ヴァイツマン〔イスラエル初代大統領〕 Weizmann, Chaim 1874～1952 307
ヴィルナのガオン→エリヤ・ベン・シュロモー・ザルマン
ウェスパスィアヌス〔ローマ皇帝〕 Vespasianus 位69～79 217-219
ヴォルテール〔思想家〕 Voltaire 1694～1778 299
ウジヤ→アザルヤ
ウルバヌス2世〔ローマ教皇〕 Urbanus II 位1088～99 267
エサウ〔ヤコブの兄〕 Esau 前17世紀頃 24
エサルハドン〔アッシリア王〕 Esarhaddon 位前680～前669 100
エステル〔ペルシア王妃（伝承）〕 Esther 前5世紀 248
エズラ〔律法学者〕 Ezra 前5世紀 157-162,166,172,194,201,231,236-238, 240
エゼキエル〔預言者〕 Ezekiel 前6世紀 97,124-129
エトバアル〔シドン王〕 Ethbaal 前9世紀 76
エドワード1世〔イギリス王〕 Edward I 位1272～1307 269
エノク〔ノアの曾祖父（伝承）〕 Enoch 201
エビル・メロダク〔バビロニア王〕 Evil-Merodach 位前561～前560 130
エラ〔イスラエル王〕 Elah 位前883頃～前882頃 74
エリ〔祭司〕 Eli 前11世紀 46
エリシャ〔預言者〕 Elisha 前9世紀 82
エリヤ〔預言者〕 Elijah 前9世紀 80-82
エリヤ・ベン・シュロモー・ザルマン（ヴィルナのガオン）〔ラビ〕 Elijah ben Solomon Zalman（Vilna Gaon） 1720～97 293
エル〔ウガリットの最高神，カナン人の神〕 El 23-25,27,43,134
エル・エリヨン（至高者なる神） El Elyon 23
エル・エロヘー・イスラエル（イスラエルの神なる神） El Elohei Israel 23
エル・オーラム（永遠者なる神） El'Olam 23
エル・シャダイ（全能者なる神） El Shadday 23,25
エル・ベテル（ベテルの神） El Bethel 23,24
エル・ロイ（わたしを見る者なる神） El Roi 23
エルアザル〔マタティヤの四男〕 Eleazar ?～前163 175
エルアザル・ベン・アナニア〔大反乱指導者〕 Eleazar ben Ananias ?～70 215,216
エルアザル・ベン・シメオン〔大反乱指導者〕 Eleazar ben Simeon ?～70 217
エルアザル・ベン・ヤイル〔大反乱指導者〕 Eleazar ben Jair ?～73 214
エルヤキム→ヨヤキム
エルヤシブ〔大祭司〕 Eliashib 前5世紀 159
エレミヤ〔預言者〕 Jeremiah 前7～前6世紀 97,113-117,127,128,154
オクタウィアヌス→アウグストゥス
オニアス3世〔大祭司〕 Onias III 前2世紀 173
オベド〔ダビデ王の祖父〕 Obed 前11世紀 156
オムリ〔イスラエル王〕 Omri 位前882頃～前871頃 74,76,77

■カ行

ガイガー〔ラビ〕 Geiger, Abraham 1810～74 297
カイサル〔ローマの執政官〕 Caesar, Gaius Julius 前100～前44 182
ガド〔先見者〕 Gad 前11～前10世紀 79

ガビロール→イブン・ガビロール
ガマリエル（ラバン）〔議会の議長〕 Gamaliel (Rabban) 1世紀半ば 198
ガマリエル２世〔総主教〕 Gamaliel II 1世紀末 219,220
カリグラ〔ローマ皇帝〕 Caligula 位37～41 187-189
カリシェル〔ラビ〕 Kalischer, Ẓevi Hirsch 1795～1874 304
カロ〔法規学者〕 Caro, Joseph ben Ephraim 1488～1575 279,280
カント〔哲学者〕 Kant, Immanuel 1724～1804 286
カンビセス〔ペルシア王〕 Cambyses 位前529～前522 154
ギデオン〔士師〕 Gideon 前12世紀 45
キュロス〔ペルシア王〕 Cyrus 位前559～前530 116,136,138,140,141,144,147,148,154,158,208
ギンスベルク→アハド・ハアム
クラウディウス〔ローマ皇帝〕 Claudius 位41～54 189
クレオパトラ〔プトレマイオス家の女王〕 Kleopatra 位前51～前30 186
クロムウェル〔イギリスの政治家〕 Cromwell, Oliver 1599～1658 283
ゲダルヤ〔ユダ州知事〕 Gedaliah 前6世紀 117,119
ゲルショム・ベン・イェフダ（捕囚民の光明）〔ラビ〕 Gershom ben Judah (Meor Ha-Golah) 960頃～1028 261,262
ゴルドン〔シオニスト〕 Gordon, Aharon David 1856～1922 307
コンスタンティヌス〔ローマ皇帝〕 Constantinus 位306～337 228

■サ行

サアディア・ベン・ヨセフ［ガオン］〔律法学者〕 Saadiah ben Joseph［Gaon］ 882～942 259,260,276
サウル〔イスラエル王〕 Saul 位前1020頃～前1004頃 41,47-52,60,61,63,79
サウル→パウロ
サムエル〔預言者，士師〕 Samuel 前11世紀 46-48,50,60,63,78,79
サラ〔アブラハムの妻〕 Sarah 前19～前18世紀 20
サルゴン〔アッカド王〕 Sargon 位前2334～前2279 16
サルゴン２世〔アッシリア王〕 Sargon II 位前721～前705 86,99,100
サロメ・アレクサンドラ〔ハスモン家ユダヤ女王〕 Salome Alexandra 位前76～前67 180,181,195
シェシュバツァル〔ユダヤ州知事〕 Sheshbazzar 前6世紀 148
シェバ〔ベニヤミン人〕 Sheba ben Bichri 前10世紀 56,71
シェワ〔ダビデ王の書記局長官〕 Sheva 前10世紀 54
シシャク〔エジプト王〕 Shishak 位前935～前914 74
ジムリ〔イスラエル王〕 Zimri 位前882頃 74
シメオン（ハスモン家の）〔大祭司・民族支配者・ユダヤ軍最高司令官〕 Simeon the Hasmonean 位前140～前134 176,178,179,181
シメオン（ガリラヤのユダの息子）〔熱心党員〕 Simeon (Son of Judah the Galilean) 1世紀前半 214
シメオン・バル・ギオラ→バル・ギオラ
シメオン・バル・コフバ→バル・コフバ
シメオン・バル・ヨハイ〔律法学者〕 Simeon bar Yoḥai 2世紀 278
シメオン・ベン・ガマリエル２世〔総主教〕 Simeon ben Gamaliel II 2世紀 225,226
シメオン・ベン・シェタハ〔律法学者〕 Simeon ben Shetaḥ 前1世紀 195,196
シメオン・ベン・ボエトス〔大祭司〕 Simeon ben Boethus 前1世紀 193
シャブタイ・ツヴィ〔偽メシア〕 Shabbetai Ẓevi 1626～76 290-292,315
シャルマナサル３世〔アッシリア王〕 Shalmaneser III 位前858～前824 77,78
シャルマナサル５世〔アッシリア王〕 Shalmaneser V 位前726～前722 76,86
シャンマイ〔律法学者〕 Shammai 前50

頃～後30　196,197,240
シュムエル・ハナギード（イスマイル・イブン・ナグレラ）〔政治家〕　Samuel Ha-Nagid（Ismail Ibn Nagrela）993～1055　260
シュロモー・イブン・ガビロール→イブン・ガビロール
シュロモー・ハレヴィ→パブロ・デ・サンタ・マリア
シュロモー・ベン・イツハク→ラシ
スィン〔バビロニア人の神〕　Sin　136
スピノザ〔哲学者〕　Spinoza, Baruch 1632～77　284,286
セウェルス・アレクサンドロス〔ローマ皇帝〕　Severus, Alexander　位222～235　226
セウェルス・セプティミウス〔ローマ皇帝〕　Severus, Septimius　位193～211　226
ゼウス〔ギリシアの主神〕　Zeus　174
ゼカリヤ〔預言者〕　Zechariah　前6世紀　154,155,168,235
ゼデキヤ〔ユダ王〕　Zedekiah　位前596～前586　112,116
ゼルバベル〔ユダヤ州知事〕　Zerubbabel　前6世紀　148,154,155
セレウコス4世フィロパトル〔セレウコス家の王〕　Seleucus IV　Philopator　位前187～前176　173
センナケリブ〔アッシリア王〕　Sennacherib　位前704～前681　100,105
総主教ユダ→ユダ・ハナスィ
ゾラ〔作家〕　Zola, Emile　1840～1902　300
ソロモン〔ユダ王，イスラエル王〕　Solomon　位前967頃～前928頃　10,29,50-52,56,57,61,62,64,66,68-71,80,99,114,154,163

■タ行

ダニエル〔ネブカドネツァル王の廷臣（伝承）〕　Daniel　前6世紀　200
ダニエル・ベン・モシェ・アルクミスィ〔カライ派学者〕　Daniel ben Moses al-Qumisi　9～10世紀　259
ダビデ〔ユダ王，イスラエル王〕　David　位前1004頃～前967頃　47-71,79,80,127,131,156,163,201,202,242
ダレイオス1世〔ペルシア王〕　Darius I　位前522～前486　154,155
チェンバレン〔反ユダヤ著作家〕　Chamberlain, Houston Stewart　1855～1927　300
ツァドク〔ダビデ王の祭司〕　Zadok　前10世紀　54,192
ツァドク（ファリサイ派の）〔祭司，熱心党創始者〕　Zadok the Pharisee　1世紀初め　214,215
ディオクレティアヌス〔ローマ皇帝〕　Diocletianus　位284～305　228
ティグラト・ピレセル3世〔アッシリア王〕　Tiglath-Pileser III　位前744～前727　86,98
ティトゥス〔ローマ皇帝〕　Titus　位79～81　217
ティブニ〔イスラエルの将軍〕　Tibni　前9世紀　74
ティベリウス〔ローマ皇帝〕　Tiberius　位14～37　188
ティベリウス・アレクサンドロス〔ユダヤ総督〕　Tiberius Julius Alexander　任46～48　214
デボラ〔女士師，女預言者〕　Deborah　前12世紀　41
デメトリオス1世ソテル〔セレウコス家の王〕　Demetrius I　Soter　位前162～前150　176
デメトリオス2世ニカトル〔セレウコス家の王〕　Demetrius II　Nicator　位前141～前125　178
ドヴ・バエル〔ハシディズムの説教家〕　Dov Baer（The Maggid）of Mezhirech　?～1772　292,293
ドゥブノヴ〔歴史家〕　Dubnow, Simon 1860～1941　310
ドミティアヌス〔ローマ皇帝〕　Domitianus　位81～96　219,221
トラヤヌス〔ローマ皇帝〕　Trajanus　位98～117　213,221,232
ドリュモン〔反ユダヤ主義者〕　Drumont, Edouard-Adolphe　1844～1917　300
トロツキー〔ロシアの革命家〕　Trotskii, Lev　1879～1940　303

■ナ行

ナスィ・ユダ→ユダ・ハナスィ
ナダブ〔イスラエル王〕 Nadab 位前907頃〜前906頃 74
ナタン〔預言者〕 Nathan 前11〜前10世紀 63,69,79,80
ナタン〔最高法廷議長〕 Nathan Ha-Bavli 2世紀 226
ナタン（ガザの）〔預言者〕 Nathan of Gaza 1643/44〜80 290,291
ナハウェンディ（ベニヤミン・ベン・モシェ・アル・ナハウェンディ）〔カライ派学者〕 Nahawendi (Benjamin ben Moses al-Nahawendi) 9世紀 259
ナブー〔バビロニア人の神〕 Nabu 139
ナフマニデス（モシェ・ベン・ナフマン）〔ラビ，法規学者〕 Naḥmanides (Moses ben Naḥman) 1194頃〜1270 277
ナボト〔ぶどう園所有者〕 Naboth 前9世紀 82
ナボニドゥス〔バビロニア王〕 Nabonidus 位前555〜前539 136
ナポレオン〔フランス皇帝〕 Napoleon 位1804〜21 294,295
ニカノール〔セレウコス家の将軍〕 Nicanor ？〜前161 176
ネコ〔エジプト王〕 Neco 位前609頃〜前593 111
ネブカドネツァル〔バビロニア王〕 Nebuchadnezzar 位前604〜前562 112,144,154
ネヘミヤ〔ユダヤ州知事〕 Neḥemiah 前5世紀 157,159-162,172,194
ネルウァ〔ローマ皇帝〕 Nerva 位96〜98 221
ネロ〔ローマ皇帝〕 Nero 位54〜68 217

■ハ行

ハアリ→ルリア
バアル〔カナン人の神〕 Ba'al 42,43,81,94
バアル・シェム・トーヴ（ベシュト）→イスラエル・ベン・エリエゼル，バアル・シェム・トーヴ（ベシュト）
パウルス4世〔ローマ教皇〕 Paulus IV 位1555〜59 282
パウロ（サウル）〔キリスト教の使徒〕 Paul (Saul) 1世紀 198,208,209
ハガイ〔預言者〕 Haggai 前6世紀 154,155,168,235
ハザエル〔アラム・ダマスコ王〕 Hazael 前9〜前8世紀 84
バシャ〔イスラエル王〕 Baasha 位前906頃〜前883頃 74,80
ハスダイ・イブン・シャプルート→ヒスダイ・イブン・シャプルート
バッキデス〔セレウコス家の将軍〕 Bacchides 前2世紀 176
バト・シェバ〔ダビデ王の王妃，ソロモンの母〕 Bath-Sheba 前11〜前10世紀 80
ハドリアヌス〔ローマ皇帝〕 Hadrianus 位117〜138 222-224,226,228
ハナニヤ→アナニア
ハナメル〔大祭司〕 Hanamel 位前37/前36，前34 231
ハナン・ベン・ハナン→アナン・ベン・アナン
パブロ・デ・サンタ・マリア（シュロモー・ハレヴィ）〔背教者〕 Pablo de Santa Maria (Solomon Halevi) 1350頃〜1435 271
ハマン〔ペルシアの高官（伝承）〕 Haman 248
バル・ギオラ（シメオン）〔大反乱指導者〕 Bar Giora, Simeon ？〜70 215,217
バル・コフバ（シメオン）〔第二反乱の指導者〕 Bar Kokhba, Simeon ？〜135 222,223
バルク〔預言者エレミヤの書記〕 Baruch 前7〜前6世紀 115
ハレヴィ→イェフダ・ハレヴィ
ヒスダイ（ハスダイ）・イブン・シャプルート〔政治家〕 Ḥisdai (Ḥasdai) Ibn Shaprut 915頃〜970頃 260
ヒゼキヤ〔ユダ王〕 Hezekiah 位前727頃〜前698頃 99,100,104,108,131
ヒゼキヤ〔反乱指導者〕 Hezekiah ？〜前46頃 214
ヒトラー〔ドイツ総統〕 Hitler, Adolf 1889〜1945 281,298,308
ピネハス〔熱心党の模範〕 Pinehas 前13世紀 213

ピラト〔ユダヤ総督〕 Pilate, Pontius 任26～36 187,188
ヒルカノス1世(ヨハネ)〔大祭司・民族支配者・ユダヤ軍最高司令官〕 Hyrcanus, John 位前135～前104 179-182,194,195
ヒルカノス2世〔大祭司〕 Hyrcanus II 位前63～前40 181,182
ヒルシュ〔ラビ〕 Hirsch, Samson Raphael 1808～88 297
ヒレル(老)〔律法学者〕 Hillel the Elder 1世紀 196,197,226,227,231,232,240
ピンスケル〔シオニスト〕 Pinsker, Leon 1821～91 305
ファサエル〔エルサレム知事〕 Phasael 任前48～前40 182
フィリポス→ヘロデ・フィリポス
フィロン(アレクサンドリアの)〔哲学者〕 Philo Judaeus (Philo of Alexandria) 前20頃～後50 210,212
フェリックス〔ユダヤ総督〕 Felix, Antnius 任52～60 214
フェルナンド2世〔イスパニア王〕 Fernando II 位1479～1516 272
プトレマイオス2世フィラデルフォス〔プトレマイオス家の王〕 Ptolemy II Philadelphus 位前283～前245 209
フリードリヒ2世〔神聖ローマ皇帝〕 Friedrich II 位1215～50 268
フリートレンダー〔改革派指導者〕 Friedlaender, David 1750～1834 296
プリニウス(老)〔ローマの歴史家〕 Pliny the Elder 23～79 204
フロルス〔ユダヤ総督〕 Florus 任64～66 216
ペカ〔イスラエル王〕 Pekah 位前735頃～前733頃 98
ベギン〔イスラエルの政治家〕 Begin, Menahem 1913～92 314
ベシュト→イスラエル・ベン・エリエゼル, バアル・シェム・トーヴ
ヘス〔シオニスト〕 Hess, Moses 1812～75 304
ペトロニウス〔シリア総督〕 Petronius, Publius 任39～42 188
ベナヤ〔ダビデ王の近衛隊(外人部隊)司令長官〕 Benaiah 前11～前10世紀 53
ベニヤミン・ベン・モシェ・アル・ナハウェンディ→ナハウェンディ
ベリアル〔悪魔〕 Belial 207
ヘルツル〔世界シオニスト機構創設者〕 Herzl, Theodor 1860～1904 279, 305-309
ヘロデ〔ユダヤ王〕 Herod 位前37～前4 182,183,186,187,189,192,193,196,214,231
ヘロデ・アンティパス→アンティパス
ヘロデ・フィリポス〔バタネアなどの四分領太守〕 Herod Philip 位前4～後34 187,189
ベングリオン〔イスラエルの政治家〕 Ben-Gurion, David 1886～1973 307
ベンツヴィ〔イスラエルの政治家〕 Ben-Ẓvi, Iẓḥak 1884～1963 307
ベン・ハダド〔アラム・ダマスコ王〕 Ben-Hadad 前10～前9世紀 74
ベン・ハダド2世〔アラム・ダマスコ王〕 Ben-Hadad II 前9世紀 77
ベン・ハダド3世〔アラム・ダマスコ王〕 Ben-Hadad III 前9～前8世紀 84
ホセア〔預言者〕 Hosea 前8世紀 94, 97,113
ホルトハイム〔改革派指導者〕 Holdheim, Samuel 1806～60 297
ポンペイウス〔ローマの将軍〕 Pompey 前106～前48 181

■マ行

マイモニデス, モシェ・ベン・マイモン(ラムバム)〔哲学者〕 Maimonides, Moses ben Maimon (Rambam) 1135～1204 260,264,265,274,280
マタティア〔祭司, ハスモン反乱の指導者〕 Mattathias ?～前166 174,175
マナセ〔ユダ王〕 Manasseh 位前698頃～前642頃 99,100,108,109
マラキ〔預言者〕 Malachi 前5世紀 156,157
マリアンメ〔ハスモン家出身, ヘロデの王妃〕 Mariamne 前60頃～前29 186, 187,189
マル〔反ユダヤ主義者〕 Marr, Wilhelm

1818～1904　298
マルクス〔哲学者〕 Marx, Karl Heinrich 1818～83　299
マルドゥク〔バビロンの主神〕 Marduk 136,139
ミカ〔預言者〕 Micah　前8～前7世紀 97,105
ミカエル〔天使〕 Michael　207
ミカル〔サウル王の娘，ダビデの妻〕 Michal　前11～前10世紀　49
ムハンマド〔イスラム教開祖〕 Muhammad　570頃～632　6
メイル〔ラビ〕 Meir　2世紀　225,226
メナヘム〔イスラエル王〕 Menahem　位前747頃～前737頃　214,215
メネラオス〔大祭司〕 Menelaus　位前171～前162　173,176
メルネプタ〔エジプト王〕 Merneptah 位前1224頃～前1214　34
メンデルスゾーン〔哲学者〕 Mendelssohn, Moses　1729～86　286,288,296
モシェ・イブン・エズラ→イブン・エズラ
モシェ・ベン・シェム・トーヴ・デ・レオン〔カバラー学者〕 Moses ben Shem Tov de Leon　1240頃～1305　278
モシェ・ベン・ナフマン→ナフマニデス
モシェ・ベン・マイモン→マイモニデス
モーセ〔律法受領者〕 Moses　前13世紀 6,22,25-31,34,60,81,109,130,132,133, 161,162,206,212,238,248,250,266
モト〔カナン人の神〕 Mot　43

■ヤ行

ヤコブ(イスラエル)〔族長〕 Jacob (Israel)　前17世紀頃　18,19, 22,24-26,58
ヤコブ〔短剣党員，ガリラヤのユダの息子〕 Jacob　1世紀　214
ヤコブゾン〔改革派指導者〕 Jacobson, Israel　1768～1828　296
ヤコブ・ベン・アシェル〔律法学者〕 Jacob ben Asher　1270頃～1340 280
ヤソン〔大祭司〕 Jason　位前175～前171 173
ヤハウェ〔イスラエルの神〕 Yahweh 7,18,22,24-32,36,37,40,42-47,50,58-65, 67-69,72,73,78-82,84,87-92,94,97,100, 102,104-110,113-127,129-138,140-144, 146,147,150-157,161,164,166,167,169
ヤム〔カナン人の神〕 Yam　43
ヤロブアム〔イスラエル王〕 Jeroboam 位前928頃～前907頃　29,56,71-74, 79,80
ヤロブアム2世〔イスラエル王〕 Jeroboam II　位前789頃～前748頃 84,85,90,94
ヤンナイ〔ハスモン家ユダヤ王，大祭司〕 Yannai, Alexander　位前103～前76 180,181,195
ユダ〔族長ヤコブ(イスラエル)の息子〕 Judah　前17～前16世紀　58,59
ユダ(マカバイの)〔ハスモン反乱の指導者〕 Judah Maccabee　?～前160　175, 176,194,248
ユダ(ガリラヤの)〔短剣党員，反乱指導者〕 Judah the Galilean　?～6　214,215
ユダ・ハナスィ〔総主教〕 Judah Ha-Nasi 2～3世紀　226,227,232,240,241,255
ユリアヌス〔ローマ皇帝〕 Julian the Apostate (Flavius Claudius Julianus)　位361～363　229
ユリウス・セウェルス〔ローマ軍司令官，ブリタニア知事〕 Julius Severus　2世紀　223
ヨアシュ〔ユダ王〕 Joash　位前836頃～前798頃　83,84
ヨアシュ〔イスラエル王〕 Jehoash　位前800頃～前784頃　84
ヨアハズ〔イスラエル王〕 Jehoahaz　位前817頃～前800頃　83,84
ヨアハズ〔ユダ王〕 Jehoahaz　位前609 111,112
ヨアブ〔ダビデ王の国民軍司令長官〕 Joab　前11～前10世紀　53
ヨシヤ〔ユダ王〕 Josiah　位前639頃～前609　83,87,108,111,113,114,130,131
ヨシャファト〔ダビデ王の式部長官〕 Jehoshaphat　前10世紀　53
ヨシャファト〔ユダ王〕 Jehoshaphat　位前870頃～前846頃　77,78
ヨシュア〔モーセの後継者〕 Joshua　前13世紀　29,34,37,238

ヨシュア〔大祭司〕 Joshua 前6世紀 154,171
ヨセフ〔族長ヤコブ(イスラエル)の息子〕 Joseph 前17～前16世紀 25,67
ヨセフ(トビヤ家の)〔徴税官〕 Joseph son of Tobiah (of Tobiads) 前3世紀 172
ヨセフ・カロ→カロ
ヨセフス〔歴史家〕 Josephus, Flavius 38頃～100頃 190,204,214
ヨナ〔預言者(伝承)〕 Jonah 前5世紀 156
ヨナタン〔サウル王の息子〕 Jonathan 前11世紀 48,49
ヨナタン(ハスモン家の)〔マカバイ反乱の指導者, 大祭司〕 Jonathan the Hasmonean 位前152～前142 176,178,205
ヨハナン(ギスカラの)〔大反乱指導者〕 Joḥanan of Giscala (Joḥanan ben Levi) 1世紀 215,217
ヨハナン・ベン・ザッカイ〔律法学者〕 Joḥanan ben Zakkai 1世紀 203,218,219
ヨハネ(洗礼者)〔宗教家〕 John the Baptist 1世紀 207
ヨハネ・ヒルカノス→ヒルカノス1世
ヨハンネス・ロイヒリン→ロイヒリン
ヨブ〔義人(伝承)〕 Job 165
ヨヤキム(エルヤキム)〔ユダ王〕 Jehoiakim (Eliakim) 位前608頃～前598頃 111,112,114-116
ヨヤキン〔ユダ王〕 Jehoiachin 位前597 112,116,132,148
ヨヤダ〔大祭司〕 Jehoiada 前9世紀 83
ヨラム〔イスラエル王〕 Jehoram 位前851頃～前842頃 82
ヨラム〔ユダ王〕 Jehoram 位前851頃～前843頃 77

■ラ行

ラヴ〔律法学者〕 Rav 3世紀 232
ラシ(シュロモー・ベン・イツハク)〔聖書学者〕 Rashi (Solomon ben Isaac) 1040～1105 262,263
ラメセス2世〔エジプト王〕 Ramses II 位前1290～前1224 26
リシアス〔セレウコス家の将軍〕 Lysias ?～前162 175
ルター〔ドイツの宗教改革者〕 Luther, Martin 1483～1546 281
ルツ〔モアブの女, ダビデ王の先祖(伝承)〕 Ruth 12世紀頃 156
ルリア(ハアリ), イツハク・ベン・シュロモー〔カバラー学者〕 Luria (Ha-Ari), Isaac ben Solomon 1534～72 279
レツィン〔アラム・ダマスコ王〕 Rezin 前8世紀 98
レハブアム〔ユダ王〕 Rehoboam 位前928頃～前907頃 71,72,74
ロイヒリン(ヨハンネス)〔ドイツの人文主義者〕 Reuchlin, Johannes 1455～1522 280

事項索引

■ア行

「哀歌」 Lamentations 119,121-123,236,248,251
アヴ月九日祭 Tishah be-Av 223,248
アヴ・ベト・ディン(最高法廷議長) Av Bet Din 226,240
アエリア・カピトリーナ Aelia Capitolina 222-224
アグダト・イスラエル(イスラエル協会) Agudat Israel 312
アクラ Acra 174,175,178
アケメネス朝 Achaemenes 230
アコ→プトレマイス
アシュケナズ系 Ashkenazi, Ashkenazim 261,262,264,265,274,276,280,285,289
アダサ Adasa 176
新しい契約 New Covenant 117,127,206,207
アッカド語 Akkadian 134
アッカド帝国 Akkad Empire 17
アッシリア(新アッシリア) Assyria (Neo-Assyria) 76-78,84,86,94,98-100,102,104,105,108-111,114,124,144,145,148
後の預言者 Nevi'im Aḥaronim 235
アナトト Anathoth 113,114
アナトリア Anatolia 71
アナン派(カライ派) Ananites (Karaites) 258
アフェク Aphek 77
アブラハム契約 Abrahamic Covenant 18,21,32,36,162,250
アブラハムの神 God of Abraham 22,24,31,243,264
アミダー(立禱，シュモネ・エスレー〈十八(の祝禱)〉，ハ・テフィラー〈祈禱のなかの第一の祈禱〉) Amidah (Shemoneh-Esreh, Ha-Tefillah) 220,242,244,245
アムステルダム Amsterdam 283-285
アム・ハアレツ(地の民) Am ha-areẓ 83,111,112
「アモス書」 Book of Amos 91,92
アモライーム Amoraim 240,241
アモリ人 Amorites 33
アラゴン Aragon 263,272
アラビア Arabia 6,70
アラビア語 Arabic 260,263
アラビア語訳聖書 Arabic Bible 260
アラビア・シリア荒野 Arabian-Syrian Desert 16,33
アラブ，アラブ人 Arabs 9,159,257,258,260,270,271,308,311,314
アラブ文化 Arab Culture 271
アラム語，アラム人 Aramaic, Arameans 40,51,70,74,77-79,82,84,204,240
アリウス派 Arian 270
「アリステアスの手紙」 Letter of Aristeas 209
アリストテレス哲学 Aristotelian Philosophy 264,265
アリストテレスの神 God of Aristotle 264
アリヤ(移民)，第一波 First Ariyah 305,306
アリヤ(移民)，第二波 Second Ariyah 307
『アルバア・トゥーリーム』(四列) [ヤコブ・ベン・アシェル著] *Arba'ah Turim* 280
アルモハーデ(アラー一体性論者) Almohads 260,265,271
アレクサンドリア Alexandria 174,183,193,209,210,212,213,232
アロンのメシア Messiah of Aaron 207
安息年 Shemittah (Sabbatical Year) 129,249
安息日→シャバット
アンティオキア Antioch 173,183
アンティ・セミティズム(近代の反ユダヤ主義) Anti-Semitism 298-300,303,305,308,309
アントニア Antonia 217
アントニヌス家 Antonines 226
アンフィクテュオニー Amphictyony 37
アンモン，アンモン人 Bene Ammon 34,39,47,51,159

イェシヴァ(教学院) Yeshivah 220, 226,230,232,233,258,260,262
『イエス・キリストは生まれはユダヤ人であった』[M. ルター著] *Dass Jesus Christus ein geborener Jude sei* 281
イェフ家 House of Jehu 84
イギリス委任統治 British Mandate 308
イサカル族 Issachar 74
イサクの神 God of Isaac 22,25,31,243
「イザヤ書」 Book of Isaiah 106,235
「イザヤ書」40〜55章(第二イザヤ) Isaiah 40〜55 136-140,150,167,168
「イザヤ書」56〜66章(第三イザヤ) Isaiah 56〜66 150,151,153,154,168
イスタンブル→コンスタンティノープル
イスパニア王国 Kingdom of Hispania 272
イズミール Izmir 290
イスラエル王国→北イスラエル王国
イスラエル協会→アグダト・イスラエル
イスラエル国 State of Israel 307,308, 311-317
イスラエルのメシア Messiah of Israel 207
イスラエル・ユダ複合王国 Double Kingdom of Israel and Judah 51,52
イスラム教 Islam 257,264,291
イスラム教徒 Moslem 3,9,161,257,258, 260,267,270-272,291
イスラム帝国 Moslem Empire 257,260, 261,267
イスラム文化 Islamic Culture 259
イズレエル Jezreel 82
イズレエル峡谷 Valley of Jezreel 33, 36,37,41
イタリア統一 Unification of Italy 303, 304
異端審問(宗教裁判) Inquisition 272, 283
一神教(唯一神信仰) Monotheism 6, 18,23,30,31,81,109,178,209,224,253,297
一神礼拝 Monolatry 23,25,31,110
イディッシュ語 Yiddish 286,309
イドマヤ, イドマヤ人 Idumea, Idumeans 171,180,182,187,189
イベリア半島 Iberian Peninsula 260, 270-272,283,284
異邦人 Gentile 156,158,159,193
移民(第一波, 第二波)→アリヤ
移民→オーレー
ヴィア・マリス(海の道) Via Maris 45
ヴィルナ Vilna 293
ウィーン会議 Congress of Vienna 295
ヴェネツィア Venice 280,282
ヴォルムス Worms 262
ウガリット, ウガリット語 Ugarit, Ugaritic 40,42
ウガリット神話 Ugarit Myth 43
ウシャ Usha 225,226
宇宙的終末論 Cosmic Eschatology 201,202
ウマイヤ王朝 Umayyads 270,271
海の道→ヴィア・マリス
ウラルトゥ Urartu 84
ウル Ur 16
ウル第三王朝 Ur III 17
エジプト Egypt 14,17,22,25-33,36,45, 56,68-72,74,76,94,97,99,100,104,111,112, 114,115,117,161,170,173,174,178,186, 193,195,204,209,221,222,248,258,259,264
エジプト脱出 Exodus 17,25-29,31,32, 36,41,57,69,90,129,248
「エステル記」 Book of Esther 236
「エズラ記」 Book of Ezra 162
「エズラ・ネヘミヤ記」 Books of Ezra and Nehemiah 236
「エゼキエル書」 Book of Ezekiel 235, 273
エッサイの子 Son of Jesse 56
エッセネ派 Essenes 190,204,205,207, 219
エデンの園(ガン・エデン) Garden of Eden (Gan-Eden) 57,58,255,256
エトナルケス(民族支配者) Ethnarch 179-182,187,214
エドム Edom 34,51,70,85,171
「エヌマ・エリシュ」 Enuma Elish 134, 135
「エノク書」 Book of Enoch 203
エブス人 Jebusites 53
エブラ Ebla 17,78

エフライム族，エフライム人　Ephraim　36,45,56,57,67,68,71
エリコ　Jericho　179
エルサレム　Jerusalem　23,53,54,57,61,63,64,70-72,74,83,84,87,98,100,102,104-106,109,112,113,115-117,119-121,124-126,128,137,138,145,147,150,151,153-156,158-162,167-169,171,173,175,176,178,180-182,186-189,193,195,198,202,203,205,206,209,212,214-218,222-224,229,231,232,236-238,240,242,250,263,268,312
エルサレム神政共同体（神政共同体，ユダヤ民族神政共同体）　Theocratic Community of Jerusalem (Theocratic Community of Jewish People)　127,154,155,157,158,160,162-164,168,172,173,176
エルサレム神殿（第一神殿，ソロモン神殿）　Temple of Jerusalem (First Temple, Solomon's Temple)　10,64,66,67,69,70,72,73,83,87,99,100,102,106,108,109,114,115,119,127,129,131,133,163,223,248
エルサレム神殿（第二神殿）　Temple of Jerusalem (Second Temple)　10,127,148,150,154,155,158,163,168,171-176,183,186,188,190,193,203,205,209,216-220,223,229,231,246,248,296
エルサレム・タルムード→タルムード
エレアサ　Eleasa　176
エレツ・イスラエル（イスラエルの地）　Ereẓ Israel　263,264
「エレミヤ書」　Book of Jeremiah　235
エン・ソフ（無限者）　En-Sof　277-279
「王国樹立前史」　Pre-history of the Establishment of the Kingdom　60
王政（古代イスラエルの）　Monarchy (of Ancient Israel)　47,48,50,51,78,79,82,249
王政イデオロギー　Monarchical Ideology　64
王政原理　Monarchical Principle　76
オストユーデン（東方のユダヤ人）　Ostjuden　289,298
オスマン帝国　Ottoman Empire　289,291
オデッサ　Odessa　305
オムリ王朝，オムリ家　Dynasty of Omri　76-78,80,82,83
オムリの家（北イスラエル王国）　Bit Ḫumri　77
オランダ東インド会社　Dutch East India Company　283
オリエント　Orient　8,14,16,47,108,110,124,170,180,208,285,289,290
オーレー（移民）　Oleh　313

■カ行

改革派ユダヤ教　Reform Judaism　288,294,296-298,310,311,313,316
カイサリア　Caesaria　186,187
改宗（イスラム教に）　Conversion　271,291
改宗，改宗者（キリスト教に）　Conversion, Converts　267,270-272,281,284,298,299
改宗，改宗者（ユダヤ教に）　Proselytism, Proselytes　180,182,197,210,212,226,228,242,256,264,313
「外典」　Apocrypha　12,203,236
「外典創世記」　Genesis Apocryphon　205
会堂→シナゴグ
解放，解放闘争（ユダヤ人の）　Emancipation, Struggle for Emancipation　286,288,294-298,302-304,315
戒律（ミツヴァ，六一三の戒律）　Mitẓvah, Mitẓvot, Taryag Mitẓvot (613 Commandments)　174,183,246,249,251,252,312,313,317
カイルアン　Kairouan　260
カイロ　Cairo　265
ガウラニティス　Gaulanitis　187
ガオン，ゲオニーム（教学院長）　Gaon, Geonim　241,242,258-261
「雅歌」　Song of Songs　235
隠れユダヤ教徒（新キリスト教徒，マラノ）　Crypto-Jews (New Christians, Marrano)　270-272,283,284
ガザ　Gaza　290
カシュルート（適正食品規定）　Kashrut　129,251,252,313
カスティリャ　Castile　272

カタロニア　Catalonia　277
割礼（ブリット・ミラー）　Circumcision (Berit milah)　21,129,174,222,223,250
カデシュ・バルネア　Kadesh-barnea　31
ガト　Gath　50
カナン，カナン人　Canaan, Canaanites　17-22,25,33-37,40-45,53,58-60,90,94,109,130,131,133,134,247
カナン宗教　Canaanite Religion　42,44
カナン神話　Canaanite Myth　42
カノン（正典，正典聖書）　Canon (Canon Bible)　203,220,221,233,236,237
カバラー，カバラー神秘主義　Kabbalah, Kabbalah Mysticism　263,273,277-279,290,292
カバラー・イユニット（思索的カバラー）　Kabbalah iyyunit　274
カバラー・マアスィット（実践的カバラー）　Kabbalah ma'asit　274
カバラット・シャバット　Kabbalat Shabbat　246
カライ派　Karaites　258-260
仮庵祭　Sukkoth　161,189,195,209,245,248
刈入れの祭　Harvest Feast (qaẓir)　89
ガリツィア　Galicia　292
ガリラヤ　Galilee　33,86,171,182,187,207,214,215,217,225,229,232
ガリラヤ湖　Sea of Galilee　77
ガリラヤのサンヘドリン（議会）　Sanhedrin of Galilee　225,226
カルカル　Qarqar　77
カルケミシュ　Carchemish　111
カルデア人　Chaldeans　108
カルメル山　Mt. Carmel　80,81
カロニムス家　Kalonymus Family　276
ガン・エデン→エデンの園
「感謝の詩篇」　Thanksgiving Psalms　205
議会→サンヘドリン
帰還法　Law of Return　313
聞けイスラエル→シェマ（聞け）イスラエル
記述預言者　Literary Prophets　81,90,91,94,97,124
「偽書」「偽典」　Pseudepigrapha　12,201,203,236
ギスカラ（グシュ・ハラヴ）　Giscala (Gush Ḥalav)　217
北イスラエル　Northern Israel　50,51,56,94,96,108,109,111,114
北イスラエル王国（イスラエル王国，北王国）　Northern Kingdom of Israel　52,72-74,76-80,83,84,86,87,90,94,97-99,102,104,109,113,131,145,162
北王国→北イスラエル王国
議長→ナスィ（議長）
ギデオン王朝　Dynasty of Gideon　45
キドゥーシュ　Kiddush　246
キドゥーシュ・ハシェム→殉教者
義の教師　Moreh Ẓedek　205-207
キプロス　Cyprus　221,222
ギベア　Gibeah　48
ギベトン　Gibbethon　74
救済史観　Salvation History　59
宮廷ユダヤ人→ホーフユーデン
旧約時代　Old Testament Period　10
「旧約聖書」　Old Testament　6,8,12,210,234
教学院→イェシヴァ
教学院長→ガオン
ギリシア，ギリシア語　Greece, Greek　37,171,205,208-210,213,233,234
ギリシア語訳聖書→セプトゥアギンタ
ギリシア文化，思想，宗教，哲学　Greek Culture, Greek Thoughts, Greek Religion, Greek Philosophy　170,190,196,210,212,229
ギリシア都市→ポリス
キリスト（メシア）　Christ (Messiah)　208,229
キリスト教　Christianity　3,4,198,208,209,212,213,228,229,253,254,261,264,267-271,273,282,284,298,299
キリスト教会　Christian Church　208,210,212,228,229,237,267,284
キリスト教会の正典　Christian Canon　6
キリスト教教父　Christian Fathers　212
キリスト教徒　Christians　3,4,6,8,10-12,144,161,203,206,221,228,230,234,260,263,267-270,273,280-283,298,299
キリスト教文化　Christian Culture　4,262
キリスト教ヨーロッパ　Christian Europe

262
ギルボア　Gilboa　50,61
キルヤト・エアリム　Kirjath-jearim　63
金融業（ユダヤ人の）　Jewish Finance　268,281
『クザーリの書』[J. ハレヴィ著]　*Kuzari*　264
グシュ・ハラヴ→ギスカラ
口伝律法　Torah She-be'al-pe　9,11,192,227,237-242,258,259
クネセット（イスラエル国会）　Knesset　313
区分→スィドラー
クムラン　Qumran　204,205,207
クムラン宗団　Qumran Sect　204-206
グラナダ　Granada　263,272
敬虔主義→ハシディズム
敬虔主義者→ハシディーム
啓蒙主義→ハスカラー
啓蒙主義者→マスキリーム
契約　Covenant　21,30-32,51,64,68,108,156,161,166,174
「契約の書」　Book of Covenant　41,89
契約の箱→ヤハウェの箱
ゲオニーム→ガオン
決疑法　Casuistic Law　41
ゲットー　Ghetto　282,283,285,286,295,314
「ケトゥヴィーム」（「諸書」）　Kethuvim　8,234,236
ケトゥバー　Ketubbah　250
ゲー・ヒンノム（ヒンノムの谷）　Gehinnom　255
ゲマラ　Gemara　241
ゲリジム山　Mt. Gerizim　161,180
ゲルースィア（長老会議）　Gerousia　171,183
ゲロナ　Gerona　277
原始キリスト教会　Primitive Christian Church　207,208
賢者　Ḥakhamim　167,196,198,200,201,217-221,232,239,240,242
コイネー（共通）ギリシア語　Koine Greek　209
紅海　Red Sea　28,33,51,71,85
皇帝礼拝　Emperor Worship　188,189,229
コエレ（全）シリアとフェニキア　Coele-Syria and Phoenicia　171
黒死病→ペスト
コサックの反乱　Cossack Revolt　289
コシェル（適正食品）　Kosher　251
古代イスラエル　Ancient Israel　5-8,18,22,46,50,59,63,86,87,97,144,161
古代オリエント　Ancient Near East　14,21-23,33,40,47,53,61,64,76,78,86,87,89,163,201
「コヘレトの言葉」　Ecclesiastes　165,166,236
「コーラン」　Koran　6
ゴラン→バシャン
コルドバ　Cordoba　265,270
「これは道ではない」[アハド・ハアム著]　Lo zeh ha-derekh　306
コロンバス綱領　Columbus Platform　311
コンスタンティノープル（イスタンブル）　Constantinople (Istanbul)　228

■サ行

最高法廷議長→アヴ・ベト・ディン
最後の審判　Last Judgement　202,247,255,256
祭司　Priest　46,63,83,91,106,113,115,121,124,155,156,163,171,172,174,183,192,193,202,206,215,217,220,241,249
「祭司典」　Priestly Code　21,133-135,138
再征服→レコンキスタ
サヴォライーム　Savoraim　241
サウル家　House of Saul　50
「サウルの王国の成立と展開」　Formation and Development of Saul's Kingdom　60
ササン朝ペルシア　Sassanids　231
サタン（悪神，悪魔）　Satan　200-202,217
サドカイ派　Sadducees　190,192,193,195,198,203,218,219,259
サマリア　Samaria　76,77,80,82,86,90,145,148,162,187,189
サマリア貴族　Aristcracy of Samaria　156,159
サマリア教団　Samaritan Sect　5,6,162,

163
サマリア人，サマリア教徒　Samaritans　5,150,154,155,159,161,171
「サムエル記」　Books of Samuel　131,235
サラゴッサ　Saragossa　263
サンヘドリン（議会）　Sanhedrin　183,193-195,197,198,218-220,225,232,240,246
シヴァ　Shiva（七）　251
『シウール・コーマー』（〔神の〕身の丈）　*Shi'ur Komah*　274
シェバ（南アラビアの）　Sheba　71
シェバの乱　Revolt of Sheba　56,71
シェヒナー（遍在の神）　Shekhinah　253,279,291
シェファルアム　Shefaram　225
シェフェラ（丘陵地帯）　Shephelah　33
シェマ（聞け）イスラエル　Shema' Israel　224,245
シオニスト　Zionist　305-310,312-314,317
シオニスト会議（第１回）　First Zionist Congress　306,308,309
シオニズム　Zionism　147,279,293,303,304,306,307,309-315,317
シオン　Zion　53,64,65,67,68,70,102,105-107,119,121,144,146,147,150,152,153,167,304
シオン帰還　Return to Zion　106,144,147,150,153,158,167,168,243
死海　Dead Sea　33,204
死海写本　Dead Sea Scrolls　204,205
式次第→セデル
シケム　Shechem　23,37,53,71,73,76,180,195
士師　Judges（Shopheṭim）　37,39-42,44-46,48,76,109
「士師記」　Book of Judges　40,42,58,131,235
士師時代　Period of Judges　131
七十人訳聖書→セプトゥアギンタ
十戒　Ten Commandments　30,32,248
シドン　Sidon　76,77,80
シナイ　Sinai　26,57,133,238
シナイ契約　Sinaitic Covenant　28,31,32,36,69,72,109,117,129,130,133,161,162
シナイ荒野　Desert of Sinai　31-33
シナイ山（ホレブ山）　Mt. Sinai（Mt. Horeb）　26-29,31,69,81,238,248
シナゴグ（会堂）　Synagogue　128,129,194,223,245,253,268,281,282,292,296,316
四分領太守→テトラルケス
「詩篇」　Psalms　235
シメオン（部族）　Simeon　41
シャバット（安息日）　Shabbat　30,129,160,174,175,241,245,246,249,297,313,316
シャブタイ派　Shabbateans　291
シャンパーニュ　Champagne　262
シャンマイ学派　School of Shammai　196,197,220
『十九世紀の基礎』［H. S. チェンバレン著］　*Die Grundlagen des 19. Jahrhunderts*　300
宗教改革　Reformation　280,281
宗教裁判→異端審問
「宗規要覧」　Mannual of Discipline　205
十字軍　Crusades　263,267,268
十二小預言者　Twelve Minor Prophets　235
「十二族長の遺訓」　Testaments of Twelve Patriarchs　203
「十人の殉教者」　Ten Martyrs　224
週の祭　Shavuot　209
十分の一税　Tithe　160
終末　Eschaton　157,167-169,192,200,202,204,206,207,217,265,279,290,303
終末論　Eschatology　155,163,167-169,199,200,206,207,215
「出エジプト記」　Exodus　234
シュメール（シュメール人，シュメール文化）　Sumer　14,16,17,23
シュモネ・エスレー（十八〈の祝禱〉）→アミダー
『シュルハン・アルーフ』（『整えられた食卓』）［J. カロ著］　*Shulḥan Arukh*　280
殉教，殉教者（キドゥーシュ・ハシェム）　Martyrdom, Martyrs（Kiddush ha-Shem）　178,224,268,273,276,317
小アジア　Asia Minor　209
書記→ソーフェール
贖罪日　Yom Kippur　247
贖罪日戦争（第四次中東戦争）　Yom Kippur War　314

「諸書」→「ケトゥヴィーム」
初代キリスト教，初代キリスト教徒 Early Christianity, Early Christians 198,210
ショヘット(屠殺人) Shoḥet 251
シリア Syria 16,71,84,171,223
「シリア語バルク書」 Syriac Apocalypse of Baruch 203
シリア・パレスチナ Syria-Palestine 14,23,26,52,57,77,78,84,98
『自力解放』[L. ピンスケル著] *Autoemanzipation* 305
シロ Shiloh 46,63,67,79,80,115
シロ神殿 Temple of Shiloh 46,68
シロ同盟 Shilonite Confederation 46,63
新アッシリア→アッシリア
新キリスト教徒→隠れユダヤ教徒
「箴言」 Proverbs 235
『信仰と意見』[サアディア・ベン・ヨセフ著] *Emunoth we-Deoth* 260
人種差別論→レイシズム
神政共同体→エルサレム神政共同体
新正統派 New Orthodoxy 297
「神聖法典」 Holiness Code 129,133
神聖ローマ皇帝 Holy Roman Emperor 268
神殿→エルサレム神殿(第一神殿，第二神殿)
「神殿の書」 Temple Scroll 205
新年祭 Rosh ha-Shanah 247
新バビロニア Neo-Babylonia 108,136,139,230
神秘主義(アシュケナズ系の，プロヴァンスの) Mysticism 276
新プラトン主義 Neo-Platonism 263
人文主義者 Humanists 281
「申命記」 Deuteronomy 100,108-110,130,189,234,244
申命記改革 Deuteronomic Reform 42,44,81,87,108-111,113,114,130,131,161,236
申命記派 Deuteronomists 110,129,132,133
申命記派歴史家 Deuteronomistic Historians 40,42,130,131
「申命法典」 Deuteronomic Code 110,128,131,133
新約時代 New Testament Period 10
「新約聖書」 New Testament 6,8,207
スィカリ(短剣党，短剣党員) Sicarii 214,215,218
スィドラー(区分) Sidra 245,250
スィムハット・トーラー(律法の歓喜祭) Simḥat Torah 245,248
過越祭 Passover, Pesaḥ 27,32,41,90,109,147,209,220,248,268
スキュトポリス(ベト・シェアン) Scythopolis (Beth-shean) 171
ズゴート Zuggoth 240
ストア学派 Stoa School 210,212
スファラド系 Sephardi, Sephardim 261,263-265,272,276,278,280,285,290
スペイン(イスパニア) Spain (Hispania) 258,260-262,267,270,271,274,276-278,283
スペイン追放(ユダヤ人の) Expulsion from Spain 278,279,283,290
スーラ Sura 232,241,260
政治的終末論 Political Eschatology 201,202
「聖書」 Bible 6,8,9,17,21,22,28,35,40,42,43,57,60,199,206,212,221,227,233,234,236,239,246,251,259,260,262,263,265,273,286,297,312
聖書資料，聖書史料 Biblical Sources, Biblical Historical Sources 22,24,34,47-49,52,72,83,84,89,91,108
正典結集会議(ヤブネの) Synod for Canonization of the Bible (at Jabneh) 166,220,221
正典聖書→カノン
正統派ユダヤ教 Orthdox Judaism 280,297,312-316
征服物語 Narrative of the Conquest 34
成文律法 Torah She-bi-khtav 238,239
『生命の源泉』[S. イブン・カビロール著] *Makor Ḥaim* 263
セウェルス朝 Dynasty of Severus 226,228
世界シオニスト機構 World Zionist Organization 306,307
ゼーセン Seesen 296

セデル（式次第） Seder 220,248
セバステ（サマリア） Sebaste (Samaria) 186,187
セビリア Sevilla 272
セフィロート Sefiroth 274,278,279
『セフェル・イェツィーラー』（創造の書）［盲人イツハク著］ *Sefer Yeẓirah* 274,276
『セフェル・ハシディーム』（敬虔主義者の書） *Sefer Ḥassidim* 276
『セフェル・ハゾーハル』（光輝の書，ゾーハル）［M. デ・レオン著］ *Sefer ha-Zohar* 278
セプトゥアギンタ（ギリシア語訳聖書，七十人訳聖書） Septuaginta (Greek Bible) 210,212,221,234,236
セム人種 Semites 16,299
「セムの系図」 Genealogy of Sem 16
セレウコス家，セレウコス帝国 Seleucids 171-173,175,176,178,180,190,194,195,231
選民 Chosen People 7,92,166,199,252,254-256,267,317
総主教→ナスィ（総主教）
総主教職 Patriarchate 225,229
「創世記」 Genesis 18,58,234,273
創造紀元 Creation Era 246,247
族長の神 God of Fathers 22
「族長物語」 Patriarchal Story 18-24,58
ソーフェール，ソフェリーム（書記，律法学者） Sopher, Sopherim 158,160,240
ソロモン王国 Kingdom of Solomon 70,71
ソロモン時代 Solomonic Period 54,64
ソロモン神殿→エルサレム神殿（第一神殿）

■タ行

第一次世界大戦 First World War 303,307,308,310
第一次バビロン捕囚→バビロン捕囚（第一次）
第一神殿→エルサレム神殿（第一神殿）
対抗宗教改革（反宗教改革） Gegenreformation 281
大祭司 High Priest 154,159,171-174,176,179-183,186,190,192-195,205,207,216,231,280
第三イザヤ→「イザヤ書」56〜66章
大シナゴグ Knesset ha-gedorah 238,240
第二イザヤ→「イザヤ書」40〜55章
第二次世界大戦 Second World War 289
第二次バビロン捕囚→バビロン捕囚（第二次）
第二神殿→エルサレム神殿（第二神殿）
第二神殿時代 Second Temple Period 168,220,227,231,232,246,259,273,295,309
「第二ゼカリヤ」 Second Zechariah 168
第二反乱（バル・コフバの乱） Second Revolt (Revolt of Barkokhba) 216,221,223,224,227,232,240
大反乱 Great Revolt 188,190,193,198,204,207,213-218,220,221,223,229
第四次中東戦争→贖罪日戦争
「第四エズラ書」 Fourth Ezra 203
第四ラテラノ公会議 Fourth Lateran Council 269
「戦いの書」 War Scroll 205,207
タッカノート（法規改正） Takkanot 175,219,220,227,239,262
タナハ（聖書，ミクラ） Tanakh 8
「ダニエル書」 Book of Daniel 199,203,236
種入れぬパンの祭 Feast of Unleavened Bread 41,89,90
ダビデ＝エルサレム神学 Davidic-Jerusalemite Theology 50
「ダビデ王位継承物語」 Succession Narrative of David 61,62,64
ダビデ王朝 Dynasty of David 51,52,56,57,59,64,67,79,87
ダビデ家 House of David 29,50,53,54,56,57,60,66,67,69,70,72,74,77,79,80,83,84,107,114,154,162,219,231
ダビデ契約 Davidic Covenant 63,64,66,67,69,72,79,80,107
ダビデ家の選びとシオン（エルサレム）の選び Election of David's House and Zion (Jerusalem) 64,67
「ダビデ出世物語」 History of Rise of

David　60-62,64
「ダビデの感謝」 Prayer of David　64
ダビデの町　City of David　53,63,67
ダマスコ　Damascus　70,74,76-78,83,84,86,98,99,104,181
「ダマスコ文書」　Damascus Document　205
タリート　Tallith　245
タルソ　Tarsus　209
タルムード(バビロニア・タルムード，パレスチナ〈エルサレム〉・タルムード) Talmud (Babylonia Talmud, Palestine〈Jerusalem〉Talmud)　9,230,233,240-242,258,262,263,265,280,281,302,313
タルムード学(研究)　Talmudic Study　12,262,264,265,293
ダン　Dan　52,72,87,131
短剣党，短剣党員→スィカリ
断言法　Apodictic Law　41
タンナイーム　Tannaim　240,241
知恵文学　Wisdom Literature　162-164,166
恥辱のバッジ　Badge of Shame　269,282
地中海　Mediterranean Sea　33,34,170,208
地の民→アム・ハアレツ
中傷(聖体冒瀆の)　Libel of Host Desecration　268,269
中傷(血の)　Blood Libel　268
長老会議→ゲルースィア
ツァディク(義人)　Ẓadik　292,293
ツィッポリ　Sepphoris　225
追放(ユダヤ人の)　Expulsion　269,270,272,281
ツファト　Safed　279,290
ツファト学派　Safed School　279
ディアスポラ(離散，離散地，離散ユダヤ人) Diaspora　12,161,169,192,202,208,209,212,213,220,221,225,226,230-232,242,258,261,304,307,310,314-316
ディアスポラ民族主義　Diaspora Nationalism　310,311
ティグリス河　Tigris　14
定住境界　Pale of Settlement　302
ティシュベ　Tishbe　80
帝政ロシア(ロシア帝国)　Tsarist Russia　288,293,300-304,315
ティベリアス　Tiberias　188,225,229
テイマ　Teima　136
ティルス　Tyrus　70,71
ティルツァ　Tirzah　73,74
適正食品→コシェル
適正食品規定→カシュルート
テコア　Tekoa　90
テトラルケス(四分領太守)　Tetrarch　187
テフィリン　Tefillin　245
テラペウタイ　Therapeutae　205,207
デンメ派　Demmeh Sect　291
ドイツ，ドイツ語，ドイツ人　Germany, German　261,262,267,270,274,276,280,281,284-286,293,295-297,299,300,302,308,310
ドイツ改革派　German Reformist　297
ドイツ国家主義　German Nationalism　299
ドイツ統一　Unification of Germany　303
ドイツ・プロテスタント教会　German Protestant Church　296
東方のユダヤ人→オストユーデン
トサフィスト(ラシ学派，追加者)　Tosafist　262
「トセフタ」 Tosefta　241
『整えられた食卓』→『シュルハン・アルーフ』
ドナウ河　Danube　267
トーラー(律法，律法集)　Torah　6-8,32,81,108,118,128,130,132,144,146,158-161,163,166,174,175,178,192-197,204,206,208-210,212,213,220,223,226,227,231-234,236-240,242-246,248-250,252,254-256,258,259,262,265,266,278,279,284,286,288,293,295,297
「トーラー」(「モーセ五書」)　Torah (Pentatench)　5,160,209,210,236,239,245,249,278,286
トーラー(律法)学者　Scribes　9,158,160,167,194,196,197,220,221,223,224,227,230,231,233,238,240,278
トーラー(律法)教育　Talmud Torah　286

トーラー(律法)朗読　Torah Reading 245
トラコニティス　Trachonitis　187
取入れの祭　Feast of Ingathering('asiph) 89
トルコ　Turky　273,305,306,308
トレド　Toledo　263,280
ドレフュス事件　Dreyfus Affair　300, 305
トロワ　Troyes　262

■ナ行

ナイル峡谷　Nile Valley　14
嘆きの壁→西の壁
ナスィ(議長)　Nasi　195,197,198,240
ナスィ(総主教)　Nasi　219,220,226, 230-232
「ナタン預言」　Prophecy of Nathan　64, 79
ナチス　Nazis　268,289,298,311,317
ナバテア人　Nabateans　171,181
ナルボンヌ　Narbonne　276
西ガリラヤ　Western Galilee　71
西ゴート王国　Visigoths　270
西の壁(嘆きの壁)　Western Wall(Wailing Wall)　223
西ヨーロッパ系ユダヤ人　West European Jews　306
ニスィビス　Nisibis　231
ニスイン　Nissu'in　250
ニネベ　Nineveh　111,156
ニュールンベルク法　Nuremberg Laws 308
「ネヴィイーム」(「預言者」)　Nevi'im 8,219,234,236,245
ネゲブ　Negev　33,36,85,171
熱心党　Zealots　190,198,204,207,213-219
ネトゥレイ・カルタ(聖都の守護者) Neturei Karta　312
ネハルデア　Nehardea　232
「ネヘミヤ記」　Book of Nehemiah　162
ノアの子らの七つの戒律　Noachian Laws 256
ノブ　Nob　63

■ハ行

バアル礼拝，バアル神殿　Ba'al Worship, Ba'al Temple　80-84
バイエルン　Bayern　299
ハヴダラー　Havdalah　246
ハガダー(アガダー，物語，説話)　Haggadah 32,224,239
「ハガダー」(ペサハの)　Haggadat Pesaḥ 248
ハザール人　Khazars　264
ハシデー・アシュケナズ　Ḥasidei Ashkenaz　274
ハシディズム(敬虔主義)　Ḥasidism 291-293
ハシディーム(敬虔主義者，中世の) Hssidism　276,292,293
ハシディーム(敬虔主義者，マカバイ反乱の)　Ḥasidim　175,176,180,194,205
ハシディーム(ハシディズム信者) Ḥasidim　292,293
バシャン(ゴラン)　Bashan(Golan)　33
ハスカラー(啓蒙主義，ユダヤ啓蒙主義) Haskalah　284-286,288,293,296,305
ハスモン王国　Hasmonean Kingdom 178,180-183
ハスモン家，ハスモン王朝 Hasmoneans　174-176,179,182,183, 186,189,190,192,194-196,199,205,214
ハスモン時代　Hasmonean Period 192,194,203,240
ハスモン反乱　Hasmonean Revolt　175
バーゼル，バーゼル計画　Basel, Basel Plan　306,309
バタネア　Batanaea　187
バッテー・ミドラシュ　Battei Midrash 227
ハ・テフィラー→アミダー
バト・ミツヴァ　Bat Mitzvah　250
パニウム　Panium　173
ハヌカ祭(宮清め祭)　Ḥanukkah　175, 248
「ハバクク書注解」　Habakkuk Commentary 205
ハバド・ハシディズム　Ḥabad Ḥasidism 293
ハビル　Ḫabiru　16

バビロニア　Babylonia　108,110-112,115-117,119,124,128-130,132-136,139,140,144,145,148,154,157,158,160,161,183,196,208,213,225,226,230-233,237,240-242,258-260
バビロニア人　Babylonians　10,117,121,129,133-135,144,145,159
「バビロニア・タルムード」→タルムード
バビロニア帝国　Babylonian Empire　136,138,139,145,167
バビロニア文化　Babylonian Culture　134
バビロン　Babylon　136,138,140,144,146-148,153,155
バビロンの捕囚民　Exiles in Babylon　116,124-130,132-136,144-146,148,157-159,208,237,261
バビロン捕囚(捕囚)　Babylonian Exile　5,42,70,81,86,97,102,106,117,119,127,129-132,136,138,144,145,153,154,157,158,167,193,199,208,230,236,247
バビロン捕囚(第一次)　First Deportation　112,116,124-126,148,157
バビロン捕囚(第二次)　Second Deportation　113
バビロン捕囚時代(捕囚時代)　Exilic Period　10,40,129,158,162,167,200,237,246
ハフタラー　Haftarah　245
ハマテ　Hamath　77
バライタ　Baraita　241
ハラハー(法規)　Halakhah　220,227,239,258,259,265,277,279,280,313,314,316
ハラン　Haran　16,18,22,111,136
パリ・サンヘドリン　Paris Sanhedrin　295,296
バルカン半島　Balkan Peninsula　273,303
バル・コフバの乱→第二反乱
パルティア，パルティア人　Parthia, Parthians　180,182,208,213,231
バルフォア宣言　Balfour Declaration　308
バル・ミツヴァ　Bar Mitzvah　250
パレスチナ(フィリスティア)　Palestine(Philistia)　17,33,34,42,45,46,51,98-100,112,170,171,173,175,178,181-183,188,189,213,221,223-225,229-233,242,246,258,259,261,263,264,273,279,303-309,312
パレスチナ(エルサレム)・タルムード→タルムード
反宗教改革→対抗宗教改革
ハンブルク神殿　Hamburg Temple　297
反ユダヤ主義　Anti-Jewish　263,267,280
東ヨルダン　Trans-Jordan　33,34,39,47,50,51,54,70,77,78,80,84,171,172,181,215,217
東ヨーロッパ系ユダヤ人　East European Jews　306
東ローマ帝国　Eastern Roman Empire　228
ヒクソス　Hyksos　25
ビザンツ・キリスト教会　Byzantine Christian Church　229,230,267
ビザンツ帝国　Byzantine Empire　219,228-230,233,246
ビザンティウム　Byzantium　228
ヒッバト・ツィオン(シオンを愛す)　Ḥibbat Ẓion　304-306
人の子　Son of Man, Bar Enosh　202
ピューリタン革命　Puritan Revolution　283
肥沃な三日月地帯　Fertile Crescent　14,16,33
ヒレル学派，ヒレル家　School of Hillel　196,197,219,220,225
ファリサイ派，ファリサイ人　Pharisees　4,180,181,190,192-196,198,203-205,214-216,218,219,221,232,259
フィラデルフィア→ラバト・ブネ・アンモン
フィリスティア→パレスチナ
フェニキア　Phoenicia　52,78,80,83,100
フェニキア語，フェニキア人　Phoenician, Phoenicians　40,70,71,76,77,80,82,171
プトレマイス(アコ)　Ptolemais(Akko, Acre)　171,176,178,188
プトレマイオス家，プトレマイオス朝　Ptolemaic Dynasty　171,173,178,190
フラウィウス朝　Flavian Dynasty　219,221
プラトン学派　Platonic School　210
フランク派　Frankists　291

ブリット・ミラー→割礼
プリム祭　Purim　248
ブルゴス　Burgos　271
プロイセン　Prussia　296,299
プロヴァンス　Provence　276,277
プロテスタント　Protestant　283
ブント派　Bund　309,310
プンベディタ　Pumbedita　232,241,260
ベエル・シェバ　Beer-sheba　23,52
ベエル・ラハイ・ロイ　Beer-lahai-roi　23
ペスト（黒死病）　Pest (Black Death)　270
ベタル　Betar　223,225
ヘップ・ヘップ（暴動）　Hep! Hep!　299
ヘテ人　Hittites　33
ベテル　Bethel　23,24,72,87,91,131
ベテル神殿　Temple of Bethel　91,109
ベト・ザカリア　Beth-zechariah　175
ベト・シェアリーム　Beth-shearim　225
ベト・シェアン→スキュトポリス
ベト・シェメシュ　Beth-shemesh　84
ベト・ホロン　Beth-horon　216
『ベト・ヨセフ』→『ヨセフの家』
ベニヤミン族，ベニヤミン人　Benjaminites　47,48,56,57,71
ベニヤミン（領）　Benjamin　48,113
ペヌエル　Penuel　73
ヘブライ語，ヘブライ人　Hebrew, Hebrews　14,16-18,23,25-32,36,40,66,134,192,194,209,213,221,233,258,260,261,263,264,276,280,296,297,309
ヘブライ語原典聖書（ヘブライ語正典）　Hebrew Bible (Hebrew Canon)　210,234,236
ヘブライ語正典→ヘブライ語原典聖書
ヘブロン　Hebron　51,53,54
ペリシテ人　Philistines　34,36,39,45-48,50,51,61,63,79,85
ペルシア，ペルシア人　Persia, Persians　116,138,147,150,154,159,160,170,226,248
ペルシア思想　Persian Thoughts　200
ペルシア帝国　Persian Empire　136,138,148,155,158,162,190,208
ベルリン改革派ゲマインデ　Berlin Reformgemeinde　297
ペレア　Peraea　187
ベレーシット神秘主義　Bereshit Mysticism　274
ヘレニスト，ヘレニズム　Hellenist, Hellenism　170-174,182,186,188,189,194,196,209,212,228,232
ヘレニスト系ディアスポラ　Hellenist Diaspora　210,212,213
ヘレニズム時代　Hellenistic Age　233,240
ヘレニズム・ローマ時代　Hellenistic-Roman Period　9,169,198,199,207
ヘロディオン　Herodion　186
ヘロデ家　House of Herod　187-190,196
ヘロデ党→ボエトス派
ホヴェヴェイ・ツィオン（シオンを愛する者）　Ḥovevei Ẓion　304-306
法規→ハラハー
法規改正→タッカノート
ボエトス派（ヘロデ党）　Boethusians (Herodians)　193
ポグロム　Pogroms　302,304,307
捕囚→バビロン捕囚
捕囚時代→バビロン捕囚時代
捕囚民→バビロンの捕囚民
捕囚民の長→レシュ・ガルータ
保守派ユダヤ教　Conservative Judaism　316
ポドリア　Podolia　291
ホーフユーデン（宮廷ユダヤ人）　Hofjuden　285
ポーランド・リトアニア王国　Kingdom of Poland-Lithuania　289
ポリス（ギリシア都市）　Polis　171
ボルシェヴィキ　Bolsheviks　310
ホレブ山→シナイ山

■マ行

マイモニデス論争　Maimonidean Controversy　265
マインツ　Mainz　261,262
前の預言者　Nevi'im Rishonim　234
マカバイ反乱　Maccabean Revolt　172,174-176,178,181,194,199,205,216

マケドニア　Macedonia　170
マサダ　Masada　186,214,218
マスキリーム（啓蒙主義者）　Maskirim　286,288,294,298,302
マドリード　Madrid　278
マナセ族　Manasseh　36,57,68
マハナイム　Mahanaim　50
『迷える者らへの手引き』→『モーレー・ネヴーヒーム』
マラガ　Malaga　263
マラノ→隠れユダヤ教徒
マリ　Mari　78
ミクヴェ　Mikveh　251
ミクラ（聖書，タナハ）　Mikra　8
「ミシュナ」　Mishnah　9,227,230,233,239-241
「ミシュナ・タルムード」　Mishnah-Talmud　8,9,258,259
ミシュナ・タルムード時代　Mishnah-Talmudic Period　147,237,247,273
『ミシュナ注解』［マイモニデス著］　*Commentary to the Mishnah*　266
『ミシュネー・トーラー』（『律法の再説』）［マイモニデス著］　*Mishneh Torah*　265,280
ミツヴァ→戒律
ミツパ　Mizpah　117
ミディアン，ミディアン人　Midianites　26,39,45
ミトナグディーム（反対者）　Mitnagdim　293
ミドラシュ（聖書注解）　Midrash　160,239,262
南王国→南ユダ王国
南ユダ　Southern Judah　50,56,97
南ユダ王国（南王国，ユダ，ユダ王国）　Southern Kingdom of Judah　52,69,72,74,76,77,83,84,86,90,98-100,102,104,105,108-115,119,125,131,136,157,179
ミヌヤン　Minyan　245
宮清め祭→ハヌカ祭
「民数記」　Numbers　234
民族支配者→エトナルケス
六日間戦争（第三次中東戦争）　Six-Day War　311
無限者→エン・ソフ
メシア（油注がれたもの）　Messiah　66,169,202-204,207,208,214,215,217,222,255,265,266,278,279,290,291,296,304,312
メシアニズム，メシア待望　Messianism　66,107,169,192,203,208,222,292,304
メズーザー　Mezuzah　245
メソポタミア　Mesopotamia　14,16,33,70,221
メディア人　Medes　110
メルカヴァー神秘主義　Merkavah Mysticism　274,276
モアブ，モアブ人　Moab, Moabites　34,39,51,77,109,156
黙示思想　Apocalypse　198-200,202-204,206,207
黙示的終末論　Apocalyptic Eschatology　203
黙示文学，黙示書　Apocalyptic Literature　199-203,273
モスクワ大公国　Grand Duchy of Moscow　300
モーセ一神教　Mosaic Monotheism　188
「モーセ五書」→「トーラー」
モーセ宗教　Mosaic Religion　296,310
「モーセの律法」　Law of Moses　160,192,209,236,237
モディイン　Modi'in　174
「物語」→「ハガダー」
モレシェト・ガト　Moresheth-Gath　105
『モーレー・ネヴーヒーム』（『迷える者らへの手引き』）［マイモニデス著］　*Moreh Nevukhim*　265
モロッコ　Morocco　271

■ヤ行

ヤコブの神　God of Jacob　22,25,31,243
ヤハウィスト　Yahwist　60-62,130,133
ヤハウェ一神教　Yahwistic Monotheism　22,24,25,42-44,81,134
ヤハウェ主義革命　Yahwism Revolution　78,83,84
ヤハウェ信仰，ヤハウェ宗教　Yahwism　5,31,36,37,59,80,87,90,93,99,106,108,109,128,130,144,146,156,158,159,161,164,166
ヤハウェの王権　Kingship of Yahweh

47
ヤハウェのしもべ Servant of Yahweh 136,141,143,144
「ヤハウェのしもべの歌」 Songs of Yahweh's Servant 140
ヤハウェの箱(契約の箱) Ark of Yahweh (Ark of Covenant) 46,63,67-69
ヤハウェ礼拝 Worship of Yahweh 31, 81,82,99,150
ヤブネ Jabneh 166,188,198,203, 217-221,232,236,242
ヤブネ時代 Period of Jabneh 227
ヤブネの議会 Sanhedrin of Jabneh 219,220,223,225
ヤベシュ・ギレアド Jabesh-gilead 47
ヤルヘー・カラー Yarḥei kallah 258
唯一神信仰→一神教
ユダ→南ユダ王国
ユダ王国→南ユダ王国
ユダ族 Tribe of Judah 36,41,49,52, 55-57,67,99,162
ユダの荒野 Wilderness of Judah 50, 81
ユダヤ Judaea 148,158,171-176,178, 182,187,189,196,214,216,223,224
ユダヤ教学 Jewish Studies 11,260, 280
ユダヤ教禁止令 Decrees of Prohibition of Judaism 174-176,194
ユダヤ教のためのアメリカ協議会 American Council for Judaism 311
ユダヤ啓蒙主義→ハスカラー
ユダヤ思想 Jewish Thoughts 210, 212,260,273
『ユダヤ人国家』[T. ヘルツル著] *Judenstaat* 305
「ユダヤ人と彼らの虚偽について」[M.ルター著] Von den Juden und ihren Lügen 281
『ユダヤ人のフランス』[E. -A.ドリュモン著] *La France juive* 300
ユダヤ神秘主義 Jewish Mysticism 203,273,274
ユダヤ人問題 Jewish Problem 281, 298,301,305,309
ユダヤ哲学 Jewish Philosophy 263
ユダヤ文化 Jewish Culture 260,280, 282,285,306
ユダヤ民族神政共同体→エルサレム神政共同体
ユダヤ暦 Jewish Calendar 5,206,219, 246,247
ユーフラテス河 Euphrates 14,16,51, 158,232
「ヨエル書」 Book of Joel 168
預言者 Prophets 46,63,78-82,91,102, 106,113-116,121,124,127,136,150,154, 156,164,167,199-201,206,238,264,290
「預言者」→「ネヴィイーム」
「ヨシュア記」 Book of Joshua 37,131, 235
ヨセフ族 Tribe of Joseph 36,68
『ヨセフの家』[J. カロ著] *Beit Yoseph* 280
予定論 Doctrine of Predestination 200
「ヨナ書」 Book of Jonah 156
「ヨブ記」 Book of Job 164-166,235,251
「ヨベル書」 Book of Jubilee 203
ヨベル年 Year of Jubilee 129
ヨルダン河 Jordan 34,172
ヨルダン地溝 Rift Valley of Jordan 33
ヨーロッパ人 Europeans 263,282, 286,288,295,298,300,306
ヨーロッパ文化 European Culture 286,305,306

■ラ・ワ行

ライン河 Rhine 261
ライン盆地 Rhine Valley 267
ラシ学派 Rashi School 262
ラテン語 Latin 210,233,258,263
ラトヴィア Latvia 310
ラバト・ブネ・アンモン(フィラデルフィア) Rabbath-bene-Ammon (Philadelphia) 171
ラビ Rabbi 166,220,225,227,232,237, 246,249,250,252-255,259,281,288,290
ラビ伝承 Rabbinic Traditions 195, 238,240
ラビのユダヤ教 Rabbinic Judaism 161,203,213,221,230,233,237,242,250, 253-256,259,316
ラビ派 Rabbanites 258,259

ラモト・ギレアド　Ramoth-gilead　78,82
リガ　Riga　310
リクード党　Likud Party　314
離散→ディアスポラ
離散地→ディアスポラ
離散ユダヤ人→ディアスポラ
立禱→アミダー
律法，律法集→トーラー
律法学者→トーラー（律法）学者
律法の歓喜祭→スィムハット・トーラー
『律法の再説』→『ミシュネー・トーラー』
律法朗読→トーラー（律法）朗読
ルーアン　Rouen　267
「ルツ記」　Book of Ruth　156,235
ルネサンス　Renaissance　280
レイシズム（人種差別論）　Racism　299
レヴィレイト法　Levirate Marriage　180
「歴代誌」　Books of Chronicles　162,163,236
レコンキスタ（再征服）　Reconquista　271,272
レシュ・ガルータ（捕囚民の長）　Resh Galuta（Exilarch）　231,258,259,261
レスポンサ（回答状）　Responsa　258
「列王記」　Books of Kings　131,235
レバノン山脈　Lebanon Range　33
「レビ記」　Leviticus　234
レビ人，レビ族　Levites, Tribe of Levi　54,157,160,162,163,202
労働党（イスラエル）　Ereẓ Yisrael Worker's Party（Mapai）　314
ロゴス論　Doctrine of Logos　212
ロシア帝国→帝政ロシア
六一三の戒律→戒律
ローマ，ローマ人　Rome, Romans　181-183,187-189,193,196,198,204,208,210,214-219,224-226,229,269
ローマ（共和政）　Republican Rome　173,174,176,178,181
ローマ・カトリック教会　Roman Catholic Church　267,270,281
ローマ皇帝　Roman Emperor　187-189,214,216,217,219,224,226
ローマ時代　Roman Period　240,270
ローマ帝国　Roman Empire　186,189,190,202,209,212,213,216,217,221,222,226,228,267
『ローマとエルサレム』［M. ヘス著］　*Rom und Jerusalem*　304
「わたしは告発する」［E. ゾラ著］　J'accuse　300

年　表

C：世紀

年　代	事　項
前3000頃	シュメール人，文字を発明
前2700頃～前23C	エジプト古王国
前2400頃～前2250頃	北シリアのエブラ王国
前2334 ～前2279	アッカド王サルゴンの治世
前2134頃～前1786	エジプト中王国
前2112 ～前2004	ウル第３王朝
前19C頃～前18C頃	族長時代。ヘブライ人アブラハムのカナン移住。「アブラハム契約」
前1792 ～前1750	バビロン王ハムラビの治世
前1786頃～前1575頃	ヒクソクのエジプト支配
前17C頃	ヤコブ(イスラエル)一家のエジプト移住
前1575 ～前1308頃	エジプト第18王朝(新王国)
前1490 ～前1436	エジプト王トゥトモスィス３世，カナンを征服
前14C	アマルナ時代。「アマルナ書簡」
前14C ～前13C	「ウガリット文書」
前1308 ～前1194頃	エジプト第19王朝(帝国)
前1290 ～前1224	エジプト王ラメセス２世の治世
前1250頃	モーセが率いるヘブライ人，エジプトを脱出。過越祭の始まり。「シナイ契約」，モーセ一神教の成立
前1224頃～前1214	エジプト王メルネプタの治世。メルネプタが征服したカナンの住民の中の「イスラエル」は聖書外資料初出例
前13C末～前12C	ヨシュアが率いるイスラエル諸部族，カナンに侵入して定着
前12C頃	「契約の書」
前1150頃～前11C	士師時代。デボラ(前12世紀)，ギデオン(前12世紀)など士師たちの活躍
前1030頃	祭司エリが率いるシロ同盟，ペリシテ人に敗北
前1020頃	預言者の士師サムエル，サウルを最初のイスラエル王に任命
前1004頃	サウル，ペリシテ人と戦い敗死。ダビデ，ヘブロンでユダ王国を建国
前997頃	ダビデ，イスラエル王となり，ヘブロンからエルサレムに遷都
前10C前半	ダビデ王，東ヨルダンとシリアを征服して大帝国を建設。第３皇子アブサロムとベニヤミン人シェバ，反乱を起こすが鎮圧される。「ダビデ契約」「ヤハウィスト」「ダビデ出世物語」

前967頃	ソロモン即位。「ダビデ王位継承物語」
前964頃	ソロモン，エルサレム(第一)神殿の建設を開始，前958頃完成
前928頃	ソロモン没。その後，統一王国分裂。ダビデ家はエルサレムを王都とする南ユダ王国を支配，北イスラエル諸部族はヤロブアムを王として独立し，北イスラエル王国を建国。ヤロブアムは，ベテルとダンに北王国の聖所を定める。前924頃，エジプト王シシャクに侵略され，ユダ王アビヤムにも大敗
前906頃〜前883頃	バシャ，北王国の王位を簒奪，ユダ王アサと戦うが，アサと同盟したアラム・ダマスコ王ベン・ハダドに背後をつかれて敗北
前882頃	ジムリ，北王国の王位を簒奪，七日天下に終わる
前882頃〜前878頃	オムリとティブニ，北王国の王位を争う
前878頃〜前871頃	オムリ，サマリアに王都を築き，フェニキアのシドン王国と同盟，北王国最初の安定した王朝を創始
前873頃〜前852	オムリの子アハブ，ダビデ家と友好条約を締結，南北両王国間の戦争状態を終結。アハブが娶ったシドン王の娘イゼベル，フェニキア人のバアル礼拝を導入してヤハウェ信仰を弾圧，これに反発して，エリヤとエリシャに率いられた預言者運動が起こる
前853	アハブ，アラム・ダマスコ，ハマテの王たちと同盟を結び，侵攻してきたアッシリア王シャルマナサル３世と北シリアのカルカルで戦い，アッシリア軍を撃退
前842頃	ヤハウェ主義革命によりイエフ，北王国の王位を簒奪。オムリ家出身のアタルヤ，南王国の王位を簒奪し，エルサレムにバアルの神殿を建立
前836頃	大祭司ヨヤダに率いられた近衛兵と「地の民」，アタルヤを倒してヨアシュを王位につけてダビデ家を再興
前800頃	北王国のヨアハズ，アラム・ダマスコ王ハザエルの侵略を受ける
前789頃〜前733頃	北王国のヤロブアム２世(在位前789頃〜前748頃)と南王国のアザルヤ(ウジヤ，在位前785頃〜前733頃)の下に，両王国はダビデ・ソロモン時代以来の繁栄を取り戻す
前750頃	最初の記述預言者アモスが活動
前748頃〜前722	北王国，無政府状態に陥る。預言者ホセアが活動
前735頃	アラム・ダマスコ王レツィンと北王国の王ペカ，同盟してエルサレムを攻めたが勝てず，南王国の王アハズ，アッシリア王ティグラト・ピレセル３世に助けを求め，アッシリアの属王となる。この頃，預言者イザヤ活動を始める

前722	アッシリア王シャルマナサル5世，サマリアを征服，北イスラエル王国滅亡
前720	北イスラエル，アッシリアの植民県となる。北方諸部族は捕囚され，諸国の人々がサマリアに植民
前705	アッシリア王サルゴン戦死。ユダ王ヒゼキヤ，「申命法」に基づく宗教改革を断行
前701	アッシリア王センナケリブ，ユダ王国に侵攻したがエルサレムを攻略できずに撤退。この頃，預言者イザヤが活動を続け，預言者ミカも活動
前698頃	ユダ王マナセ，アッシリアの属王となり，異教祭儀をエルサレム神殿に導入(～前642頃)
前627	アッシリア王アッシュルバニパル没，アッシリア帝国の支配終わる。この頃，預言者エレミヤ活動を始める
前621頃	ユダ王ヨシヤ，申命記改革を始め，北イスラエルを併合
前612	ニネベ陥落，アッシリアの滅亡，新バビロニアの興隆
前609	ユダ王ヨシヤ，メギドで戦死。ユダ王国，エジプトの属国となる
前597	バビロン王ネブカドネツァル，エルサレムを攻囲，降伏したユダ王ヨヤキンと指導者階級を捕囚(第一次バビロン捕囚)
前586	ネブカドネツァル，エルサレムを占領，ソロモンが建立した第一神殿を破壊。ユダ王国滅亡(第二次バビロン捕囚)
前586～前538	バビロン捕囚時代。預言者エレミヤの「新しい契約」「哀歌」。バビロニアにおいて預言者エゼキエルの活動，「神聖法典」「申命記派歴史書(「申命記」～「列王記」)」「祭司典」。末期に預言者第二イザヤが活動
前539	ペルシア王キュロス，バビロンに無血入城。新バビロニア滅亡
前538	キュロス，勅令を公布して捕囚民を解放，ユダの捕囚民にエルサレム帰還と神殿再建を命じる。捕囚民のエルサレム帰還始まる。預言者第三イザヤが活動
前520～前515	ユダヤ州知事ゼルバベルを助けて，預言者ハガイとゼカリヤが活動
前515	エルサレム第二神殿再建
前5C前半	「ヨナ書」「ルツ記」「マラキ書」
前458頃	律法学者エズラ，バビロニアからエルサレムに派遣される
前445頃	ネヘミヤ，ユダヤ州知事に着任，エルサレムの城壁修復と社会改革を行う
前430頃	エズラ，エルサレムで「モーセの律法」を朗読。シナイ契約の更新によりエルサレム神政共同体を確立し，異邦人をエルサレムから追放。サマリア人，ゲリジム山にサマリア教団を創立
前400頃	「律法」(トーラー)の結集

前4C	「歴代誌」「エズラ記」「ネヘミヤ記」「箴言」「ヨブ記」「コヘレトの言葉」
前4C ～前3C	「ヨエル書」「第二ゼカリヤ」
前332	アレクサンドロス，パレスチナを征服。ヘレニズム時代始まる
前330	ペルシア帝国滅亡
前3C	プトレマイオス家のパレスチナ支配。「預言者」(ネヴィイーム)の結集
前280頃	「律法」(トーラー)のギリシア語訳(七十人訳聖書)，アレクサンドリアで完成
前240頃	トビヤ家のヨセフが活動
前200	アンティオコス3世，プトレマイオス軍をパニウムで敗り，セレウコス家のパレスチナ支配始まる
前2C頃	サドカイ派の結成
前190	セレウコス家，共和政ローマに敗れ，支配民に対する収奪支配を始める
前175	アンティオコス4世エピファネス，オニアス3世に代えてヤソンをエルサレム神殿大祭司に任命。エルサレムのヘレニズム化を推進させる
前171	アンティオコス4世，ヤソンに代えてメネラオスを大祭司に任命
前168	アンティオコス4世，ローマの介入を受けてエジプト遠征に失敗，帰途エルサレムを再征服しアクラ要塞を建設
前167	アンティオコス4世，ユダヤ教禁止令を公布。ハスモン家のマタティア，ハシディーム(敬虔主義者)を集めて反乱開始
前166	マカバイのユダ，反乱指導者になる。「ダニエル書」
前166 ～前140頃	「ダニエル書」7～12章
前164	マカバイのユダ，エルサレムを奪回，神殿の宮清めを行う。宮清め祭(ハヌカ祭)の始まり
前161	マカバイのユダ，ニカノールが指揮するセレウコス軍を敗り，エルサレムを再び奪回，共和政ローマと同盟
前160	マカバイのユダ戦死。ハスモン家のヨナタンがマカバイ反乱の指導者になる
前157	ヨナタン，エルサレムに進軍
前152	ヨナタン，大祭司になる
前142	ヨナタン，暗殺され，ハスモン家のシメオンが反乱指導者を継承
前141	シメオン，アクラ要塞を占領
前140	シメオン，大集会により大祭司・民族支配者・ユダヤ軍最高司令官に任命され，ハスモン朝成立

前135	シメオン，暗殺され，ヨハネ・ヒルカノス1世が支配権を継承
前129	ヨハネ・ヒルカノス，征服戦争を始める。戦争に反対する敬虔主義者がファリサイ派を結成
前125頃	クムラン宗団(エッセネ派)結成。「第一マカバイ記」
前2C末～前1C	「エノク書」「エズラ記」「ヨベル書」「十二族長の遺訓」「宗規要覧」「戦いの書」「感謝の詩篇」「ハバクク書注解」「外典創世記」「ダマスコ文書」「神殿の書」
前103～前76	アレクサンドロス・ヤンナイの治世。ハスモン朝の版図最大となる。ファリサイ派が反乱を起こして王権と対立
前76～前67	サロメ・アレクサンドラの治世。ファリサイ派の賢者，シメオン・ベン・シェタハが活動
前67～前63	ヒルカノス2世とアリストブロス2世の王位継承争い
前63	ポンペイウス，エルサレムを占領。ローマのパレスチナ支配始まる
前48	カイサル，ポンペイウスを敗り，ファサエルをエルサレム知事，ヘロデをガリラヤ知事に任命
前44	カイサル，暗殺される
前40	アンティゴノス・マタティア，パルティア人の助けを受けてハスモン家を再興。ローマに逃亡したヘロデ，ローマ人からユダヤ王の称号を与えられる
前37	ヘロデ，ローマ軍の助けを受けてエルサレムを奪回，ヘロデの王国を確立
前22	ヘロデ，カイサリアの建設を始める
前20	ヘロデ，エルサレム神殿の大改修工事を始める
前20頃	アレクサンドリアのフィロン生まれる(～後50)
前10頃	老ヒレル，議会(サンヘドリン)の議長(ナスィ)に選出され，約20年間務める。ヒレル家とヒレル学派の始まり。同時にシャンマイが活動，シャンマイ学派の始まり
前4	ヘロデの死。ヘロデの王国をアルケラオス，アンティパス，フィリポスが三分して相続
6	アルケラオス，追放され，ユダヤはローマの属州となる。ローマの人口調査に反発したガリラヤのユダとファリサイ派のツァドク，抵抗運動を起こす。熱心党の始まり
30頃	ナザレのイエス，ピラトにより十字架刑にされ，イエスの弟子たちが原始キリスト教会を結成。この頃，ヒレルの孫，ラバン・ガマリエル，議会議長となって活躍
33頃	使徒パウロの回心
37～44	アグリッパ1世の支配
39	ヘロデ・アンティパス，追放される

40	ローマ皇帝カリグラ，エルサレム神殿に皇帝像建設を命じるが，騒乱になる前に命令を撤回
44～66	ユダヤ，再びローマの直接支配下に置かれる
66	熱心党，エルサレムを制圧し，大反乱始まる
67～68	ウェスパスィアヌス，ガリラヤと東ヨルダンを制圧
69	ウェスパスィアヌス，ローマ皇帝になる
70	ティトゥス，エルサレムを占領し第二神殿を破壊。ヨハナン・ベン・ザッカイ，ヤブネにおいてユダヤ人共同体を再建
73	反乱軍最後の拠点マサダ陥落
80頃	「シリア語バルク書」「第四エズラ書」
90頃	ヤブネにおいて正典聖書「律法」「預言者」「諸書」が結集される。「シュモネ・エスレー（十八の祝禱）」「ハガダー(ペサハの)」(過越祭物語)
115～117	ユダヤ人の反乱，エジプトからローマ帝国東部全域に波及し，皇帝トラヤヌスは東方遠征を断念
132	バル・コフバ，エルサレムとユダヤを解放(第二反乱)
135	ローマ，第二反乱を鎮圧，エルサレムをローマ都市アエリア・カピトリーナとし，ユダヤ人の立ち入りを禁止。大迫害が始まり，ヤブネの議会は解散され，ラビ・アキヴァなど多数の律法学者が殉教。「十人の殉教者」
138	ローマ皇帝ハドリアヌス没。迫害終わる
140頃	ガリラヤのウシャに議会設立
170頃	議会，ベトシェアリームに移動
193	セウェルス，ローマ皇帝となり，ローマ帝国とユダヤ人の関係好転
200頃	議会，ツィッポリに移動。ユダ・ハナスィ，「ミシュナ」を編纂
219	ユダ・ハナスィのもとで律法を学んだラヴ，バビロニアへ帰り，スーラに教学院(イェシヴァ)を建設。この頃，ネハルデアにも教学院が開設される
235	議会，ティベリアスに移動
259	ネハルデアの教学院，プンベディタに移動
3C頃	カバラー神秘主義の底本『創造の書』(セフェル・イェツィーラー)『(神の)身の丈』(シウール・コーマー)
303	ローマ皇帝ディオクレティアヌス，キリスト教徒を大迫害
306～337	ローマ皇帝コンスタンティヌスの治世。ビザンツ帝国，キリスト教を帝国の国教とし，ユダヤ教を「邪悪な宗派」(セクタ・ネファリア)と定める
361～363	ユリアヌスの治世。寛容令
4C末頃	「パレスチナ(エルサレム)・タルムード」編纂
425	総主教職廃止。パレスチナにおけるユダヤ人共同体の組織壊滅

5C末頃	「バビロニア・タルムード」編纂
500頃～540頃	サヴォライーム時代
6C末	ゲオニーム時代始まる
613	イベリア半島の西ゴート王国で反ユダヤ法制定
622	ムハンマドのヘジラ(イスラム紀元元年)
624～628	ムハンマド，アラビアのユダヤ人諸部族を絶滅
638	イスラム教徒アラブ人，エルサレムを占領
694～711	西ゴート王国においてユダヤ教が禁止される
711	イスラム教徒アラブ人，イベリア半島を征服
740頃	ハザール人，ユダヤ教に改宗
760頃～767	アナン・ベン・ダヴィド，カライ派運動
10C	カライ派全盛時代
935頃	サアディア・ベン・ヨセフ[ガオン]，『信仰と意見』を著作
970頃	スペインのヒスダイ(ハスダイ)・イブン・シャプルート没
11C～14C	キリスト教徒のイベリア半島再征服(レコンキスタ)
1028	アシュケナズ系の学者，ゲルショム・ベン・イェフダ没
1055	スペインのシュムエル・ハナギード没
1057頃	『生命の源泉』の著者，シュロモー・イブン・ガビロール没
1096～99	第1回十字軍，ライン地方のユダヤ人を虐殺，エルサレムを占領，ラテン王国建設
1105	中世最大の聖書とタルムードの注解者，ラシ没
1135頃	詩人モシェ・イブン・エズラ没
1141	イェフダ・ハレヴィ，『クザーリの書』を著作，パレスチナ巡礼に発つが，途上エジプトで没
1144	イギリス東部ノリッチで最初の血の中傷事件起こる
1150頃	アルモハーデ(アラー一体性論者)，スペインの異教徒を迫害。ユダヤ人，キリスト教徒側に逃げる
12C	アシュケナズ系敬虔主義者の活動。『敬虔主義者の書』
12C後半	マイモニデス，『ミシュナ注解』(1158～68年)，『律法の再説』(1170～80年)，『迷える者らへの手引き』(1190年)を著作
1180	マイモニデス論争始まる
12C～14C	トサフィスト(ラシ学派)の活動
13C	スペインのキリスト教徒，ユダヤ人迫害を始める。強制改宗に屈したユダヤ人はマラノ(隠れユダヤ教徒)になる
1215	第四ラテラノ公会議，恥辱のバッジなど反ユダヤ法を制定
1235	プロヴァンスの神秘主義者，盲人イツハク没
1270	法規学者ナフマニデス没
1286頃	モシェ・ベン・シェム・トーヴ・デ・レオン，『ゾーハル』(光輝の書)を著作

1290	イギリス王エドワード1世，ユダヤ人を追放
1340頃	ヤコブ・ベン・アシェル，『アルバア・トゥーリーム』を著作
1348～50	ユダヤ人，大流行したペスト(黒死病)の犯人とみなされ，処刑，虐殺される
1391	反ユダヤ人暴動，セビリアで起こる。マラノを含む多数のユダヤ人が虐殺される
1394	フランス王，ユダヤ人を最終的に追放
15C	アシュケナズ系ユダヤ人，迫害を避けて東ヨーロッパへ大移動
1481	スペインに異端審問の宗教裁判所開設される
1492	ユダヤ人，スペインから追放される
1497	ユダヤ人，ポルトガルから追放される。スファラド系ユダヤ人，北アフリカ，イタリア，バルカン半島，トルコ，パレスチナへ離散
1510～20	人文学者ヨハンネス・ロイヒリン，反ユダヤ主義者と論争
1516	オスマン・トルコ，パレスチナ支配を始める
1517	マルティン・ルター，宗教改革を始める
1523	ルター，『イエス・キリストは生まれはユダヤ人であった』を著作
1530頃	ツファトのカバラー神秘主義研究始まる
1543	ルター，「ユダヤ人と彼らの虚偽について」を著作
1555	ヨセフ・カロ，『ヨセフの家』を著作。ローマ教皇パウルス4世，ゲットーを制定
1565	ヨセフ・カロ，『整えられた食卓』を著作
1572	ツファトのイツハク・ルリア(ハアリ)没
1590頃	ポルトガルのマラノ，アムステルダムに移住開始
1618～48	三十年戦争
1648～49	コサックの反乱
1650頃～60頃	無政府状態のポーランドで，ユダヤ人10万人虐殺される
1656	バルフ・スピノザ，アムステルダムのユダヤ人コミュニティーから破門される。ユダヤ人，イギリス入国が許可される
1657	オランダのユダヤ人に市民権が与えられる
1665～66	シャブタイ・ツヴィのメシア運動
17C後半～18C前半	宮廷ユダヤ人(ホーフユーデン)の活躍
1735頃	バアル・シェム・トーヴ(ベシュト)，ハシディーム(ハシディズム信者)を集め始める
1755	ハスカラー(ユダヤ啓蒙主義)の父，モーゼス・メンデルスゾーンの著作活動始まる

1700以降	ハシディームとミトナグディーム(反対者)の闘争激化
1772	ベシュトの後継者，ドヴ・バエル没。
1772～95	3回のポーランド分割により，ユダヤ人の大コミュニティーが帝政ロシアの支配下に入る
1776	アメリカ合衆国独立宣言
1789	フランス革命
1791	ロシア政府，ユダヤ人の「定住境界」を設定
1797	ミトナグディームの指導者，エリヤ・ベン・シュロモー・ザルマン(ヴィルナのガオン)没
1806	ユダヤ人有力者，パリに集まり，国家の法律を律法(トーラー)に優先させることを決議
1807	パリ・サンヘドリン，1806年の決定を承認
1812	プロイセンのユダヤ人，解放される。ダヴィド・フリートレンダー，シナゴグの礼拝でドイツ語の使用を提案。改革派ユダヤ教の始まり
1814～15	ウィーン会議
1816	改革派ユダヤ教徒，ハンブルク神殿を建設
1819	バイエルンで反ユダヤ暴動「ヘップ・ヘップ」起こる
1827	ロシア政府，ユダヤ人に12歳から25年間の徴兵令を制定
1830	七月革命
1835	ドイツ系ユダヤ人のアメリカ移住始まる
1846	フランスのユダヤ人解放完了
1848	二月革命，三月革命
1858	イギリスのユダヤ人解放完了
1859	ロシア政府，「有益」なユダヤ人のみ「定住境界」の外に住むことを許可。ロシアにおけるユダヤ人解放の始まり
1861	イタリア統一
1862	モーゼス・ヘス，『ローマとエルサレム』を著作
1870	イタリアのユダヤ人解放完了
1871	ドイツ統一。ドイツのユダヤ人解放完了
1874	スイスのユダヤ人解放完了
1875	ヴィルヘルム・マル，新語「アンティ・セミティズム」を造る
1878	政治的アンティ・セミティズム始まる
1881	ロシア皇帝アレクサンドル2世，暗殺される。南ロシアでポグロム(ユダヤ人襲撃)始まる(～84)。ロシアのユダヤ人，アメリカ移住を始める。ヒッバト・ツィオン(シオンを愛す)運動始まる
1882	レオン・ピンスケル，『自力解放』を著作。第一波アリヤ(パレスチナ移民)始まる(～80年代末)
1886	エドゥアール＝アドルフ・ドリュモン，『ユダヤ人のフランス』を著作

1889	アハド・ハアム，「これは道ではない」を著作
1894～99	ドレフュス事件
1896	テオドール・ヘルツル，『ユダヤ人国家』を著作
1897	ヘルツル，バーゼルで第1回世界シオニスト会議を開き，世界シオニスト機構を創設。東ヨーロッパでブント結成される
1898	ホーストン・スチュワート・チェンバレン，『十九世紀の基礎』を著作
1903	ロシアのキシネフでポグロム起こる
1904～05	日露戦争。第二波アリヤ(パレスチナ移民)始まる
1914～18	第一次世界大戦
1917	バルフォア宣言。ロシア革命
1919～20	パリ平和会議
1920	パレスチナのイギリス委任統治始まる
1933	アドルフ・ヒトラー，ドイツ総統に就任
1935	ニュールンベルク法制定。ドイツのユダヤ人，市民権を剝奪される
1939～45	第二次世界大戦
1941～45	ナチス・ドイツ，ユダヤ人600万人を殺戮
1947	国連総会，パレスチナ分割案を採択
1948	イスラエル国独立
1948～49	第一次中東戦争(解放戦争)
1950	イスラエル政府，帰還法を制定
1956	第二次中東戦争(シナイ作戦)
1961	アイヒマン裁判
1967	第三次中東戦争(六日間戦争)
1973	第四次中東戦争(贖罪日戦争)
1978	キャンプ・デイヴィド合意。カーター米大統領の仲介により，イスラエル首相ベギンとエジプト大統領サダト，両国の関係正常化に着手
1979	イスラエルとエジプト，平和条約を締結
1981	サダト大統領，イスラム原理主義者に暗殺される
1982	レバノン作戦。イスラエル軍，レバノンに侵攻
1987	占領地のパレスチナ人，反イスラエル闘争(第一次インティファーダ)を始める
1989	ソ連からの大量移民始まる
1991	湾岸戦争。イスラエル，イラクのミサイル攻撃を受ける。マドリード和平会議。ソ連崩壊し，東西冷戦終結
1994	ユダヤ教とローマ・カトリック教会の歴史的和解。イスラエルとヨルダン，平和条約を締結

1995	イスラエル首相ラビン，極右ユダヤ教徒に暗殺される
2000	第二次インティファーダ始まる。自爆テロ頻発
2001	アメリカで同時多発テロ
2002	イスラエル，パレスチナ自治区国境沿いに分離壁の建設を始める
2003	米英連合軍，イラクに侵攻。フセイン政権崩壊，イラクの治安悪化
2004	パレスチナ暫定自治政府議長ヤセル・アラファト没
2005	PLOのアッバス，パレスチナ暫定自治政府議長に選出される。イスラエル，ガザ地区と西岸の一部地域の入植地から撤退。イラン大統領アハマディネジャド，「イスラエルを抹殺せよ」と発言
2006	パレスチナ自治評議会議員選挙で，イスラエルの存在を否定するイスラム教徒過激派集団ハマースが圧勝。イスラエル軍，レバノン国境でイスラム教徒非正規軍団ヒズボラと戦闘。イスラエル軍，レバノン南部に侵攻。ヒズボラ，ハイファをミサイル攻撃
2007	ハマースがガザ地区を制圧
2008	イスラエル軍，ガザ地区に侵攻

参考文献

1980年に，本書の初版が出版されて以来30数年間に，ユダヤ学とその関連分野である，聖書学，キリスト教学，古代オリエント学などに関する邦語文献は飛躍的に増加した。それに加えて，30数年前には予想できなかった，ウェブ検索という新しい方法によって容易に関係文献を探すことができるようになった。

従って，ユダヤ教史に関する網羅的文献を作成することは避けて，更に研究を進めたい読者には，この分野でもよく整っているウェブ検索をお勧めする。ここでは，基本的・代表的な書籍の一部を紹介するにとどめる。

なお，ユダヤ教関係の最新の詳細な文献は，市川裕『ユダヤ教の歴史』(宗教の世界史 7 付録〈参考文献〉山川出版社　2009)に収録されている。

〔史料〕

口語訳『聖書』日本聖書協会　1954～55
関根正雄訳『創世記』『出エジプト記』『サムエル記』『イザヤ書 上下』『エレミヤ書』『エゼキエル書』『十二小預言書 上下』『詩篇』『ヨブ記』岩波書店　1956～73
新改訳『聖書』日本聖書刊行会　1963
日本聖書学研究所編『死海文書――テキストの翻訳と解説』山本書店　1963
日本聖書学研究所編『聖書外典偽典』1～7巻，別巻1～2　教文館　1975～82
蛭沼寿雄・秀村欣二編『原典新約時代史――ギリシヤ，ローマ，ユダヤ，エジプトの史料による』山本書店　1976
新共同訳『聖書――旧約聖書続編つき』日本聖書協会　1987
石田友雄，市川裕総括編集『バビロニア・タルムード』三貴　1993～
新約聖書翻訳委員会訳『新約聖書』Ⅰ～Ⅴ　岩波書店　1995～96
旧約聖書翻訳委員会訳『旧約聖書』Ⅰ～ⅩⅤ　岩波書店　1997～2004
秦剛平訳『七十人訳ギリシア語聖書』Ⅰ創世記，Ⅱ出エジプト記，Ⅲレビ記，Ⅳ民数記，Ⅴ申命記　河出書房新社　2002～2003
石川耕一郎・三好迪訳『ゼライーム』ミシュナⅠ(ユダヤ古典叢書)教文館

2003
中沢洽樹訳『旧約聖書』「創世記」「出エジプト記」「イザヤ書」「伝道の書」中央公論新社　2004
長窪専三・石川耕一郎訳『モエード』ミシュナⅡ(ユダヤ古典叢書)教文館　2005
F・ヨセフス，新見宏・秦剛平訳『ユダヤ戦記』1～3　山本書店　1975～82
F・ヨセフス，秦剛平訳『アピオーンへの反論』山本書店　1977
F・ヨセフス，秦剛平訳『自伝』山本書店　1978
F・ヨセフス，秦剛平訳『ユダヤ古代誌』旧約時代篇1～6，新約時代篇1～5　山本書店　1979～84
H. Danby, *The Mishnah*, Oxford, 1933.
I. Epstein, ed., *The Babylonian Talmud*, vols. 1–35, London, 1935～52.
C.G. Montefiore & H. Loewe, ed., *A Rabbinic Anthology*, New York, 1974.

〔事典・通史・概説〕

旧約・新約聖書大事典編集委員会編(日本語版編集代表 荒井献，石田友雄)『旧約・新約聖書大事典』教文館　1989
新カトリック大事典編纂委員会編(代表 高柳俊一)『新カトリック大事典』Ⅰ～Ⅳ，総索引　研究社　1996～2009
石田友雄『ユダヤ人と中東問題』六興出版　1978
市川裕『ユダヤ教の歴史』「宗教の世界史7」山川出版社　2009
宮沢正典『ユダヤ人論考――日本における論議の追跡』新泉社　1973
宮沢正典編『日本におけるユダヤ・イスラエル論議文献目録　1877～1988』新泉社　1990
宮澤正典編『日本におけるユダヤ・イスラエル論議文献目録　1989～2004』昭和堂　2005
M・ギルバート，白須英子訳『エルサレムの20世紀』草思社　1998
T・コレック，M・パールマン，石田友雄訳『聖都エルサレム』学習研究社　1979
P・ジョンソン，石田友雄監修，阿川尚之・池田潤・山田恵子訳『ユダヤ人の歴史』上・下　徳間書店　1999。〈徳間文庫〉古代・中世篇――選民の誕生と苦難の始まり，近世篇――離散した諸国で受けた栄光と迫害，現代篇――ホロコーストとイスラエルの再興：交錯する恐怖と希望

2006
H・H・ベンサソン編，石田友雄日本語版総編集『ユダヤ民族史』1 ～ 6　六興出版　1976 ～ 78
C・ロス，長谷川真・安積鋭二訳『ユダヤ人の歴史』みすず書房　1966
Encyclopaedia Judaica, vols. 1 ～ 16, Jerusalem, 1971 ～ 72.
Encyclopaedia Judaica Year Book, Jerusalem, 1973 ～ 74.
Encyclopaedia Judaica Decennial Book, 1973-1982, Jerusalem, 1982.
L. Finkelstein, ed., *The Jews*, vols. 1 ～ 3, New York, 1949.
D. N. Freedman,ed., *The Anchor Bible Dictionary* Ⅰ～Ⅵ, New York, 1992.
G. Wigoder, ed., *The Encyclopedia of Judaism*, New York, 1989.

〔古代イスラエルの歴史と宗教〕

石田友雄『聖書を読みとく――天地創造からバベルの塔まで』草思社　2004
佐藤研『聖書時代史――新約篇』岩波書店　2003
関根正雄『イスラエル宗教文化史』岩波書店　1952
山我哲雄『聖書時代史――旧約篇』岩波書店　2003
W・F・オールブライト，小野寺幸也訳『考古学とイスラエルの宗教』日本キリスト教団出版局　1973
W・F・オールブライト，小野寺幸也訳『古代パレスティナの宗教――ヤハウェとカナァンの神々』日本キリスト教団出版局　1978
W・H・シュミット，山我哲雄訳『歴史における旧約聖書の信仰』新地書房　1985
R・ドゥ・ヴォー，西村俊昭訳『イスラエル古代史――起源からカナン定着まで』日本キリスト教団出版局　1977
M・メツガー，山我哲雄訳『古代イスラエル史』新地書房　1983
H・リングレン，荒井章三訳『イスラエル宗教史』教文館　1976
G. Fohrer, tr. by D.E.Green, *History of Israelite Religion*, Nashville & New York, 1972.

〔旧約聖書・旧約外典偽典・新約聖書・ラビ文献〕

荒井献・川島貞雄・川村輝典・中村和夫・橋本滋男・松永晋一『総説新約聖書』日本キリスト教団出版局　1981
池田裕・大島力・樋口進・山我哲雄監修『総説旧約聖書』日本キリスト教

団出版局　2007
石田友雄・木田献一・左近淑・西村俊昭・野本真也『総説旧約聖書』日本キリスト教団出版局　1984
大貫隆・山内眞監修『総説新約聖書』日本キリスト教団出版局　2003
関根正雄『旧約聖書文学史』上・下　岩波書店　1978，80
土岐健治『旧約聖書外典偽典概説』教文館　2010
秦剛平『旧約聖書続編講義――ヘレニズム・ローマ時代のユダヤ文書を読み解く』リトン　1999
山我哲雄『海の奇蹟――モーセ五書論集』聖公会出版　2012
A・コーヘン，村岡崇光・市川裕・藤井悦子訳『タルムード入門』Ⅰ～Ⅲ　教文館　1997
R・C・ムーサフ゠アンドリーセ，市川裕訳『ユダヤ教聖典入門――トーラーからカバラーまで』教文館　1990
H. L. Strack, *Introduction to the Talmud and Midrash*, New York, 1969.

〔ラビのユダヤ教時代〕

荒井献『イエスとその時代』岩波書店　1974
高柳俊一・松本宣郎編『キリスト教の歴史』2　宗教改革以降（宗教の世界史 9）山川出版社　2009
半田元夫，今野國雄『キリスト教史』Ⅰ　宗教改革以前（世界宗教史叢書 1）山川出版社　1977
松本宣郎編『キリスト教の歴史』1　初期キリスト教～宗教改革（宗教の世界史 8）山川出版社　2009
N・グラッツェル編，岩本修一訳『F・ヨセフスによるユダヤ人の歴史――ハスモン王家の台頭からエルサレム陥落まで』日本キリスト教団出版局　1971
S・サフライ，M・シュテルン編，長窪専三・川島貞雄・土戸清・池田裕・関根正雄訳『総説・ユダヤ人の歴史――キリスト教成立時代のユダヤ的生活の諸相』上・中・下　新地書房　1989～92
M・バロウズ，新見宏・加納政弘訳『死海写本』山本書店　1961
L・H・フェルトマン，秦剛平共編『ヨセフスとユダヤ戦争』（ヨセフス研究　1）山本書店　1985
L・H・フェルトマン，秦剛平共編『ヨセフスとキリスト教』（ヨセフス研究　2）山本書店　1985

J・ボウカー，土岐正策・土岐健治訳『イエスとパリサイ派』教文館　1977
Y・ヤディン，小川英雄訳『バル・コホバ――第二ユダヤ叛乱の伝説的英雄の発掘』山本書店　1979
E・ローゼ，加山宏路・加山久夫訳『新約聖書の周辺世界』日本キリスト教団出版局　1976

〔ユダヤ教・ユダヤ思想〕

市川裕『ユダヤ教の精神構造』東京大学出版会　2004
I・エプスタイン，安積鋭二・小泉仰訳『ユダヤ思想の発展と系譜』紀伊國屋書店　1975
S・サフライ，有馬七郎訳『イエス時代の背景――ユダヤ文献から見たルカ福音書』ミルトス　1992
A・シーグフリード，鈴木一郎訳『ユダヤの民と宗教――イスラエルの道』岩波書店　1967
A・シュラキ，渡辺義愛訳『ユダヤ思想』白水社　1966
G・ショーレム，高尾利数訳『ユダヤ主義の本質』河出書房新社　1972
G・ショーレム，高尾利数訳『ユダヤ主義と西欧』河出書房新社　1973
G・ショーレム，高尾利数訳『ユダヤ教神秘主義』河出書房新社　1975
M・モリスン，S・F・ブラウン，秦剛平訳『ユダヤ教』(世界の宗教)青土社　1994
J. Maier, *Geschichte der jüdischen Religion: Von der Zeit Alexander des Grossen bis zur Aufklärung mit einem Ausblick auf das 19./20. Jahrhundert*, Berlin & New York, 1972.
E. E. Urbach, *The Sages*, vols. 1 ～ 2, Jerusalem, 1975.

〔近現代史・シオニズム・ユダヤ人問題他〕

小林正之『ユダヤ人――その歴史像を求めて』成甲書房　1977
E・ヴィーゼル，村上光彦訳『沈黙のユダヤ人――ソビエト・ロシア旅行から帰って』白水社　1978
J-P・サルトル，安堂信也訳『ユダヤ人』岩波書店　1956
I・ドイッチャー，鈴木一郎訳『非ユダヤ的ユダヤ人』岩波書店　1970
V・E・フランクル，霜山徳爾訳『夜と霧――ドイツ強制収容所の体験録』みすず書房　1956
D・ベングリオン，中谷和男・入沢邦雄訳『ユダヤ人はなぜ国を創ったか

――イスラエル国家誕生の記録』サイマル出版会　1972
N・ベントウィッチ，小林正之訳『再建のイスラエル――現代ユダヤ人国家の鼓動』早稲田大学出版部　1960
P・ミケル，渡辺一民訳『ドレーフュス事件』白水社　1960
J・ヤフェ，西尾忠久訳『アメリカのユダヤ人――二重人格者の集団』日本経済新聞社　1972
D・ラピエール，L・コリンズ，村松剛訳『おおエルサレム！』上・下　早川書房　1974
C・ランズマン，高橋武智訳『SHOAH ショアー』作品社　1995
A・レオン，湯浅赳男訳『ユダヤ人問題の史的展開――シオニズムか社会主義か』柘植書房　1973
L・ワース，今野敏彦訳『ユダヤ人と疎外社会――ゲットーの原型と系譜』新泉社　1971
H. M. Sachar, *The Course of Modern Jewish History*, New York, 1958.